Liebe Leserin, lieber Leser,

einen mündlichen Vortrag optisch zu unterstützen – mit Stichpunkten, Grafiken, Diagrammen oder mit der einen oder anderen »Spielerei«, um das Ganze etwas aufzulockern – das ist heutzutage gang und gäbe. Manchmal scheitert dieses Vorhaben aber fast schon an der Bedienung von PowerPoint, auch wenn sich damit Vortragsfolien wunderbar gestalten lassen.

Dass es auch einfach und schnell gehen kann, eine gelungene PowerPoint-Präsentation zusammenzustellen, beweist Sabine Drasnin Ihnen in diesem Buch. Schritt für Schritt, mit vielen Beispielen aus dem Präsentationsalltag und für Anfänger verständlich zeigt sie Ihnen, wie Sie PowerPoint 2016 sinnvoll einsetzen und Ihren Vortrag ohne großen Aufwand zu einem Multimedia-Erlebnis machen können. Lassen Sie sich inspirieren, oder setzen Sie für Ihre nächste Präsentation einfach die im Buch beschriebenen Lösungen um. Sie werden Ihr Publikum beeindrucken.

Dieses Buch wurde mit größter Sorgfalt geschrieben und hergestellt. Sollten Sie dennoch einmal Fehler finden oder inhaltliche Anregungen haben, freue ich mich, wenn Sie mit mir in Kontakt treten. Für konstruktive Kritik bin ich dabei ebenso offen wie für lobende Worte. Doch zunächst einmal wünsche ich Ihnen viel Freude beim Lesen und Ausprobieren!

Ihre Maike Lübbers
Lektorat Vierfarben

maike.luebbers@vierfarben.de
www.facebook.de/vierfarben

Inhalt

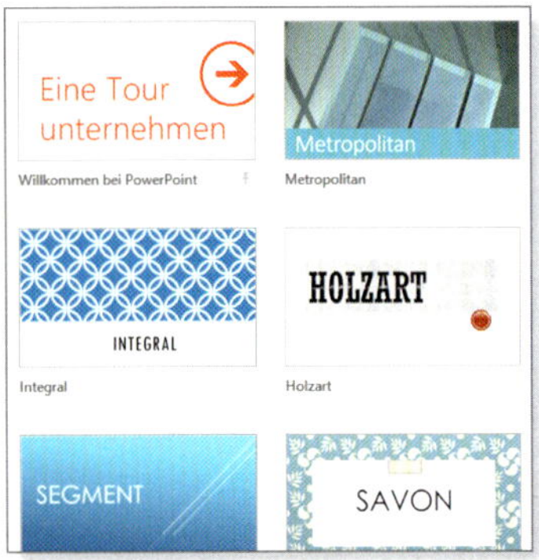
Eine Tour unternehmen
Willkommen bei PowerPoint
Metropolitan
Metropolitan
INTEGRAL
Integral
HOLZART
Holzart
SEGMENT
SAVON

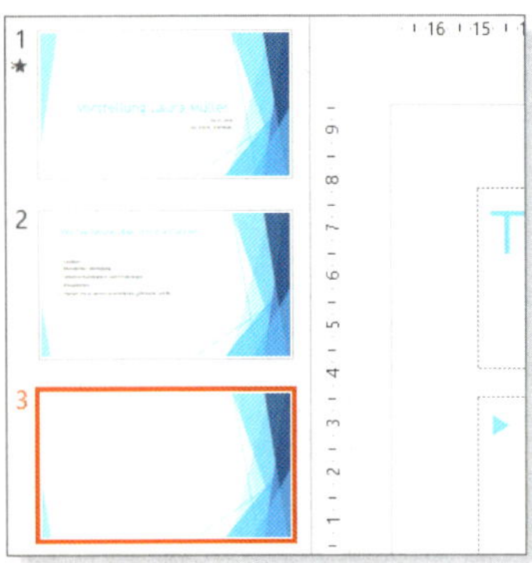

Benutzerdefiniert
Benutzerdefiniert 1
Office
Office
Graustufe
Warmes Blau
Blau
Blau II
Blaugrün
Grün
Grüngelb
Gelb

Inhalt

Tite
Nummerierung und Aufzählungszeichen...
Formatvorlagen des Textmasters b
Zweite Ebene

Zuletzt verwendete Formen
Linien
Rechtecke
Standardformen

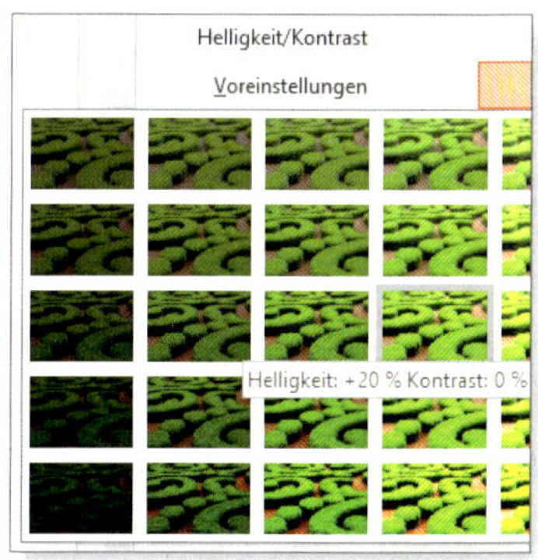

Helligkeit/Kontrast
Voreinstellungen
Helligkeit: +20 % Kontrast: 0 %

Was ist wo in PowerPoint 2016? (Forts.)

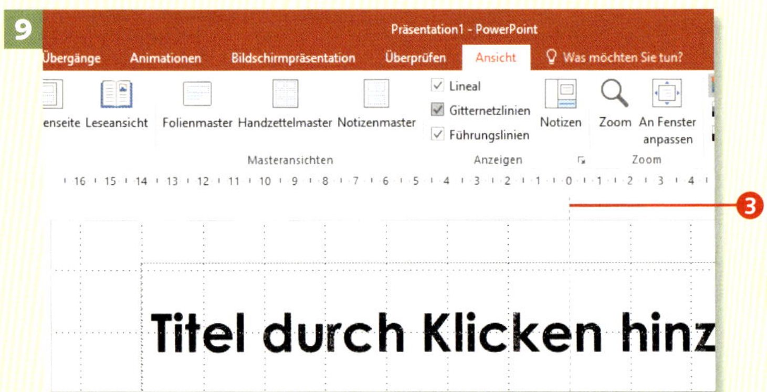

Schritt 7

Klicken Sie auf die Registerkarte **Datei**. In der *Backstage-Ansicht* finden Sie Befehle wie **Öffnen**, **Speichern** und **Drucken** ❶, aber auch Informationen ❷ zur geöffneten Präsentation und Möglichkeiten zum Einrichten von PowerPoint.

Schritt 8

Klicken Sie jetzt auf den **Zurück**-Pfeil oben links, um zur Präsentation zurückzukehren. PowerPoint zeigt Ihnen über der Folie dann wieder die Registerkarte, die Sie vor dem Klick auf **Datei** aufgerufen hatten.

Schritt 9

Je nach Voreinstellung sehen Sie auf Ihrer Folie ein Raster aus Linien, die *Gitternetzlinien*. Sie helfen beim exakten Platzieren von Objekten (siehe Kapitel 9, »Objekte auf der Folie anordnen«, ab Seite 194). Die beiden Linien, die über die Folie hinausgehen, sind die *Führungslinien* ❸.

Ich will jetzt keine Linien!
Um die Linienansicht auszuschalten, rufen Sie die Registerkarte **Ansicht** auf und entfernen die Häkchen vor **Gitternetzlinien** und **Führungslinien**.

Schritt 10

Am oberen Bildschirmrand sehen Sie die *Symbolleiste für den Schnellzugriff*. Den Schnelldruck starten Sie z. B. mit einem Klick auf das Druckersymbol ❹. Um weitere Befehle hinzuzufügen, klicken Sie auf den kleinen Pfeil und wählen in der Liste den gewünschten Befehl aus, z. B. **Öffnen**.

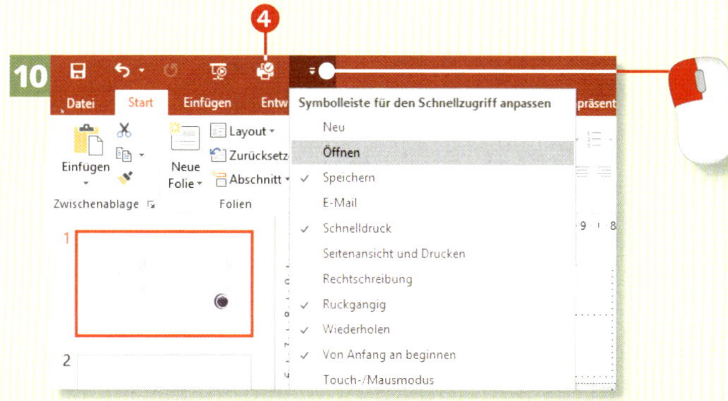

Schritt 11

Über die *Aufgabenbereiche* lassen sich Objekte schnell formatieren. Klicken Sie ein Textfeld an, und rufen Sie dann das Register **Zeichentools/Format** auf ❺. Mit einem Klick auf das kleine Dreieck öffnen Sie den jeweiligen Aufgabenbereich (siehe den Abschnitt »Formate über den Aufgabenbereich zuweisen« auf Seite 22).

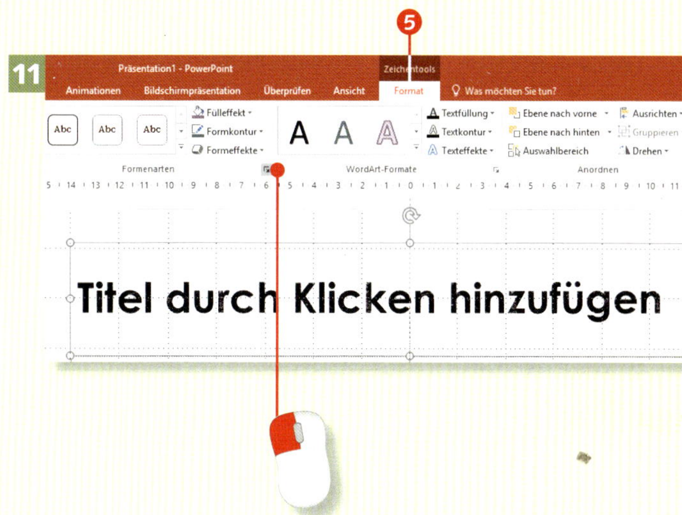

Schritt 12

Text wird in PowerPoint in *Textfelder* eingegeben. Klicken Sie einfach in das Textfeld **Titel durch Klicken hinzufügen**, und schreiben Sie z. B. »Angebot«. Klicken Sie dann auf eine freie Stelle der Folie: Der Rahmen um das Textfeld verschwindet, Ihr Text bleibt sichtbar.

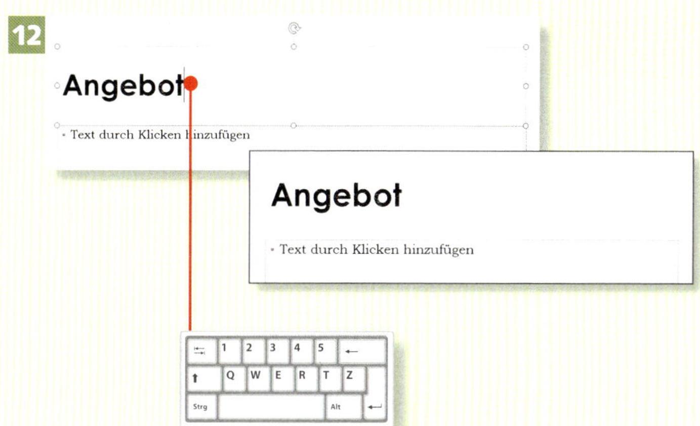

Das Menüband ein- und ausblenden

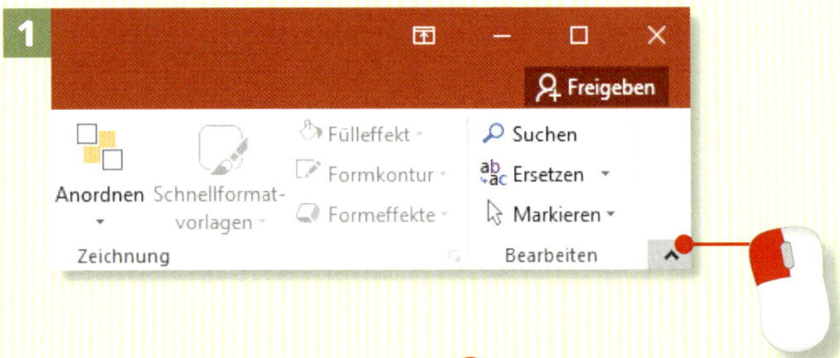

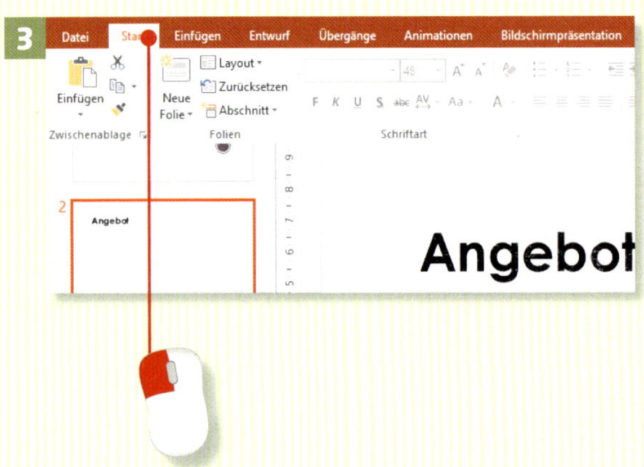

Das Menüband ist sehr nützlich, nimmt aber auch Platz ein, den Sie vielleicht lieber für die Anzeige der Folien nutzen wollen. Lesen Sie hier, wie Sie das Menüband aus- und wieder einblenden.

Schritt 1

Am rechten Rand des Menübands sehen Sie einen kleinen einsamen Pfeil. Dieser Pfeil dient zum Ausblenden des Menübands. Klicken Sie darauf – schon verschwindet das Menüband.

Schritt 2

Jetzt sind nur noch die Namen der Registerkarten zu sehen ❶, und Ihre Folie wird größer angezeigt.

Schritt 3

Um eine andere Registerkarte aufzurufen, klicken Sie auf ihren Namen, z. B. **Start**. Solange Sie eine Aktion ausführen, bleibt die Registerkarte eingeblendet. Sobald die Aktion abgeschlossen ist, wird das Menüband wieder ausgeblendet.

QuickInfo nutzen

Wenn Sie mit dem Mauszeiger eine Weile über einer Schaltfläche verharren, ohne zu klicken, zeigt PowerPoint Ihnen eine kurze Information dazu an: die QuickInfo. Mit ihr finden Sie schneller die gesuchte Schaltfläche.

Schritt 4

Um das Menüband wieder dauerhaft anzuzeigen, öffnen Sie eine beliebige Registerkarte, und klicken Sie dann ganz rechts auf den Pin. Ab sofort bleibt das ganze Menüband sichtbar.

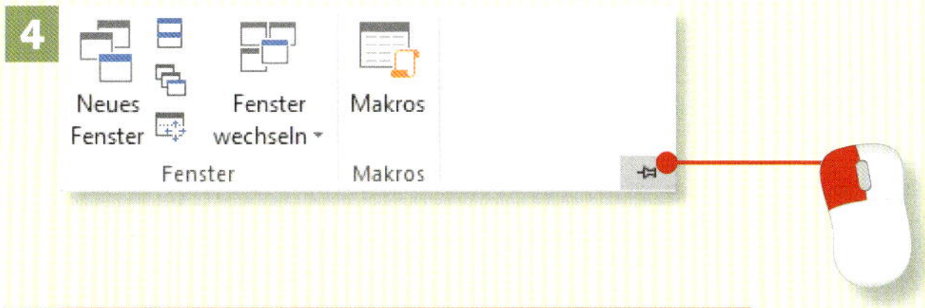

Schritt 5

Am oberen rechten Bildschirmrand finden Sie eine weitere Schaltfläche: **Menüband-Anzeigeoptionen**. Klicken Sie darauf, um sich drei Einstellungsmöglichkeiten anzeigen zu lassen. Mit einem Klick auf die zweite Option blenden Sie z. B. die Inhalte der Registerkarten aus, sodass nur noch ihre Namen sichtbar sind (siehe Schritt 1).

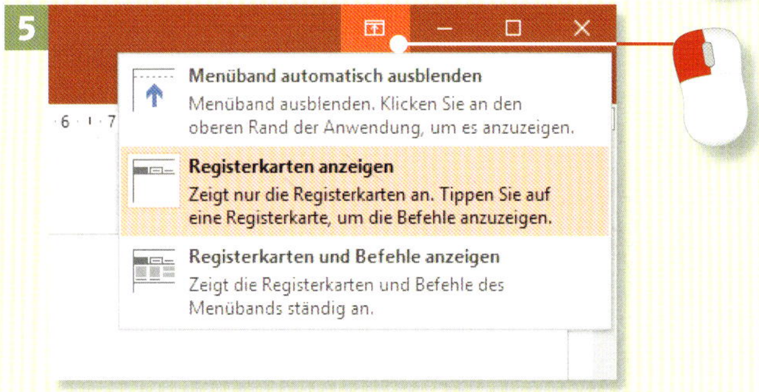

Schritt 6

Sollen die Registerkarten mitsamt ihren Befehlen wieder dauerhaft sichtbar sein, klicken Sie erneut auf die Schaltfläche **Menüband-Anzeigeoptionen**. Jetzt wählen Sie die dritte Option. Alternativ können Sie auch Schritt 4 wiederholen.

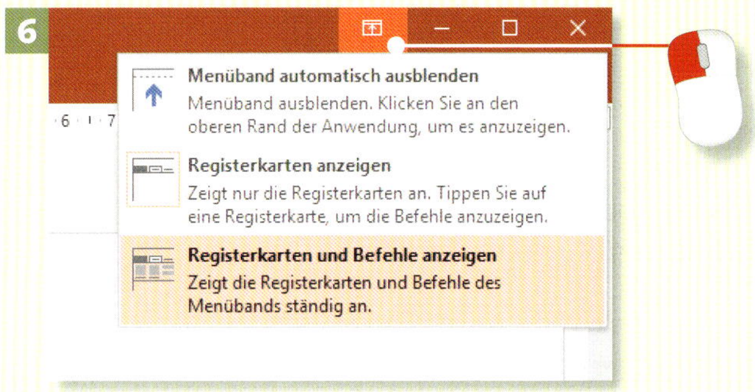

Folien auf dem ganzen Bildschirm betrachten

Um nur die Folien, die Miniaturansicht und die Lineale oben und links zu sehen, klicken Sie auf **Menüband-Anzeigeoptionen ▸ Menüband automatisch ausblenden**. Um auch die Miniaturen links auszublenden, schieben Sie den rechten Rahmen des Miniaturenbereichs mit gedrückter Maustaste nach links. Die kleine Schaltfläche **Miniaturenansicht** bleibt sichtbar.

Formate über den Aufgabenbereich zuweisen

Aufgabenbereiche bieten auf übersichtliche Weise Formatierungsmöglichkeiten.

Schritt 1

Klicken Sie auf der ersten Folie (*Titelfolie*) den Titel an (hier: **Angebot**). Der Rahmen des Textfelds wird daraufhin als gestrichelte Linie angezeigt.

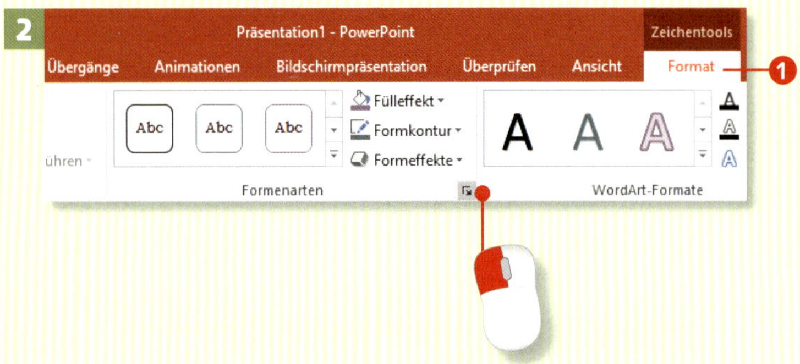

Schritt 2

Gleichzeitig erscheint am oberen Rand des Menübands die Registerkarte **Zeichentools/Format**. Klicken Sie auf das Register **Format** ❶. Klicken Sie auf die untere rechte Ecke der Gruppe **Formenarten**, um den Aufgabenbereich zu öffnen.

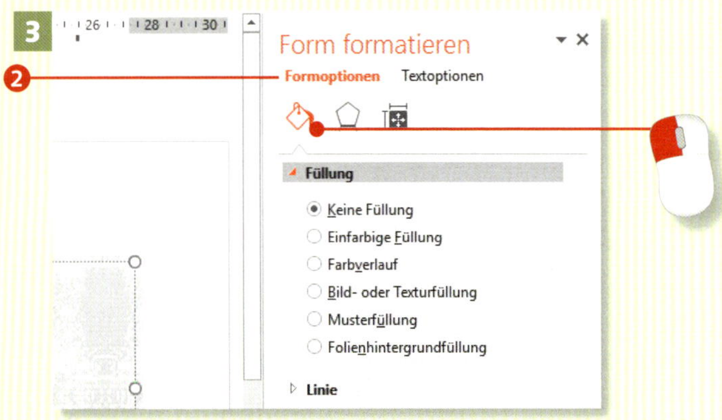

Schritt 3

Rechts neben der Folie öffnet sich der Aufgabenbereich **Form formatieren**. Da Sie die Ecke in der Gruppe **Formenarten** angeklickt haben, ist sofort das Menü **Formoptionen** ❷ aufgerufen. Wenn Sie auf **Füllung** klicken, werden Ihnen die einzelnen Varianten angezeigt. Jetzt können Sie die Füllung für die Form festlegen, im Beispiel also für das Titel-Textfeld.

Schritt 4

Klicken Sie nun auf das Symbol **Effekte**. Darunter sehen Sie dann die Optionen, um Ihre Form mit einem Schatten zu versehen oder sie in eine 3D-Grafik zu verwandeln. Jeder Effekt bietet eine Fülle weiterer Einstellungsmöglichkeiten (siehe Kapitel 7, »Zeichnen mit PowerPoint«, ab Seite 146).

Schritt 5

Klicken Sie nun auf das dritte Symbol **Größe**. Der Aufgabenbereich verändert sich erneut und bietet nun Möglichkeiten zur exakten Einstellung der Größe und Position der Form und besonders des Textfelds. Zu diesem Aufgabenbereich gelangen Sie auch direkt, wenn Sie die kleine Ecke ❸ in der Gruppe **Größe** anklicken.

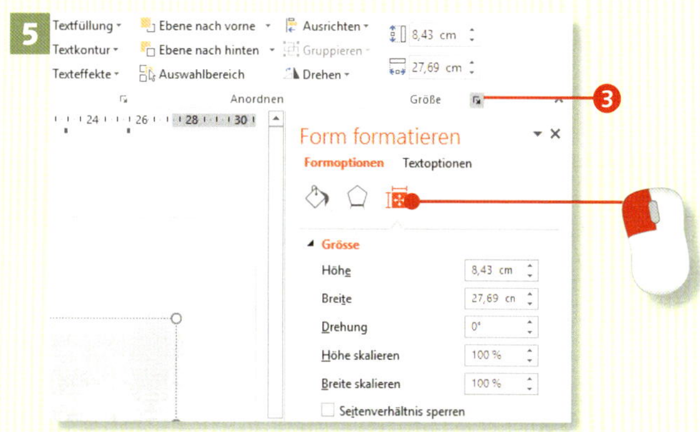

Schritt 6

Um den Text in der angeklickten Form zu formatieren, klicken Sie im geöffneten Aufgabenbereich auf **Textoptionen**. Auch dieses Menü ist unterteilt in drei Gruppen: **Textfüllung und Textkontur** ❹, **Texteffekte** ❺ und **Textfeld** ❻. In Kapitel 5, »Texte ansprechend gestalten«, ab Seite 86 werden diese Optionen ausführlich erläutert.

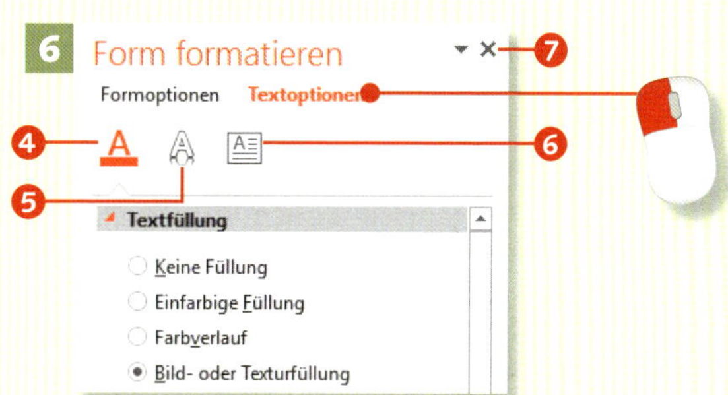

Aufgabenbereich schließen

Um den Bereich zu schließen, klicken Sie auf das Schließkreuz ❼.

Rechtsklick – der schnelle Weg

Mit einem Klick auf die rechte Maustaste rufen Sie die Kontextmenüs auf – ein oft zeitsparender Weg zum Ziel.

Schritt 1

Um Befehle auszuwählen, klicken Sie z. B. ein Textfeld an, rufen dann die Registerkarte **Zeichentools/Format** ❶ auf und öffnen mit einem Klick auf die Ecke in der Gruppe **Formenarten** den Aufgabenbereich **Formen**.

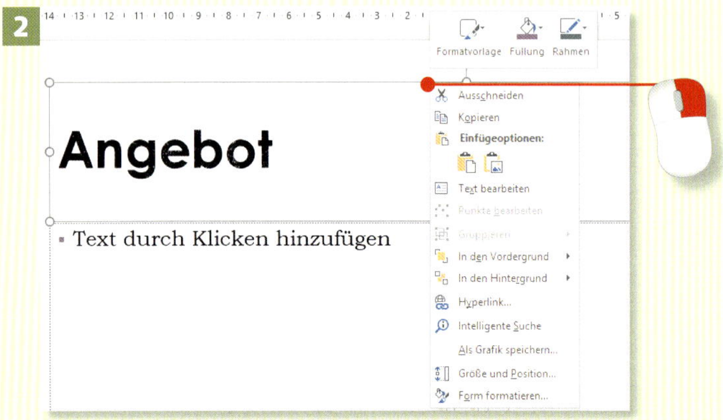

Schritt 2

Oft gibt es auch einen schnelleren Weg. Um z. B. die Füllung des Textfelds zu ändern, klicken Sie mit der rechten Maustaste auf den Rand dieses Elements. Schon erscheint das *Kontextmenü* mit den Befehlen, die in diesem Zusammenhang sinnvoll sind.

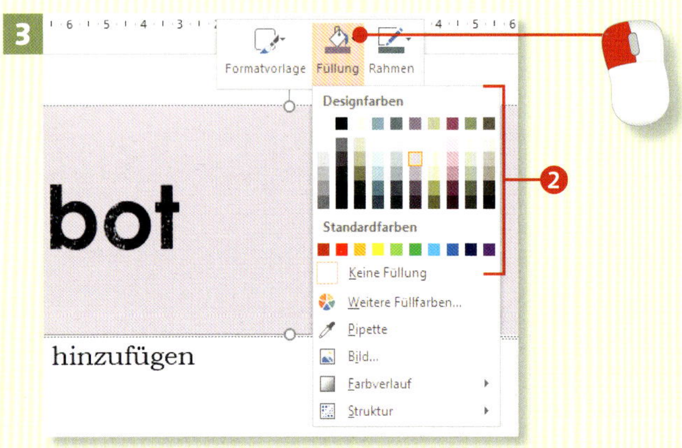

Schritt 3

Klicken Sie auf **Füllung**. Daraufhin werden u. a. die *Design*- und *Standardfarben* ❷ aufgelistet. Fahren Sie mit dem Mauszeiger über die Farben, sehen Sie in der *Livevorschau*, wie sich die Füllung ändern würde. Per Klick wählen Sie eine Farbe aus. Um das Menü wieder auszublenden, klicken Sie an eine andere Stelle oder drücken Esc.

Schritt 4

Klicken Sie jetzt mit der rechten Maustaste auf den Hintergrund der Folie (also auf eine Stelle außerhalb der Textfelder). Ein Kontextmenü öffnet sich mit anderen an dieser Stelle passenden Befehlen. Klicken Sie darin auf **Hintergrund formatieren**.

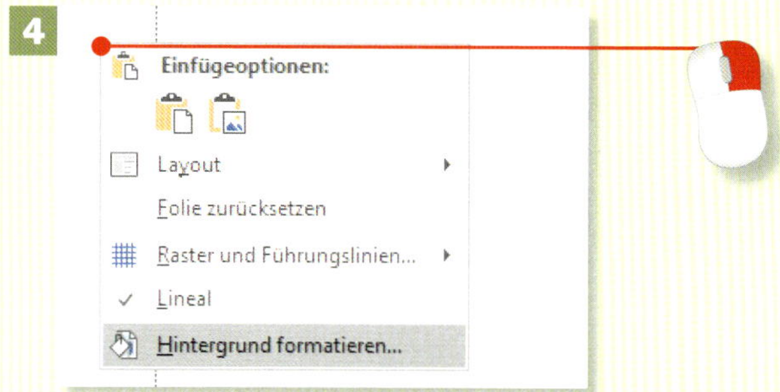

Schritt 5

Der Aufgabenbereich **Hintergrund formatieren** öffnet sich. Um z. B. die Hintergrundfarbe zu ändern, klicken Sie auf die Eimer-Schaltfläche **Farbe**. Ein Menü klappt auf, aus dem Sie durch Anklicken eine passende Farbe auswählen können. Sofort wird die Folie entsprechend eingefärbt (siehe dazu Kapitel 3, »Das passende Layout in wenigen Schritten«, ab Seite 52).

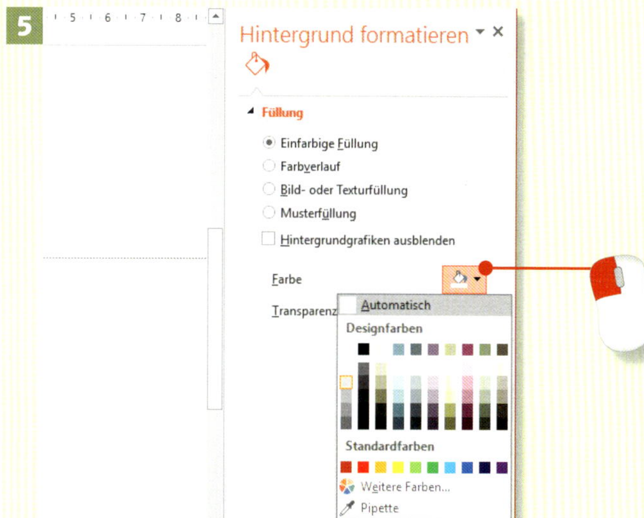

Schritt 6

Klicken Sie nun links in der Miniaturansicht mit der rechten Maustaste auf eine Folie. Wieder zeigt das Kontextmenü andere Befehle. Sie können hier z. B. schnell neue Folien einfügen (dazu mehr in Kapitel 2, »Einfach anfangen!«, ab Seite 32), eine Folie duplizieren oder die markierte Folie löschen.

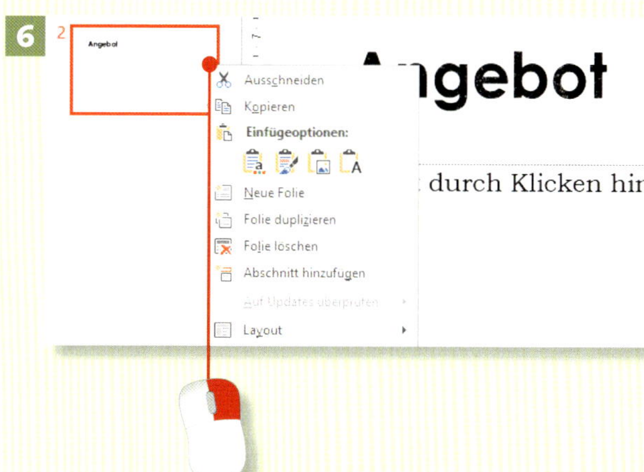

Die Fingereingabe bei PowerPoint aktivieren

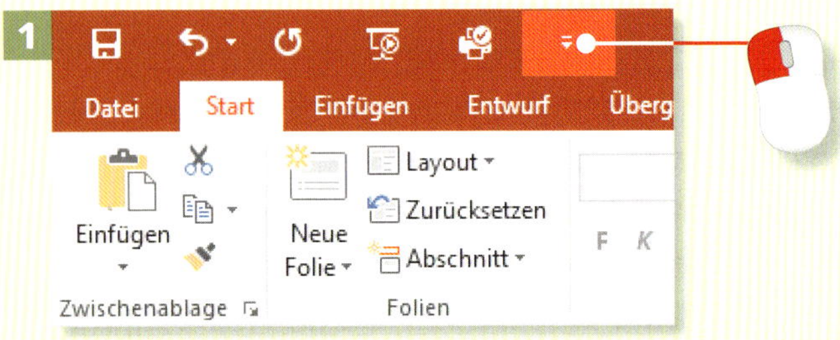

Nicht nur mit der Maus, auch auf einem Touchpad oder einem Touchdisplay lässt sich PowerPoint gut bedienen.

Schritt 1

Klicken (oder tippen) Sie auf den kleinen Pfeil neben der Symbolleiste für den Schnellzugriff.

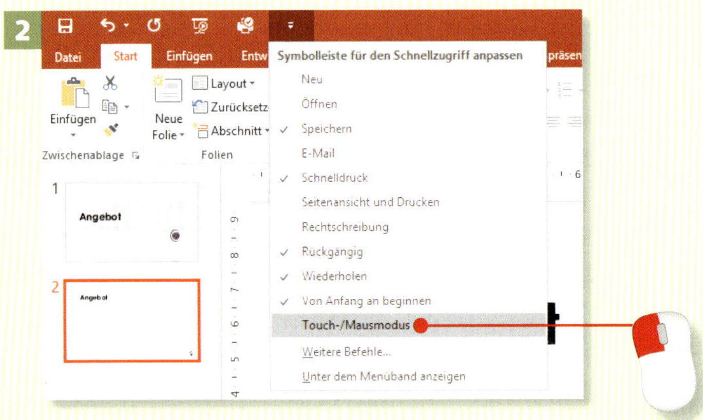

Schritt 2

In der Liste finden Sie unten die Option **Touch-/Mausmodus**; klicken Sie darauf.

Schritt 3

Das Symbol für die Änderung des Eingabemodus ist nun in der Symbolleiste zu sehen. Klicken Sie auf den Pfeil an dieser Schaltfläche und dann auf **Fingereingabe**.

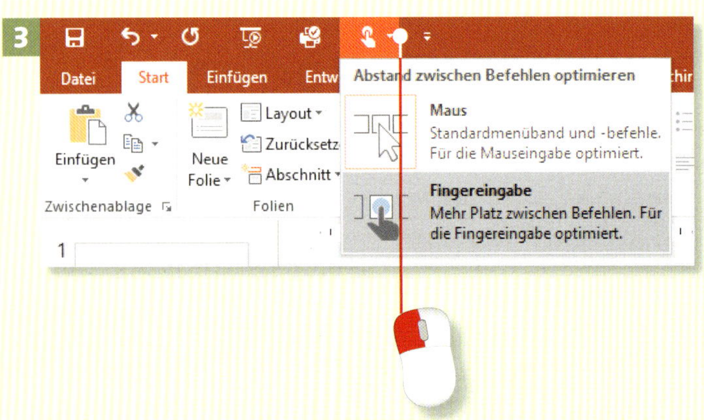

Menüband ausblenden

Sie sollten das Menüband ausblenden, wenn Sie es nicht benötigen. Tippen Sie dazu auf den Pfeil ganz rechts am Menüband. Dann sehen Sie nur noch die Namen der Registerkarten (siehe hierzu auch den Abschnitt »Das Menüband ein- und ausblenden« auf Seite 20).

Schritt 4

Die Schaltflächen rücken auseinander, da die Eingabe mit dem Finger nicht so punktgenau funktioniert wie mit dem Mauszeiger. Das Menüband benötigt dadurch mehr Platz (siehe zum Vergleich das zweite Bild zu Schritt 6). Je nach Bildschirmgröße werden bei einigen Befehlen nur die Symbole, nicht aber der Text der Schaltflächen angezeigt.

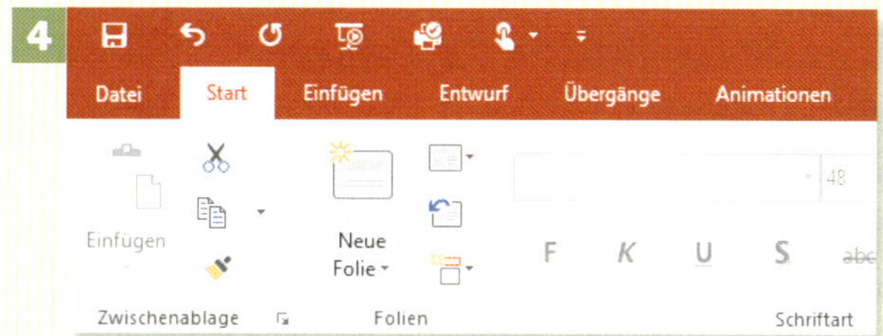

Schritt 5

Auch im Fingermodus können Sie die Befehle ausblenden und nur die Namen der Registerkarten einblenden (siehe dazu den Abschnitt »Das Menüband ein- und ausblenden« auf Seite 20). Wenn Sie auf den Namen der Registerkarte tippen, werden die Befehle eingeblendet, und Sie können den gewünschten Befehl antippen.

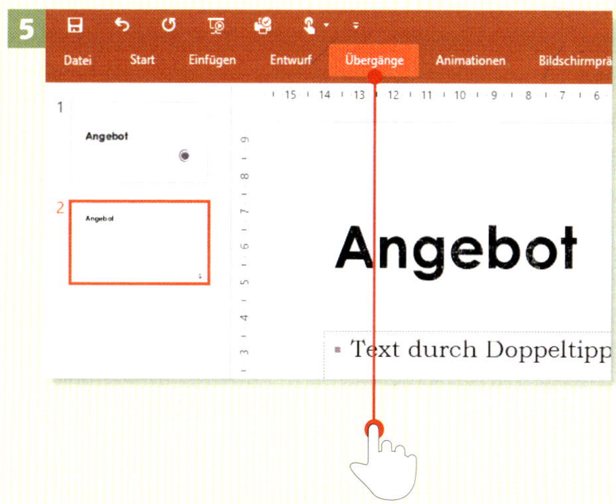

Schritt 6

Um zum Mausmodus zurückzukehren, tippen oder klicken Sie in der Symbolleiste für den Schnellzugriff auf **Fingereingabe-/Mausmodus ▸ Maus**. Die Schaltflächen rutschen wieder zusammen; das Menüband wird flacher. Die Schaltfläche **Fingereingabe-/Mausmodus** bleibt sichtbar ❶.

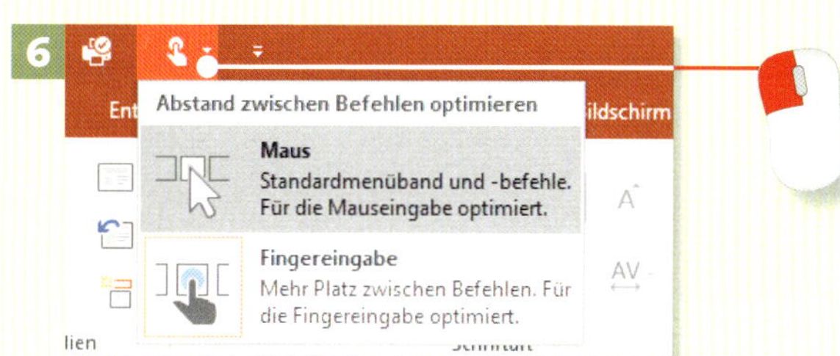

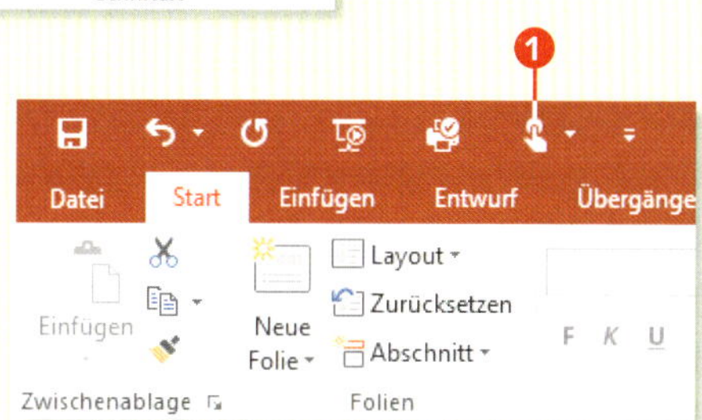

PowerPoint auf dem Touchdisplay bedienen

1

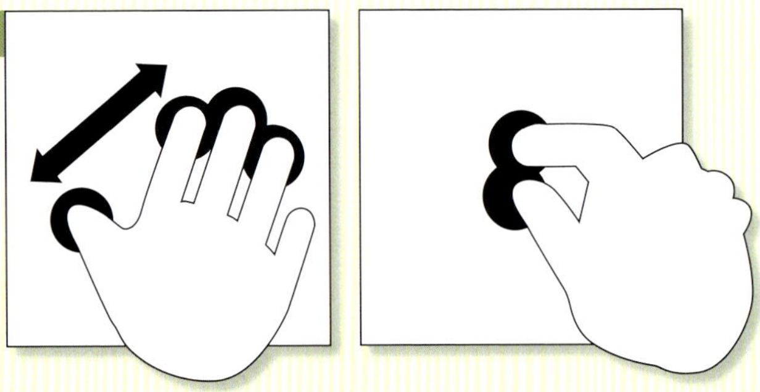

2

3

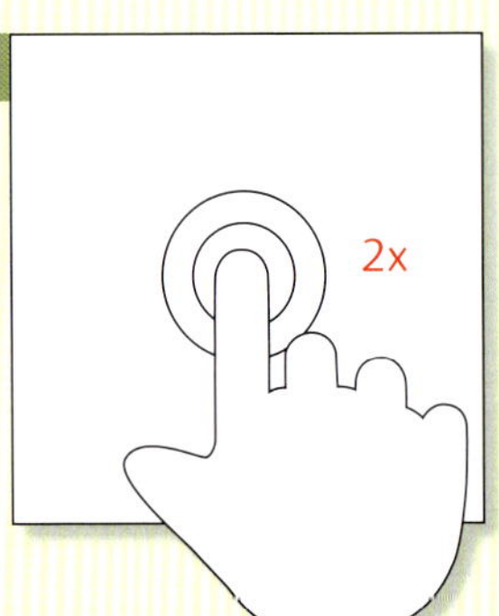

Die Bedienung über ein Touchdisplay funktioniert ähnlich wie bei Tablet-Computern oder Smartphones. Wir zeigen hier die wichtigsten Gesten.

1 Zoomen

Die Folienansicht können Sie vergrößern, indem Sie zwei oder mehr Finger auseinanderspreizen. Zum Verkleinern ziehen Sie die Finger wieder zusammen.

2 Zwischen Folien wechseln

In der Ansicht *Normal* wechseln Sie zur nächsten oder zur vorherigen Folie, indem Sie kurz von oben nach unten oder umgekehrt über die Folie streichen. Genauso schnell geht es, wenn Sie auf das Miniaturbild der gewünschten Folie tippen oder dort mit dem Finger nach oben oder unten wischen.

3 Text markieren

Sie können mit dem Finger natürlich auch Text markieren, um ihn dann über die Registerkarte **Start** zu formatieren. Tippen Sie doppelt auf ein Wort, um es zu markieren. Um ein ganzes Textfeld (einen Textplatzhalter) zu markieren, tippen Sie auf den Rand, sodass die Rahmenlinie durchgezogen ist.

4 Objekte markieren

Mehrere Objekte markieren Sie, indem Sie zuerst ein Objekt antippen. Tippen Sie es dann erneut an und halten Sie es gedrückt. Mit einem anderen Finger tippen Sie die anderen Objekte nacheinander an. Nun können Sie die Objekte mit demselben Effekt versehen oder sie gruppieren.

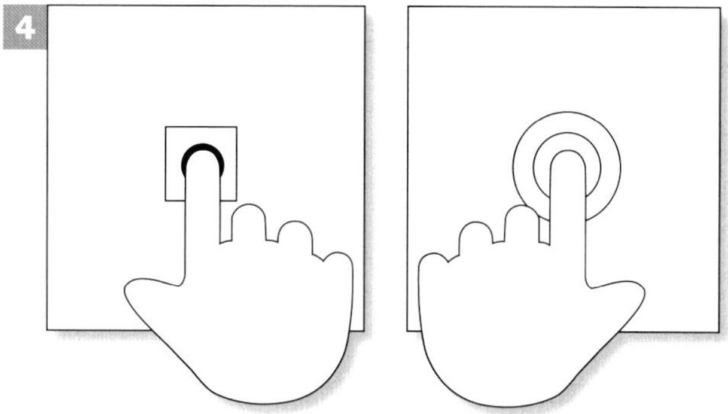

5 Die Objektgröße verändern

Um ein Objekt zu bearbeiten, tippen Sie es an. Zum Ändern der Größe ziehen Sie dann auf dem Touchdisplay mit dem Zeigefinger an einem der Ziehpunkte.

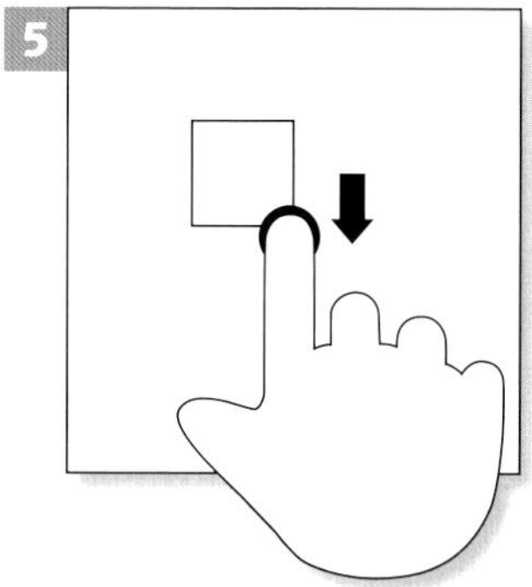

6 Ein Objekt verschieben

Um ein Objekt zu verschieben, tippen Sie es an und ziehen es dann direkt über die Folie. Wenn das Objekt die richtige Stelle erreicht hat, nehmen Sie den Finger wieder vom Display.

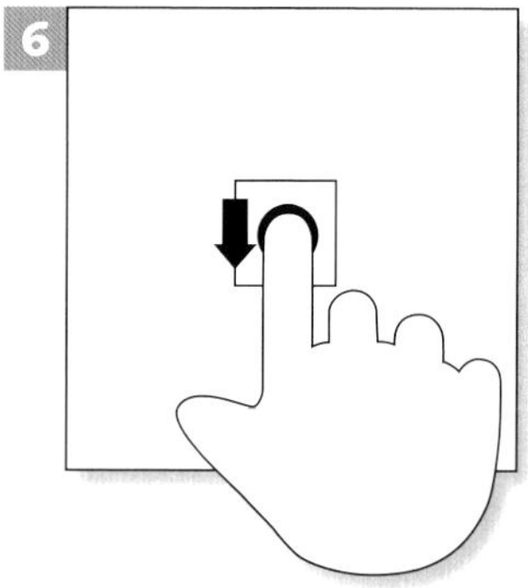

Die Hilfe nutzen

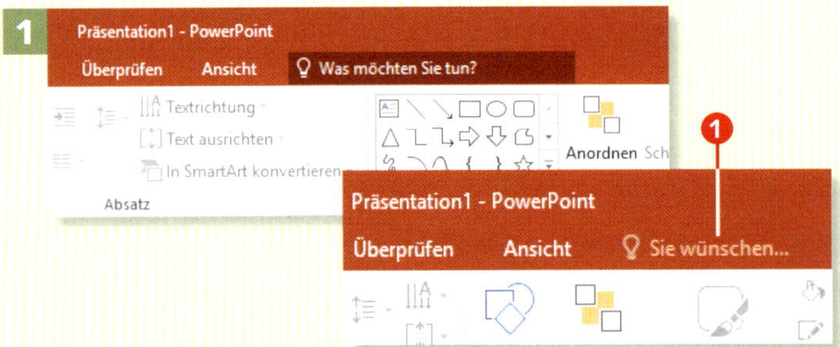

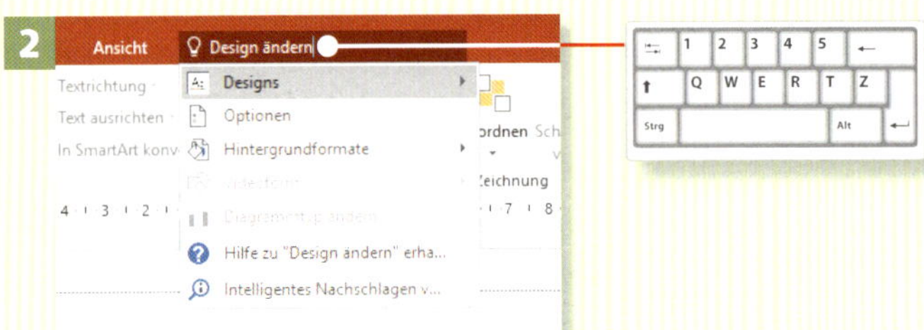

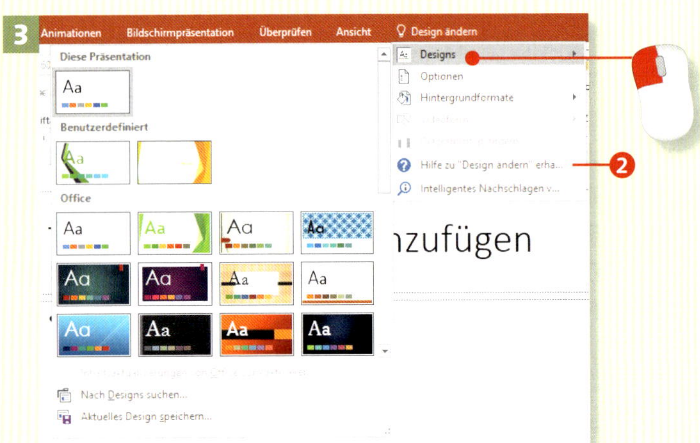

Mit PowerPoint 2016 erhalten Sie zwei neue Hilfefunktionen: das Eingabefeld im Menüband (»Was möchten Sie tun?«) und die Suchfunktion im Kontextmenü (Intelligente Suche).

Schritt 1

Klicken Sie in das Eingabefeld **»Was möchten Sie tun?«** im Menüband. Es ist immer zu sehen, egal auf welcher Registerkarte Sie sich befinden. Bei kleinen Bildschirmen lautet der Text **»Sie wünschen…«** ❶.

Schritt 2

Geben Sie einen oder mehrere Suchbegriffe ein, z. B. »Design ändern«. PowerPoint macht Ihnen sofort passende Vorschläge. Klicken Sie auf **Designs**.

Schritt 3

Im aufgeklappten Katalog können Sie direkt ein Design auswählen. Stellen Sie PowerPoint auf die Probe, und geben Sie verschiedene Suchbegriffe ein – PowerPoint sorgt für schnelle Hilfe und bietet passende Aktionen an.

Hilfe auf Knopfdruck

Mit F1 öffnen Sie die allgemeine PowerPoint-Hilfe. In das Suchfeld können Sie dann einen Begriff eingeben oder die angebotenen Kategorien durchsuchen. Auch das Fragezeichen ❷ im Menü **Was möchten Sie tun?** führt zur Hilfe.

Schritt 4

Wenn Sie Informationen zu einem bestimmten Begriff benötigen, können Sie die Funktion **Intelligente Suche** benutzen. Klicken Sie mit der rechten Maustaste auf das Wort, zu dem Sie Informationen suchen, und wählen Sie **Intelligente Suche** im Kontextmenü (siehe den Abschnitt »Rechtsklick – der schnelle Weg« auf Seite 24).

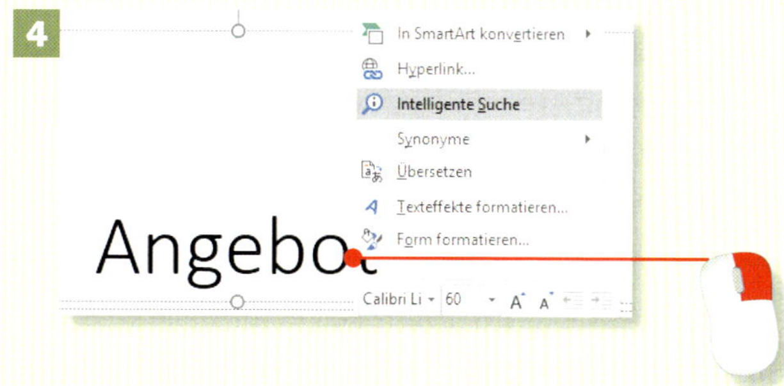

Schritt 5

Bei der ersten Nutzung dieser Funktion werden im neuen Aufgabenbereich **Einblicke** Datenschutzhinweise angezeigt. Ausführliche Informationen können Sie mit einem Klick auf **Datenschutzbestimmungen** ❸ aufrufen. Nach Kenntnisnahme klicken Sie auf **Alles klar**. Nun werden zur Suche passende Wikipedia- und Interneteinträge angezeigt.

Schritt 6

Auf dem Register **Definieren** ❹ des Aufgabenbereichs **Einblicke** sehen Sie einen Lexikoneintrag zu Ihrem Suchbegriff. Um den Aufgabenbereich zu schließen, klicken Sie auf das Schließkreuz rechts oben im Aufgabenbereich.

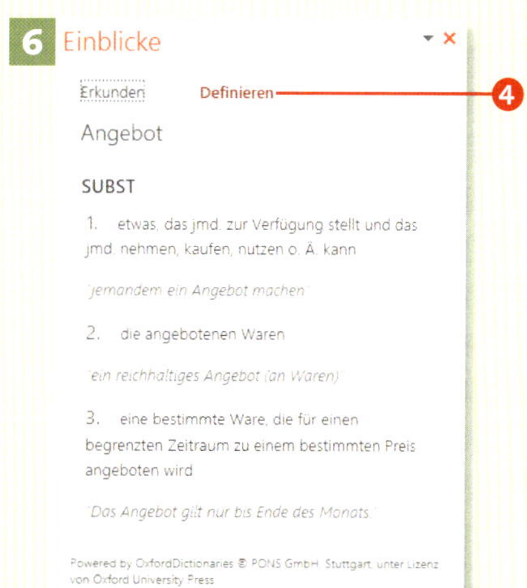

Kapitel 2
Einfach anfangen!

Sie haben nun schon die wichtigsten Werkzeuge und den Aufbau des Programms PowerPoint kennengelernt – jetzt wird es Zeit für die erste Präsentation! In diesem Kapitel erfahren Sie, welche Vorüberlegungen zum Erstellen einer Präsentation nötig sind, und wir zeigen Ihnen, wie Sie in wenigen Schritten eine gelungene Präsentation erstellen.

Text auf Folien eingeben
Die Seiten in PowerPoint heißen Folien. Auf den Folien sind Platzhalter ❶ verteilt, in die der Text eingegeben wird.

Weitere Folien einfügen
Ihre Präsentation braucht natürlich mehr als nur die Titelfolie. Hier lernen Sie, wie Sie neue Folien hinzufügen ❷ und diese Folien verschieben, kopieren oder auch wieder löschen.

In zehn Minuten zur gelungenen Präsentation
Sie meinen, so schnell geht das nicht? Und ob! Wir zeigen Ihnen Schritt für Schritt, wie Sie in kurzer Zeit eine überzeugende Präsentation erstellen.

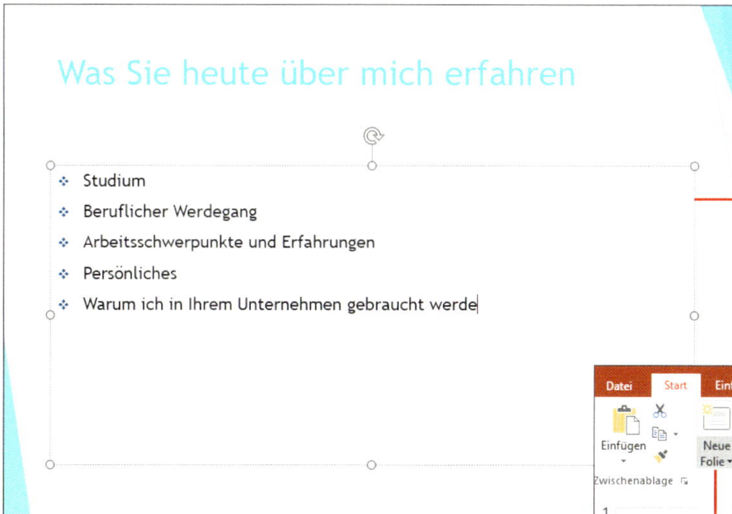

❶ Der Text Ihrer Präsentation wird in die Textfelder auf den Folien geschrieben.

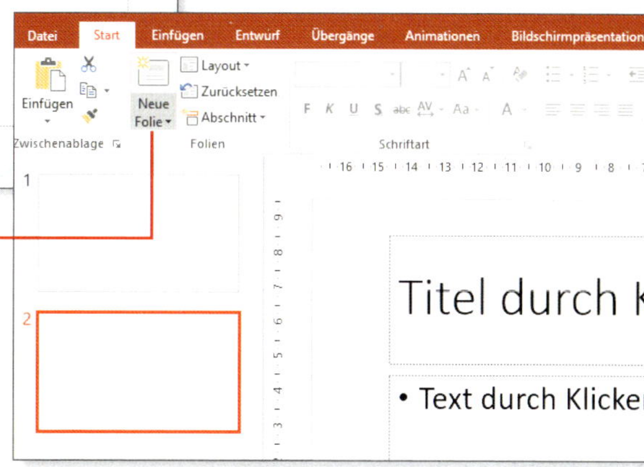

❷ Zusätzlich zur Titelfolie lassen sich noch weitere, unterschiedlich aufgebaute Folien in Ihre Präsentation einfügen.

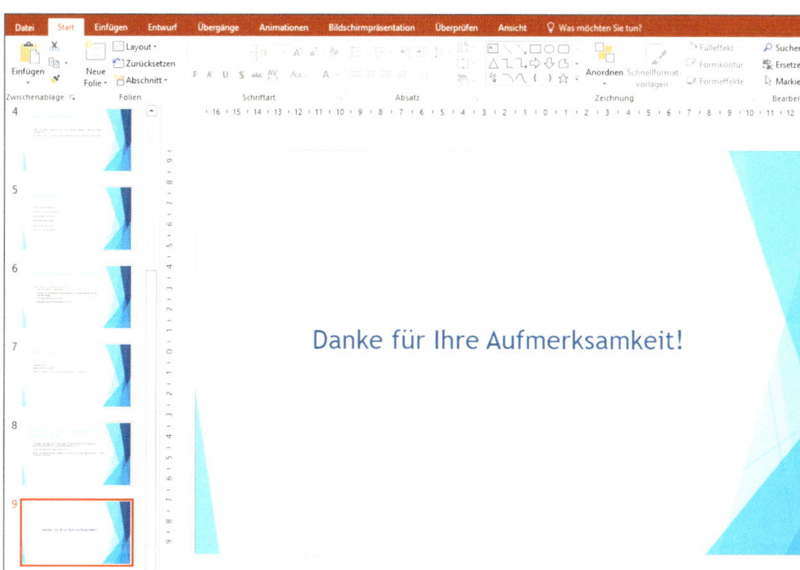

❸ In diesem Kapitel erfahren Sie zunächst, wie Sie auf die Schnelle eine gelungene Präsentation zaubern.

Erst planen, dann gestalten

1

2

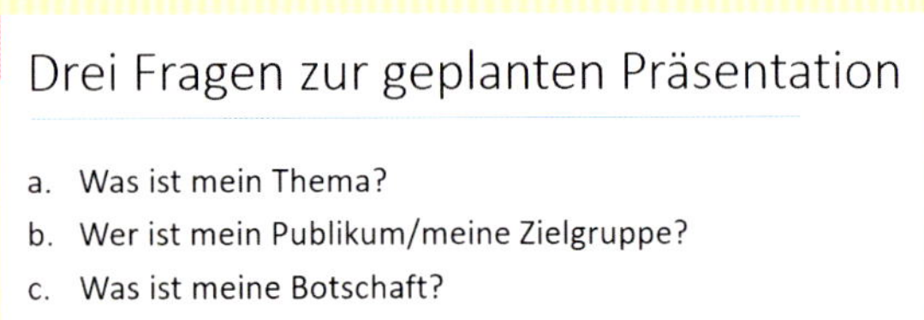

3

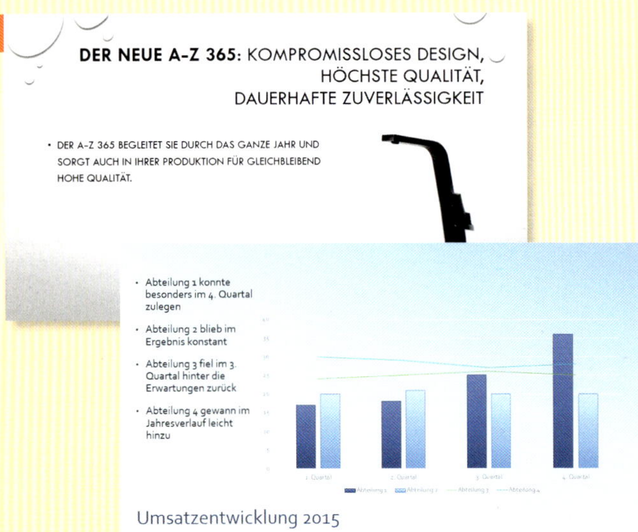

PowerPoint verführt schnell dazu, zu viel auf die Folien zu packen und es mit der Gestaltung zu übertreiben. Behalten Sie immer Ihr Thema und die Zielgruppe im Auge.

1 Das Design folgt dem Inhalt

Die vielen möglichen Designs und Farbkombinationen von PowerPoint (siehe dazu Kapitel 3, »Das passende Layout in wenigen Schritten«, ab Seite 52) passen nicht zu jedem Thema, wie hier zu sehen ist. Wählen Sie das Design mit Bedacht.

2 Vorüberlegungen

Stellen Sie sich daher zunächst drei Fragen:

a) Was ist mein Thema?
b) Wer ist mein Publikum/meine Zielgruppe?
c) Was ist meine Botschaft?

3 Das Thema

Das Design Ihrer Präsentation ist abhängig vom Thema: Handelt es sich um eine Produktvorstellung, eine Diaschau, eine Angebotspräsentation, einen Jahresbericht? Die Vorstellung eines neuen Produkts im Industriesektor z. B. sollte nicht zu verspielt sein.

4 Die Zielgruppe

Ihre Präsentation sollte auf die Zielgruppe (Ihr Publikum) ausgerichtet sein: Vertreter eines großen Unternehmens haben schon viele Präsentationen gesehen und wollen nur die wesentlichen Informationen. Möchten Sie sich als kreativer Webdesigner präsentieren, sind ungewöhnliche Ideen gefragt. Ihre Familie sieht vermutlich am liebsten viele Fotos.

4

5 Die Botschaft

Was soll Ihr Publikum erfahren haben, wenn Sie mit Ihrer Präsentation fertig sind? Machen Sie sich zuerst eine Liste mit den wichtigen Inhalten, und überlegen Sie, welche dieser Punkte am besten zusammen auf eine Folie passen. Planen Sie mehrere Folien ein.

5

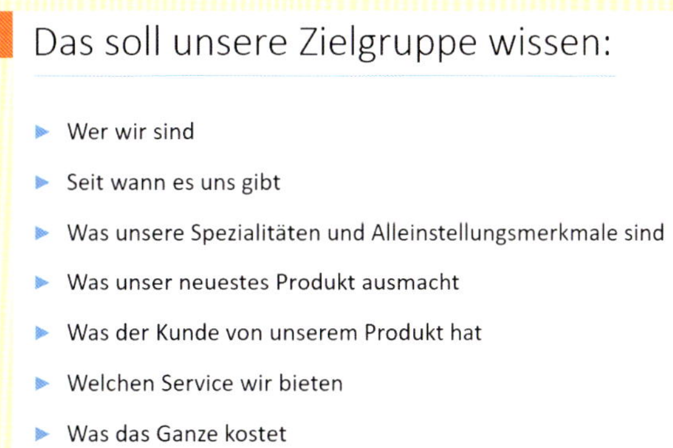

6 Bilder vorbereiten

Wollen Sie Logos, Fotos und Diagramme in Ihre Präsentation einarbeiten? Dann bereiten Sie sie vor, denn so können Sie zügig an Ihrer Präsentation arbeiten. Speichern Sie alle Logos und Bilder in einem leicht zu findenden Ordner auf Ihrem Computer.

6

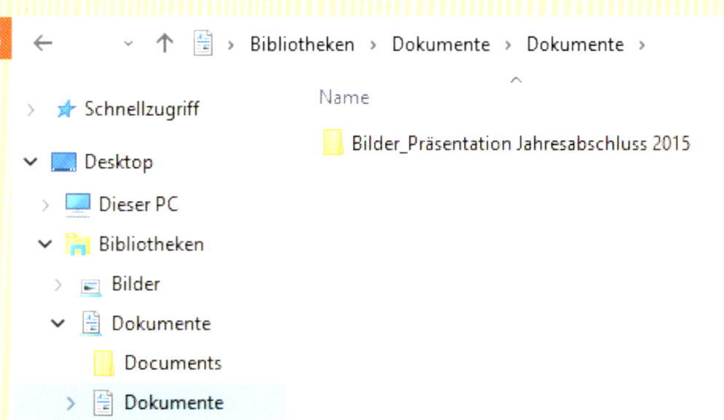

Die Titelfolie anlegen

1

2

3

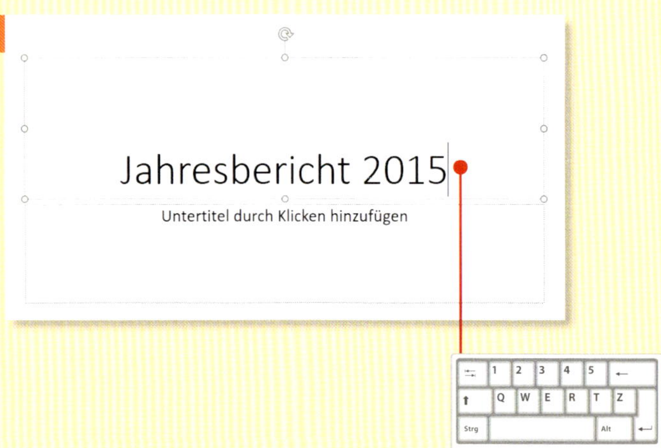

Ein Buch hat einen Buchtitel, auf dem nur das Wesentliche steht. So ist es bei Präsentationen auch, und dafür gibt es die Titelfolie.

Schritt 1

Wenn Sie PowerPoint 2016 öffnen und ein Design auswählen, sehen Sie ein fast leeres Blatt, das in PowerPoint *Folie* heißt. Mit der ersten Folie, der *Titelfolie*, beginnen Sie Ihre Präsentation.

Schritt 2

Klicken Sie in das Kästchen, in dem **Titel durch Klicken hinzufügen** steht. Der Text verschwindet, und es blinkt nur noch der Cursor (die Schreibmarke). Die Kästchen sind also Platzhalter, in die Sie Ihren Text einfügen können.

Schritt 3

Tippen Sie Ihren Text in den *Textplatzhalter* ein, z. B. »Angebot« oder »Jahresbericht 2015«. Er sollte kurz und aussagekräftig sein wie eine Überschrift. Klicken Sie zur Bestätigung an eine andere Stelle der Folie. Keine Sorge: Sie können diesen Titel zu jedem Zeitpunkt ändern, wenn Ihnen ein anderer Titel passender erscheint.

Schritt 4

Klicken Sie in den unteren Textplatzhalter, um einen *Untertitel* hinzuzufügen. Der Untertitel kann den Titel weiter erläutern, aber auch den Firmennamen, einen Slogan oder das Datum der Präsentation enthalten.

4

Schritt 5

Der Untertitel ist automatisch anders formatiert als der Titel, d. h., die Schrift ist kleiner und hat oft eine andere Farbe. Wollen Sie nach der ersten Zeile einen Zeilenumbruch einfügen (um in der zweiten Zeile weiterschreiben zu können), drücken Sie [↵], und tippen Sie den Rest Ihres Untertitels ein.

5

Schritt 6

Klicken Sie neben den Textplatzhalter auf den *Folienhintergrund*. Die Linien um die beiden Textplatzhalter sind jetzt nicht mehr zu sehen. Sie haben nun die Möglichkeit, neue Textfelder oder Bilder hinzuzufügen (siehe dazu Kapitel 6, »Fotos und ClipArts einfügen«, ab Seite 112).

6

Leere Platzhalter
Leere Platzhalter werden weder gedruckt noch während der Präsentation angezeigt.

Neue Folien hinzufügen

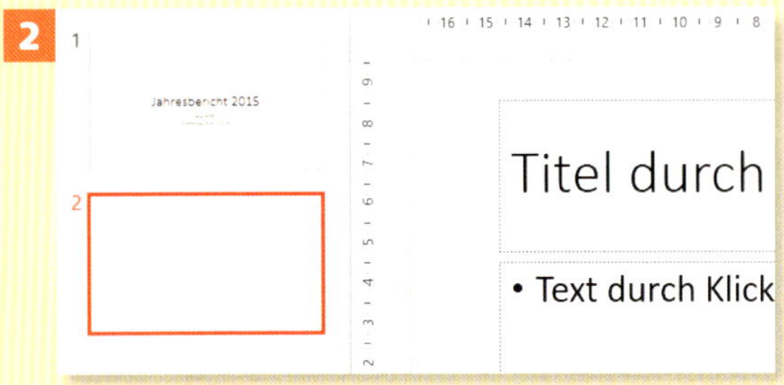

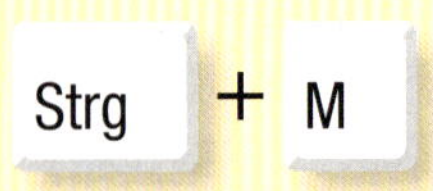

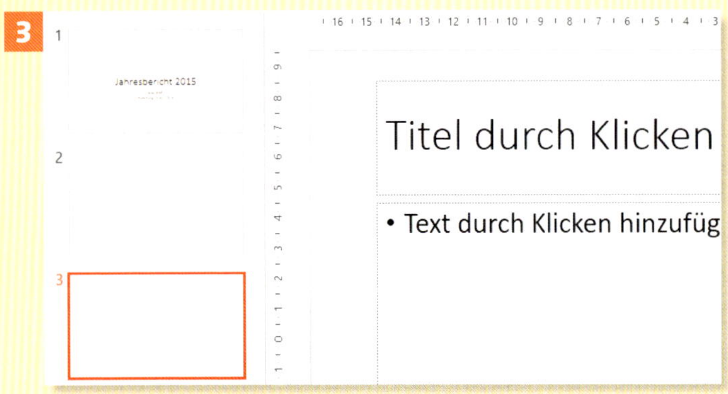

Folien sind die »Seiten« in PowerPoint. Sie können beliebig viele Folien zu Ihrer Präsentation hinzufügen.

Schritt 1

Klicken Sie auf der Registerkarte **Start** in der Gruppe **Folien** auf die Schaltfläche **Neue Folie**. PowerPoint fügt sofort die neue Folie ein. Eine neue Folie wird immer direkt hinter der Folie eingefügt, die Sie gerade bearbeiten.

Schritt 2

Sie können auch Strg + M drücken, um eine neue Folie einzufügen. Solange kein anderes Dialogfenster geöffnet ist, können Sie diese Tastenkombination jederzeit drücken und erhalten jedes Mal eine neue Folie.

Schritt 3

Sie sehen Ihre Folien am linken Rand als Miniaturbilder. Die durch einen roten Rand hervorgehobene Folie ist die gerade aktive Folie, also die, auf der der Cursor steht. Fügen Sie jetzt eine weitere Folie ein: Sie erscheint in der Minitaturansicht unter der zuletzt aktiven Folie.

Schritt 4

Die neue Folie ist bis auf zwei Textplatzhalter leer. Diese Platzhalter sind anders verteilt als auf der Titelfolie, weil Sie ja jetzt Inhalt eingeben wollen. Jede Inhaltsfolie hat aber auch eine Überschrift, den *Folientitel* ❶.

Schritt 5

Klicken Sie zunächst in den unteren Textplatzhalter. Der Satz **Text durch Klicken hinzufügen** verschwindet, aber nicht die Symbole in der Mitte, mit deren Hilfe Sie Bilder oder Diagramme einfügen können (siehe dazu Kapitel 6, »Fotos und ClipArts einfügen«, ab Seite 112). Fahren Sie mit der Maus über die einzelnen Symbole, ohne zu klicken. Zu jedem Symbol wird eine QuickInfo ❷ angezeigt.

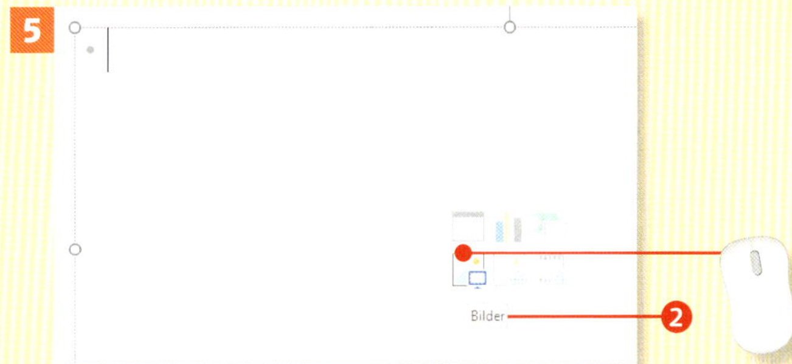

Schritt 6

Sobald Sie den ersten Buchstaben eingegeben haben, werden auch die Symbole ausgeblendet. Wie Sie trotzdem zusätzlich zu Ihrem Text noch Bilder einfügen können, lesen Sie ebenfalls in Kapitel 6.

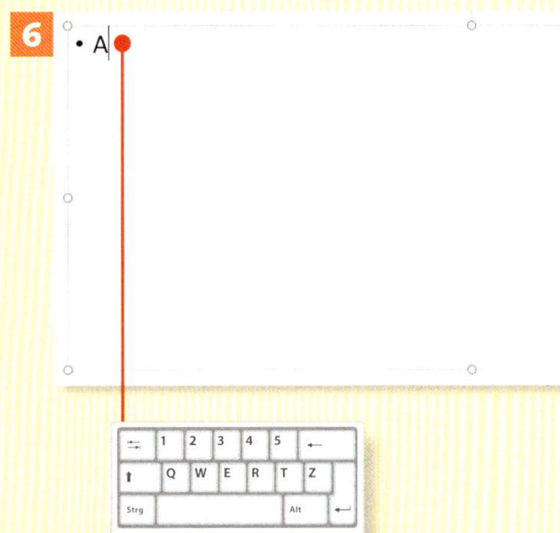

So viele Folien, wie Sie wollen

In PowerPoint können Sie immer wieder neue Folien einfügen. Es gibt bei der Anzahl der Folien (fast) keine Grenze; denken Sie aber immer daran, dass Ihr Publikum irgendwann müde wird.

Text eingeben

1
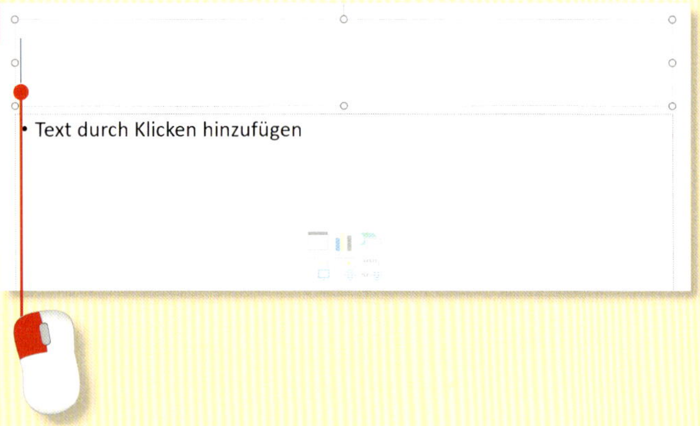

2
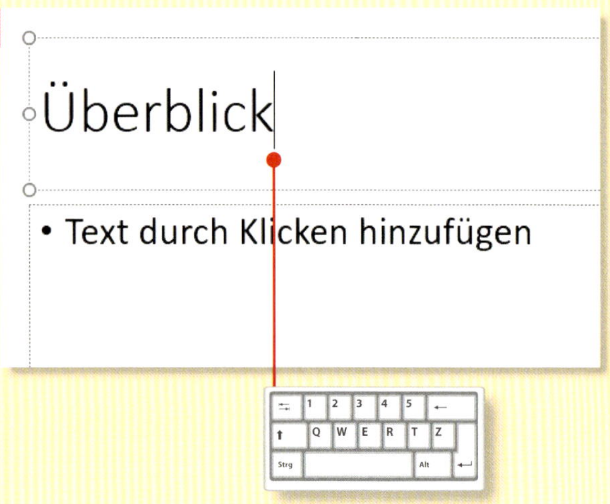

3
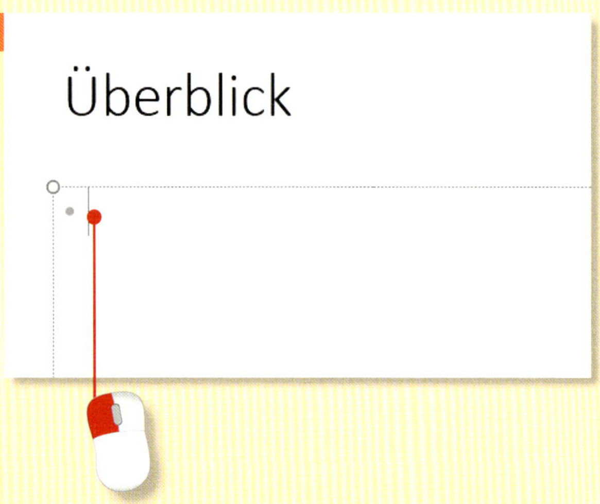

PowerPoint ist kein Textverarbeitungsprogramm, daher steht der Text immer in Textplatzhaltern und nicht »frei« auf der Folie.

Schritt 1

Klicken Sie auf der im vorangegangenen Abschnitt angelegten zweiten Folie in den oberen Textplatzhalter. Immer dort, wo der Cursor blinkt, können Sie etwas auf die Folie schreiben.

Schritt 2

Nutzen Sie diese zweite Folie sozusagen als Inhaltsverzeichnis. Tippen Sie den Titel der Folie ein, z. B. »Überblick«. Solange Sie an keine andere Stelle klicken, bleibt der gestrichelte Rand des Textplatzhalters sichtbar.

Schritt 3

Klicken Sie in den unteren Textplatzhalter. Am gestrichelten Rahmen können Sie erkennen, welches Textfeld gerade angeklickt ist. Das ist vor allem beim Formatieren wichtig (siehe Kapitel 5, »Texte ansprechend gestalten«, ab Seite 86).

Schritt 4

Geben Sie die Themen ein, die Sie in Ihrer Präsentation behandeln. Schreiben Sie Stichwörter oder kurze Sätze, und drücken Sie nach jedem abgeschlossenen Aufzählungspunkt die [↵]-Taste. PowerPoint setzt automatisch Aufzählungszeichen vor jeden Absatz.

Schritt 5

Wenn der Text einmal zu lang für eine Zeile ist, brauchen Sie am Ende der Zeile nicht [↵] zu drücken. PowerPoint erledigt den *Zeilenumbruch* für Sie.

Schritt 6

Wenn Sie am unteren Rand des Platzhalters angelangt sind und trotzdem weiterschreiben, vergrößert PowerPoint nicht etwa den Rahmen, sondern verkleinert die Schrift. Im Abschnitt »Textplatzhalter an den Text anpassen« ab Seite 88 erfahren Sie, wie Sie dieses Phänomen nutzen.

4

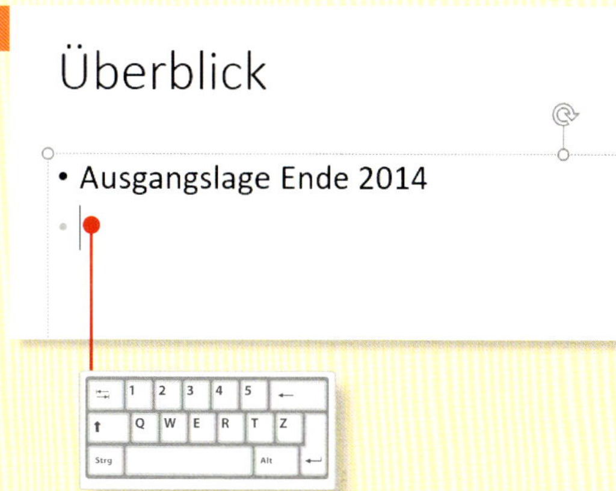

5

6

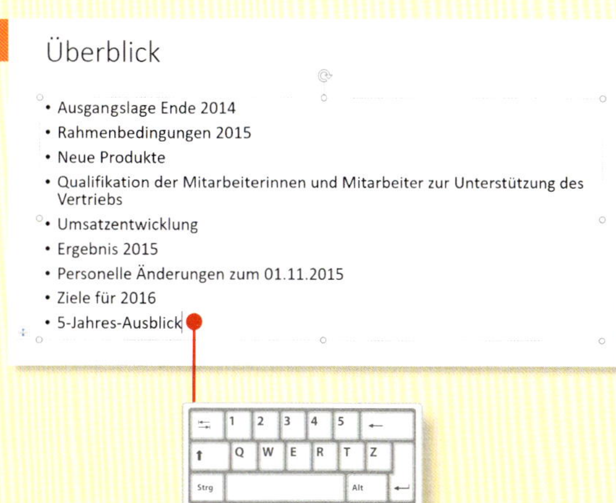

Die gelungene Präsentation in 10 Minuten

1

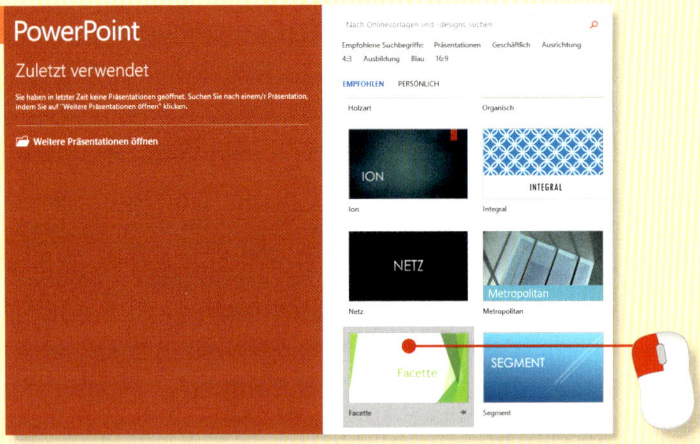

2

3

Sie sollen sich selbst oder ein Produkt mit einer Präsentation vorstellen, haben aber keine Zeit, sich lang einzuarbeiten? Hier finden Sie die Kurzanleitung zur gelungenen Präsentation!

Schritt 1

Öffnen Sie PowerPoint, und wählen Sie ein Design aus, indem Sie es anklicken. Das Design sollte dem Anlass entsprechen: Bei einer Vorstellung oder einer Produktpräsentation z. B. sollten Sie grelle Farben und wilde Muster meiden.

Schritt 2

Suchen Sie dann eine Farbkombination aus, die Ihnen zusagt und nicht zu bunt ist. Im Beispiel wird die blaue Variante des Designs **Facette** 1 verwendet, da es um eine persönliche Vorstellung geht, die Interesse wecken, aber nicht zu aufdringlich sein soll. Ein einfarbiger Hintergrund könnte langweilig wirken. Klicken Sie auf **Erstellen**.

Schritt 3

Klicken Sie in den Titelplatzhalter, und tippen Sie den Titel Ihrer Präsentation ein, im Beispiel »Vorstellung Laura Müller«.

Schritt 4

Klicken Sie in den unteren Textplatzhalter, und geben Sie den passenden Untertitel ein; bei einem Angebot z. B., für wen das Angebot erstellt wird, bei der Vorstellung, wann und wo sie stattfindet.

Schritt 5

Fügen Sie eine neue Folie ein, indem Sie Strg + M drücken. Diese neue Folie nutzen Sie für die Inhaltsübersicht. In den Textplatzhalter geben Sie einen Titel ein. Für die Vorstellung können Sie ruhig einen individuelleren Text benutzen.

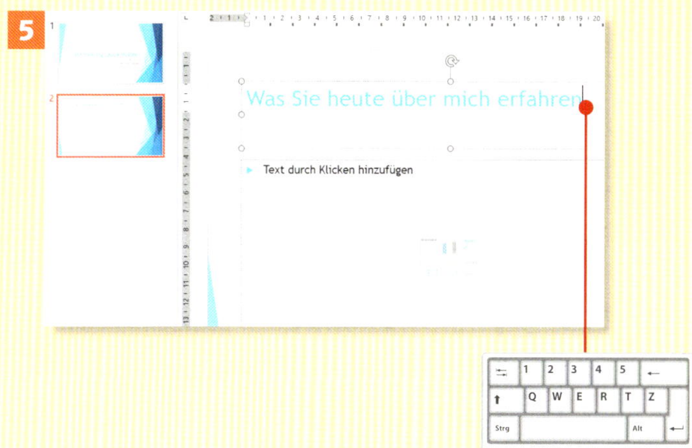

Schritt 6

Klicken Sie nun in den unteren Textplatzhalter, und listen Sie die Themen auf, die Sie in Ihrer Präsentation behandeln. Fassen Sie sich kurz; schließlich werden Sie ja zu jedem Punkt noch etwas erläutern – mündlich und auf den folgenden Folien.

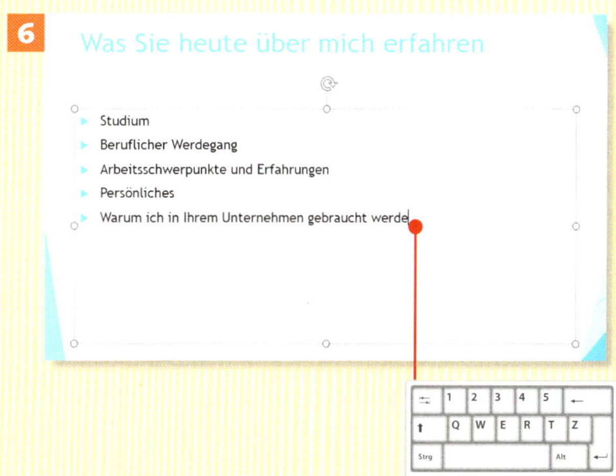

Foliengröße?
PowerPoint 2016 bietet auf der Registerkarte **Entwurf** in der Gruppe **Anpassen** zwei Foliengrößen an: **Standard** (4:3) und **Breitbild** (16:9). Wenn Sie Ihre Präsentation z. B. im Internet zeigen, nutzen Sie **Breitbild**.

Die gelungene Präsentation in 10 Minuten (Forts.)

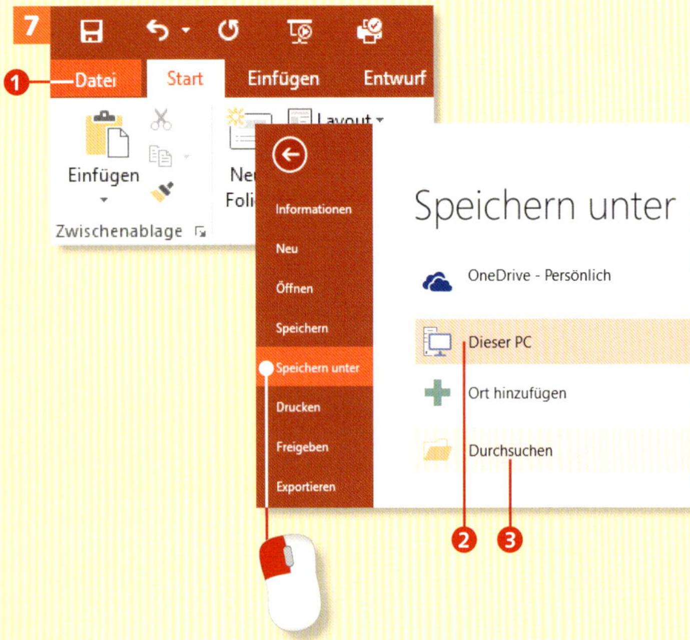

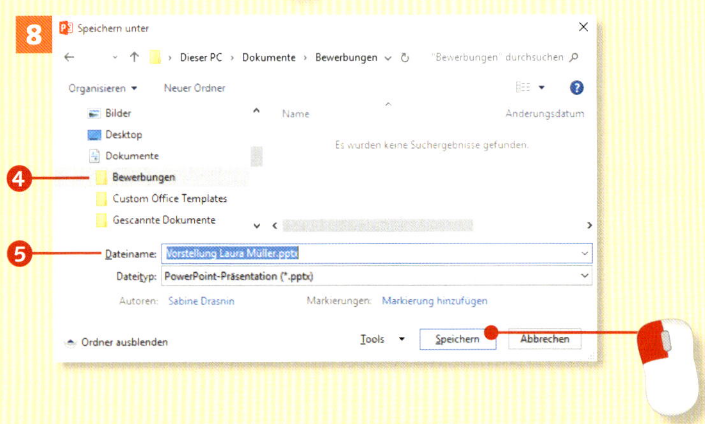

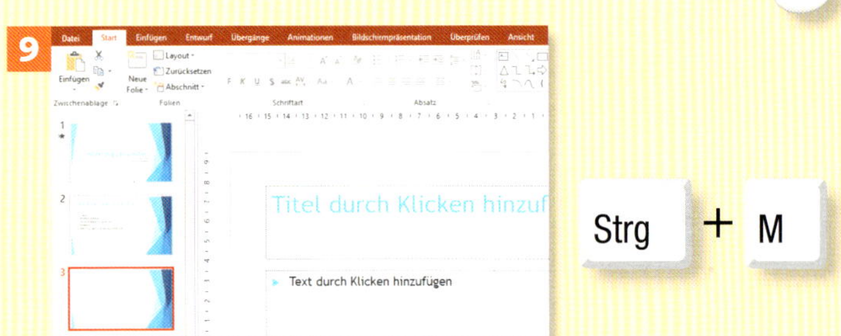

Schritt 7

Nun sollten Sie Ihre Präsentation einmal speichern. Klicken Sie auf den Reiter **Datei** 1 und dann auf **Speichern unter**. Im mittleren Fensterteil wählen Sie **Dieser PC** 2 und klicken dann weiter unten auf **Durchsuchen** 3.

Schritt 8

Im Fenster **Speichern unter** wählen Sie den Ordner aus, in dem Ihre Präsentation gespeichert werden soll 4. Geben Sie im Feld **Dateiname** 5 einen aussagekräftigen Namen ein, oder lassen Sie die vorgeschlagene Bezeichnung stehen. Klicken Sie schließlich auf **Speichern**.

Schritt 9

Fügen Sie nun weitere Folien hinzu (indem Sie Strg + M drücken), und geben Sie darauf Ihren Text ein. In das Titelfeld kommt jeweils eine kurze Überschrift, die einem Punkt der Auflistung auf der Übersichtsfolie entspricht. In das große Feld schreiben Sie jeweils Stichworte zu diesem Thema. Beenden Sie die Präsentation mit einer Folie, auf der etwa »Danke für Ihre Aufmerksamkeit!« steht.

Schritt 10

Jetzt bringen Sie Bewegung in die Präsentation, indem Sie die Folienübergänge animieren. Klicken Sie auf das Register **Übergänge** ❻. Wenn Sie in der Gruppe **Übergang zu dieser Folie** auf einen Übergang klicken, wird er Ihnen kurz vorgespielt. Wählen Sie einen Übergangseffekt aus, der sanft zur nächsten Folie überleitet, z. B. **Verblassen**.

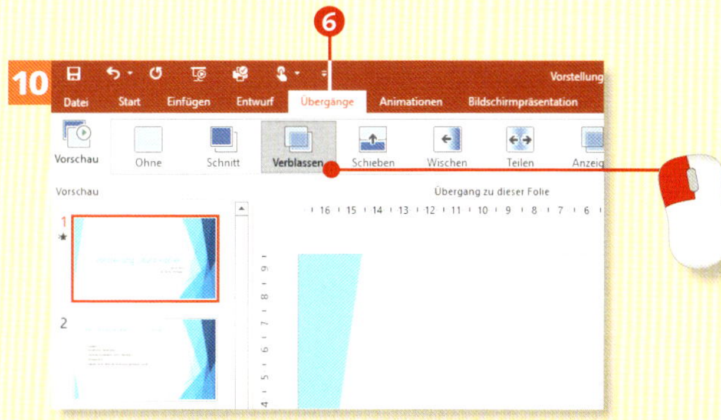

Schritt 11

Klicken Sie in der Gruppe **Anzeigedauer** auf den oberen Pfeil am Feld **Dauer** ❼, bis darin **02,00** (= zwei Sekunden) steht. Klicken Sie abschließend auf **Für alle übernehmen**. Links sehen Sie ein Sternchen ❽ vor allen Miniaturbildern, das anzeigt, dass ein Übergang ausgewählt ist. Mit *Anzeigedauer* ist übrigens die Dauer des Wechsels zwischen zwei Folien gemeint.

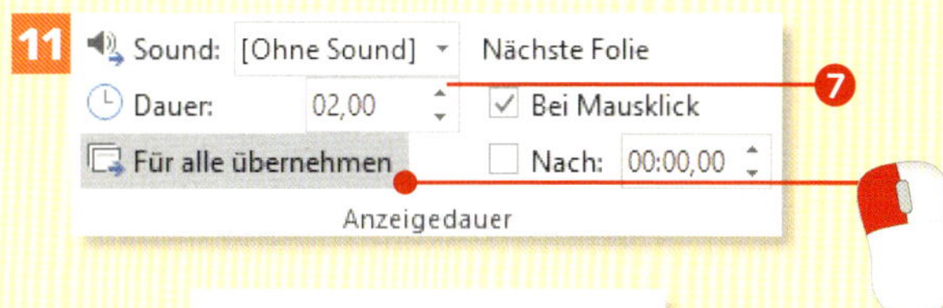

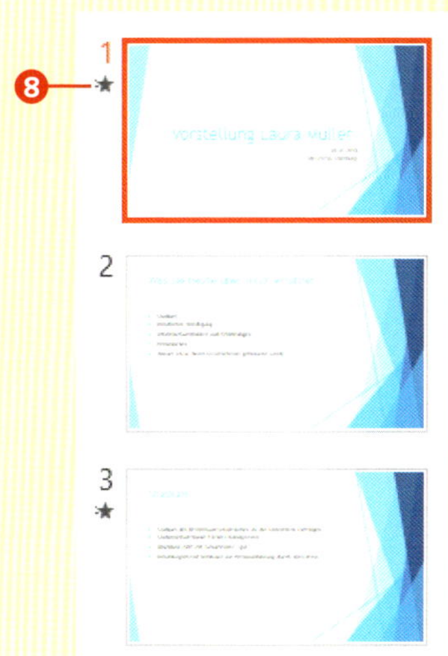

Schritt 12

Und so führen Sie die Präsentation vor: Klicken Sie auf der Registerkarte **Bildschirmpräsentation** ganz links auf **Von Beginn an**. Die Präsentation startet im Vollbildmodus. Um die nächste Folie aufzurufen, klicken Sie auf die jeweils sichtbare Folie. Proben Sie Ihren Vortrag unbedingt!

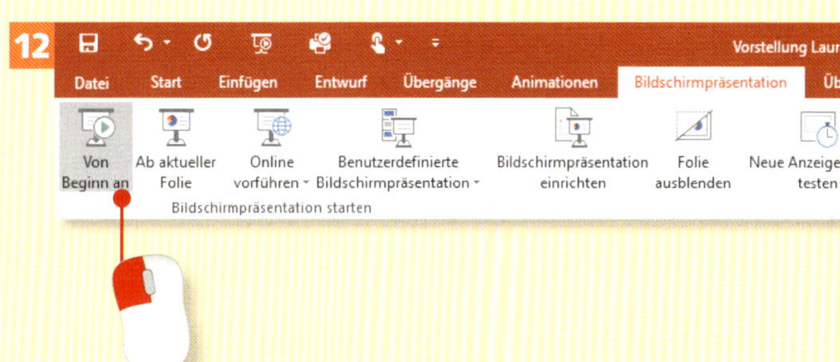

Mit der Foliensortierung arbeiten

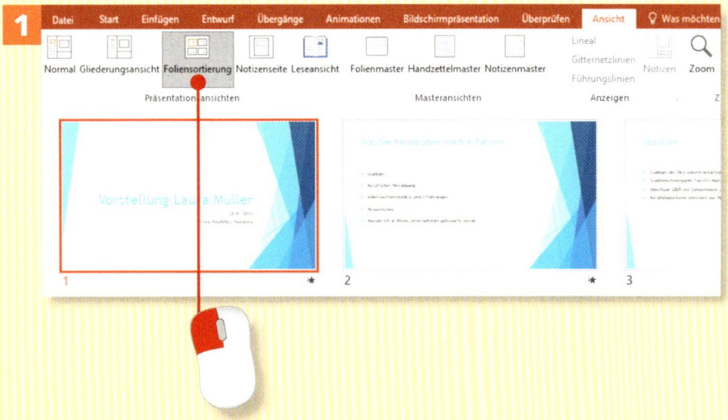

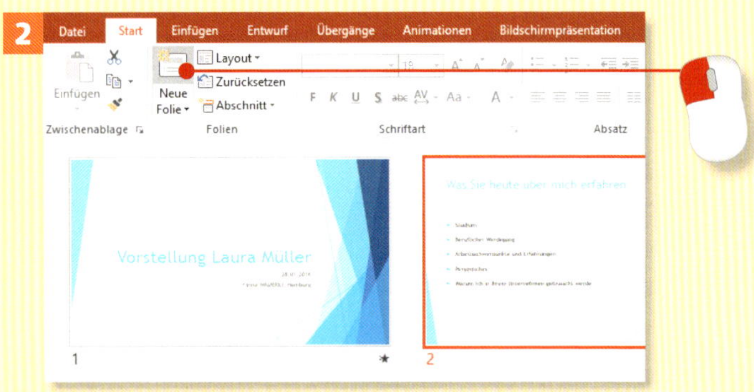

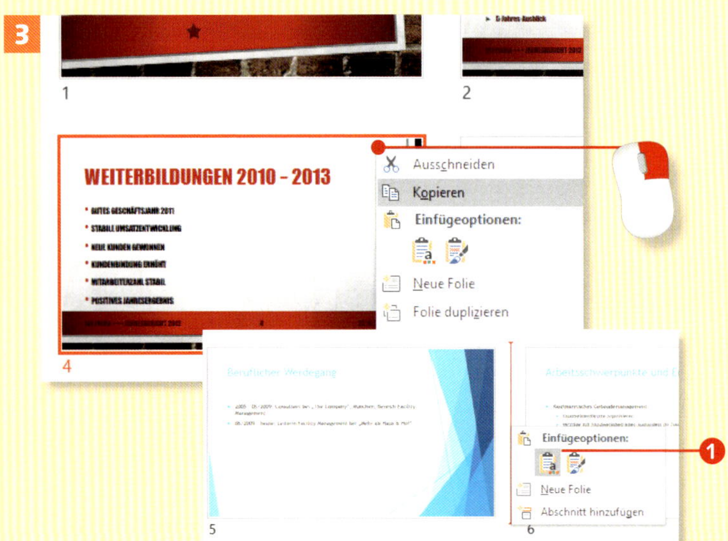

Zurück zu den Grundlagen: In PowerPoint haben Sie zwei Möglichkeiten, Folien zu sortieren. Beide Varianten lernen Sie in diesem Abschnitt kennen.

Schritt 1

Klicken Sie auf der Registerkarte **Ansicht** in der Gruppe **Präsentationsansichten** auf **Foliensortierung**. PowerPoint zeigt Ihnen jetzt alle Folien der geöffneten Präsentation verkleinert an.

Schritt 2

Sie können an jeder Stelle eine neue Folie einfügen. Klicken Sie dazu zuerst auf die Folie, *nach* der die neue Folie eingefügt werden soll, und dann auf **Neue Folie**, oder drücken Sie `Strg` + `M`. PowerPoint fügt die neue Folie im gleichen Design wie die anderen Folien ein.

Schritt 3

Zum Kopieren einer Folie z. B. aus einer anderen Präsentation klicken Sie mit der rechten Maustaste auf diese Folie und dann auf **Kopieren**. Klicken Sie in der Zielpräsentation wieder mit rechts an die Stelle, an der die Folie eingefügt werden soll, und wählen Sie **Zieldesign verwenden** ❶.

Schritt 4

Wechseln Sie über das Register **Ansicht** (siehe Schritt 1) zur Ansicht **Normal**. Links sehen Sie die Folienminiaturen. Um hier eine Folie einzufügen, klicken Sie auf die Miniatur, *nach* der die neue Folie eingefügt werden soll, und dann auf **Neue Folie**.

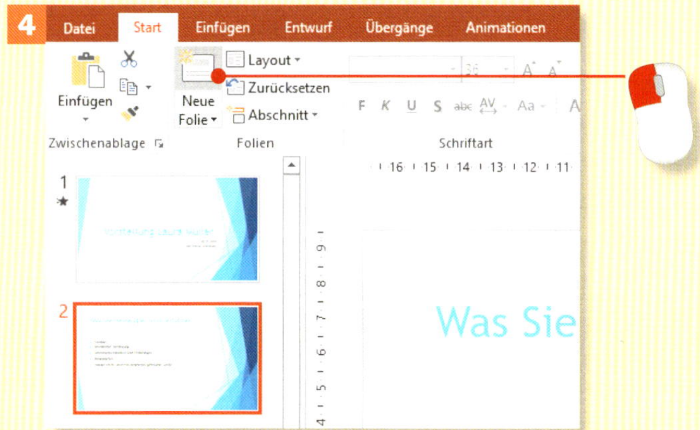

Schritt 5

Um eine Folie zu löschen, klicken Sie mit der rechten Maustaste darauf. Im Kontextmenü klicken Sie auf **Folie löschen**. Sie können die Folie auch anklicken und zum Löschen dann [Entf] oder [←] drücken.

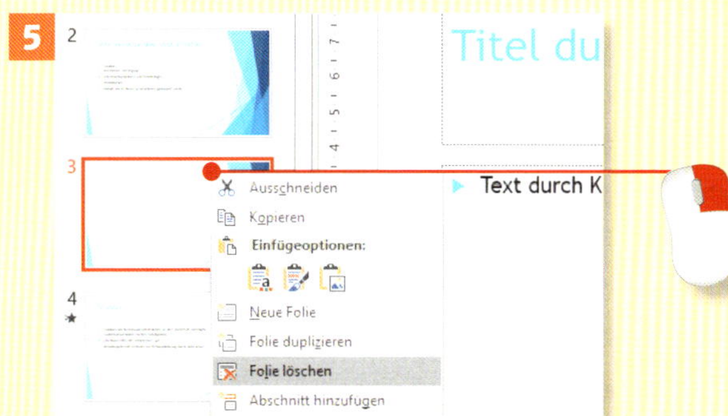

Schritt 6

Um eine Folie zu verschieben, klicken Sie auf die Miniatur und ziehen sie mit gedrückter Maustaste an die neue Stelle. Dort lassen Sie die Maustaste wieder los. Genauso können Sie in der Foliensortierung Folien verschieben.

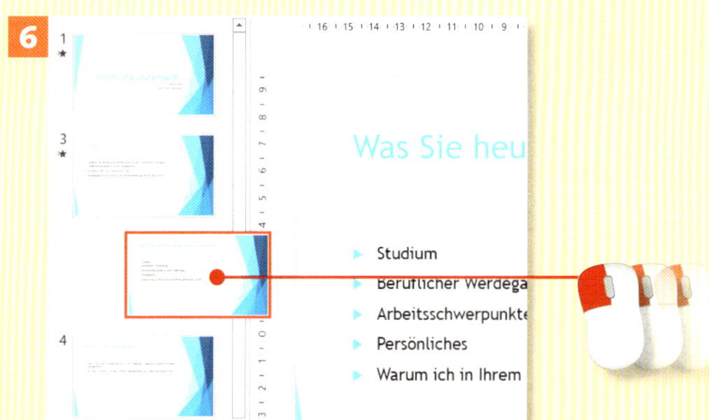

Ansichten wechseln

Mit den Schaltflächen **Normal** (Quadrat mit Folie) und **Foliensortierung** (vier kleine Quadrate) unten rechts auf der Statusleiste können Sie die Ansicht schnell ändern.

Die Präsentation speichern und schließen

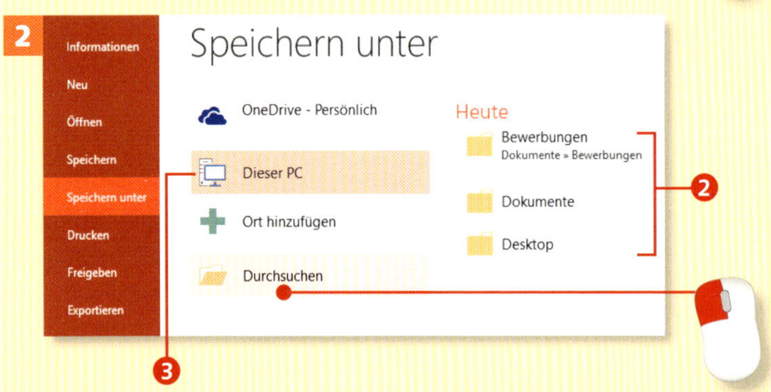

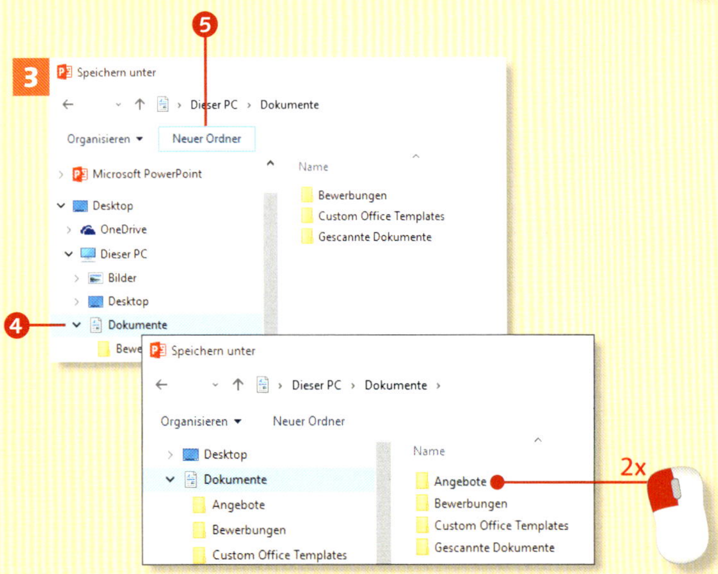

Ihre Arbeit ist wichtig; daher sollten Sie sie von Zeit zu Zeit sichern. Auch am Ende Ihrer Arbeit speichern Sie die Änderungen, die Sie an Ihrer Präsentation vorgenommen haben.

Schritt 1

Sobald Sie einige Folien angelegt haben, sollten Sie Ihre Präsentation das erste Mal speichern. Klicken Sie dazu auf **Datei** 1 und dann auf **Speichern unter**.

Schritt 2

Legen Sie nun fest, in welchem Ordner die Datei gespeichert werden soll. Wird der Ordner nicht rechts schon aufgeführt 2, klicken Sie auf **Dieser PC** 3 und dann auf **Durchsuchen**.

Schritt 3

Wählen Sie den passenden Ordner aus 4, und öffnen Sie ihn durch einen Doppelklick. Sie können auch einen neuen Ordner anlegen, indem Sie auf die Schaltfläche **Neuer Ordner** 5 klicken und ihm einen aussagekräftigen Namen geben. Klicken Sie doppelt auf den neuen Ordner, im Beispiel **Angebote**, um ihn zu öffnen.

Schritt 4

Als Bezeichnung im Feld **Dateiname** ❻ verwendet PowerPoint automatisch die ersten Wörter der Präsentation. Wollen Sie dies übernehmen, klicken Sie sofort auf **Speichern**. Zum Ändern des Namens klicken Sie in das Feld. Der Text wird blau hinterlegt, und Sie können eine neue Bezeichnung eintippen. Klicken Sie dann auf **Speichern**.

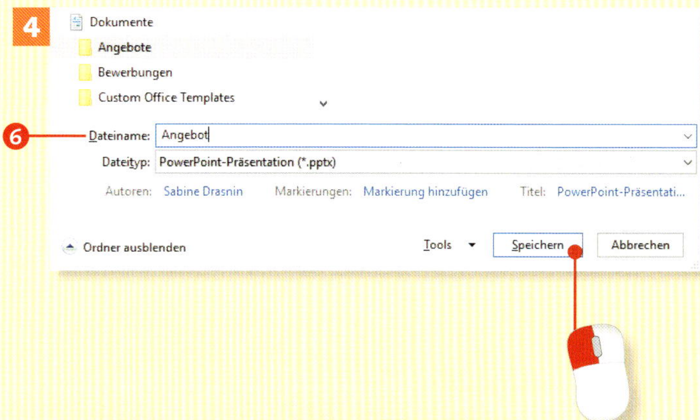

Schritt 5

Zum Speichern *während* des Arbeitens klicken Sie in der Symbolleiste für den Schnellzugriff auf das Diskettensymbol. Zum schnellen Zwischenspeichern können Sie auch [Strg] + [S] drücken. Wurde die Präsentation bisher noch nie gespeichert, gehen Sie vor, wie in den Schritten 2 bis 4 beschrieben.

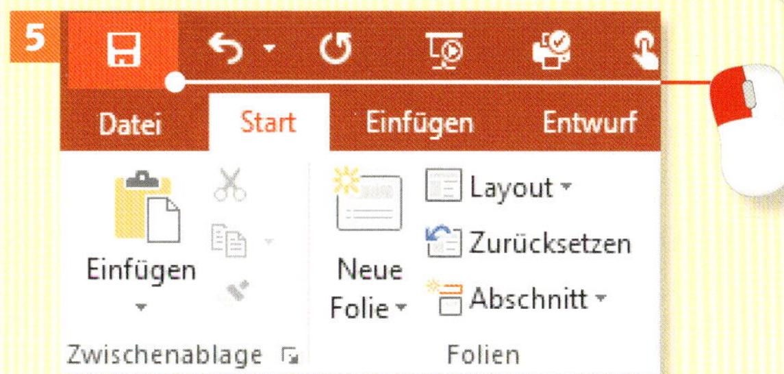

Schritt 6

Der Dateiname steht jetzt am oberen Rand des Programmfensters ❼. Arbeiten Sie einfach weiter. Wenn Sie die Präsentation später schließen und PowerPoint danach fragt, ob die Änderungen gespeichert werden sollen, klicken Sie auf **Speichern**. So sichern Sie auch alle Änderungen, die Sie seit dem letzten Speichern vorgenommen haben.

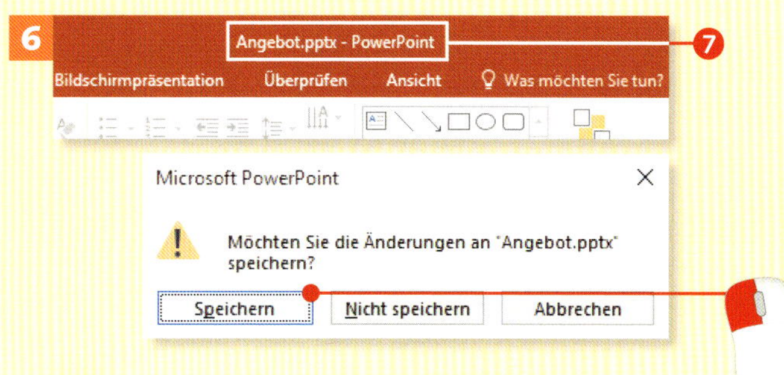

Abgestürzt – und nun?

Keine Angst: PowerPoint speichert Ihre Datei automatisch alle 10 Minuten und bietet Ihnen beim erneuten Öffnen den vor dem Absturz zuletzt zwischengespeicherten Stand an. Klicken Sie darauf, und speichern Sie die Version unter dem richtigen Dateinamen.

Eine gespeicherte Präsentation öffnen

1
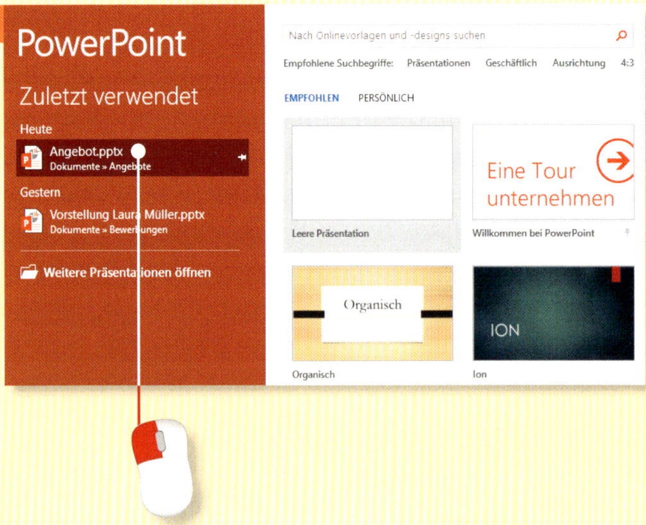

2
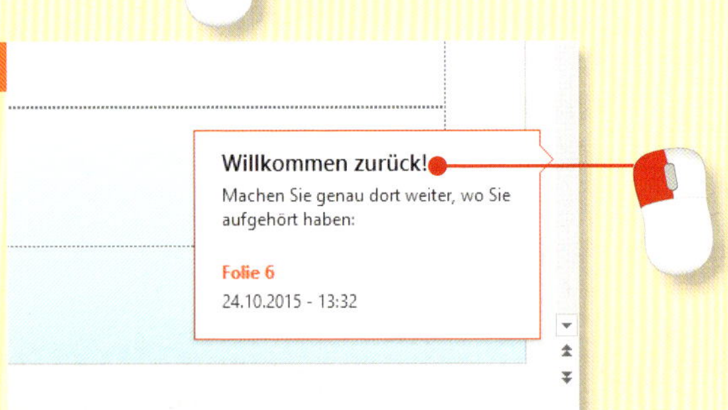

3

Egal, ob Sie eine gespeicherte Präsentation weiterbearbeiten oder als Vorlage für eine neue Präsentation benutzen wollen: Sie müssen sie zuerst einmal öffnen. Wie, das zeigen wir Ihnen in diesem Abschnitt.

Schritt 1

Öffnen Sie PowerPoint. Links werden Ihnen in der Rubrik **Zuletzt verwendet** die letzten von Ihnen bearbeiteten Dateien angezeigt. Ist die gewünschte Präsentation in der Liste aufgeführt, klicken Sie einmal darauf. Die Präsentation wird geöffnet.

Schritt 2

PowerPoint 2016 merkt sich, an welcher Stelle Ihrer Präsentation Sie zuletzt gearbeitet haben. Sie können mit einem Klick auf die Schaltfläche **Willkommen zurück!** genau zu dieser Stelle springen.

Schritt 3

Um eine Präsentation zu öffnen, die nicht in der Liste zu sehen ist, klicken Sie auf **Weitere Präsentationen öffnen**.

Schritt 4

Klicken Sie dann auf **Dieser PC** ❶. PowerPoint zeigt rechts die Ordner an, in denen Sie zuletzt Präsentationen gespeichert haben. Ist der gewünschte Ordner dabei, im Beispiel **Bewerbungen** ❷, klicken Sie einmal darauf. Um einen anderen Ordner auszuwählen, klicken Sie auf **Durchsuchen**.

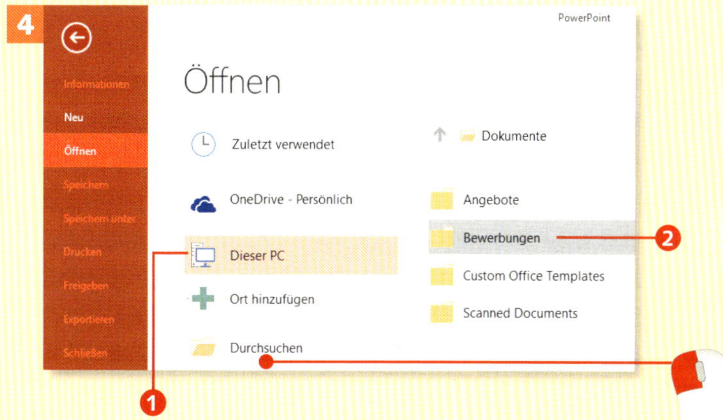

Schritt 5

Im Dialogfenster **Öffnen** können Sie den richtigen Ordner suchen ❸ und darin die gewünschte Präsentation auswählen. Klicken Sie doppelt auf den Dateinamen, und PowerPoint öffnet die Datei. Alternativ klicken Sie einmal auf den Dateinamen und dann unten auf **Öffnen** ❹.

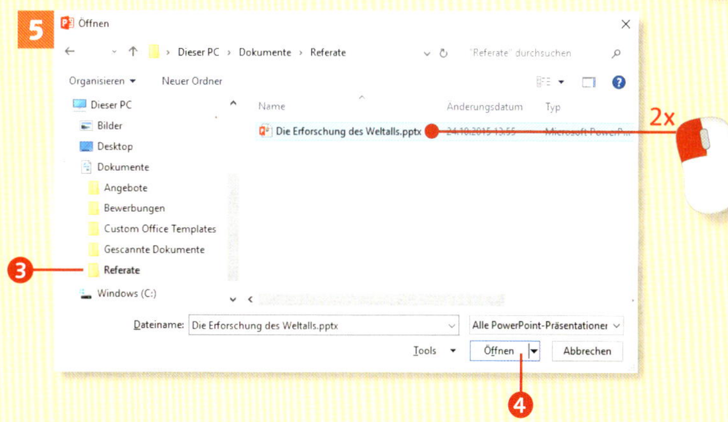

Schritt 6

Sie können auch während der Arbeit an einer Präsentation eine andere Präsentation öffnen. Klicken Sie dazu auf **Datei ▸ Öffnen**. Wenn Sie die Symbolleiste für den Schnellzugriff entsprechend angepasst haben (siehe dazu den Abschnitt »Was ist wo in PowerPoint 2016?« ab Schritt 10 auf Seite 19), klicken Sie darin auf **Öffnen** ❺. Wählen Sie die Datei aus wie oben beschrieben.

Kapitel 3
Das passende Layout in wenigen Schritten

Von nun an gehen wir ins Detail: Sie lernen in diesem Kapitel, wie Sie Präsentationen mithilfe von Designs gestalten und ihr Aussehen individuell anpassen. Dazu erstellen wir ab hier eine Beispielpräsentation, anhand derer die Themen dieses Buches nachvollziehbar erläutert werden. Es handelt sich dabei um einen Jahresbericht des fiktiven Unternehmens »WAUBREI«. Zum Üben können Sie diese Präsentation Schritt für Schritt umsetzen, aber Sie können selbstverständlich auch Ihre eigene Präsentation aufbauen.

Designs

Ein Klick, und Sie erhalten eine optisch völlig andere Präsentation: Die Designs und Designvarianten in PowerPoint 2016 machen es möglich. Jedes Design ❶ umfasst eine ganz bestimmte Kombination von Farben, Platzhaltern und Schriftarten.

Designs farblich anpassen

Die Auswahl an vorgegebenen Designs in PowerPoint ist sehr praktisch und erleichtert die Arbeit enorm, aber besonders individuell wirkt Ihre Präsentation dadurch natürlich nicht. Wenn Sie kein passendes Design finden oder mal etwas Neues ausprobieren wollen, können Sie u.a. die Farbkombinationen der Designs anpassen ❷.

Den Hintergrund gestalten

Ob für alle Folien der Präsentation oder nur für einzelne Folien, um sie hervorzuheben: Der Hintergrund Ihrer Folien lässt sich mithilfe von Farben, Farbverläufen oder Fotos leicht umgestalten ❸.

❶ PowerPoint 2016 bietet viele unterschiedliche Designs, die Sie mit einem Klick auf Ihre Präsentation anwenden können.

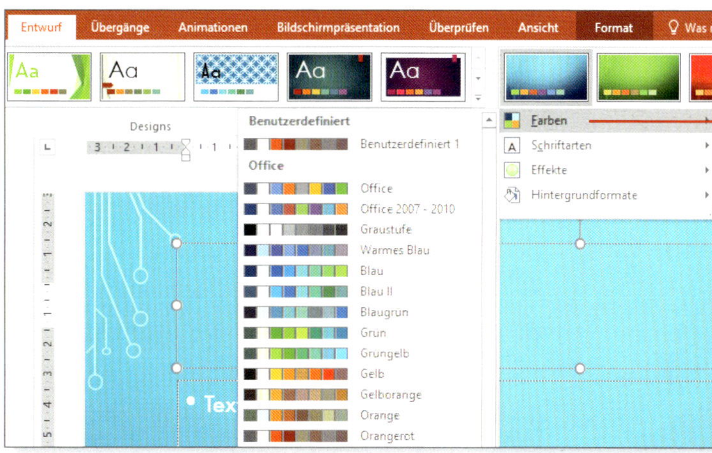

❷ Die Standarddesigns lassen sich individuell anpassen, wenn Ihnen eine andere Farbkombination eher zusagt.

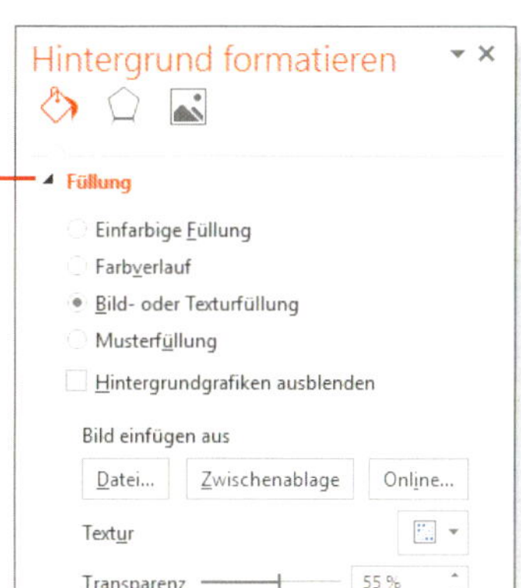

❸ Fügen Sie beispielsweise ein Bild als Hintergrund für Ihre Folien ein, und machen Sie es transparenter, damit der Text lesbar bleibt.

Das Design: Themen und Varianten anwenden

1

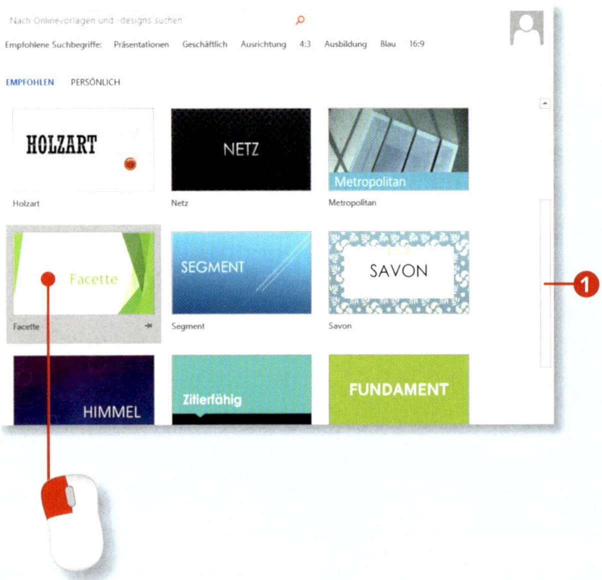

2

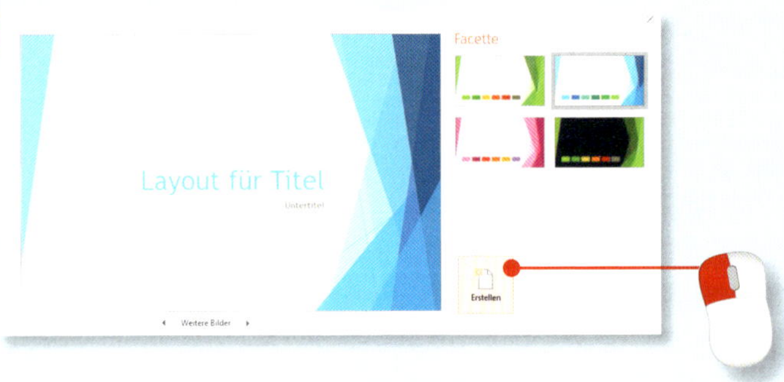

3

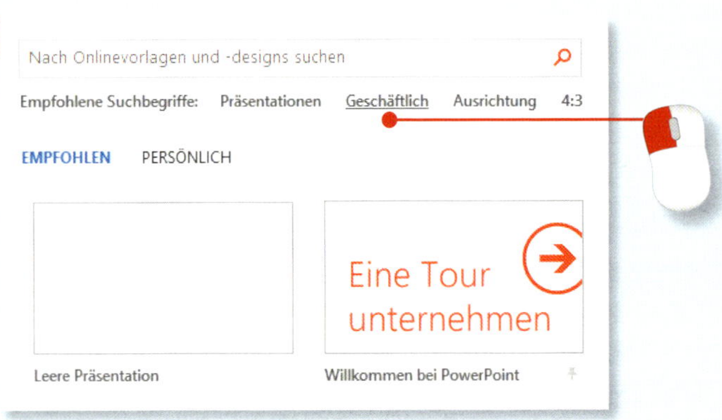

In Kapitel 1 haben Sie schon gesehen, wie einfach Sie in PowerPoint eine Designvorlage anwenden können. Lesen Sie hier, wie Sie aus noch mehr Vorlagen auswählen können.

Schritt 1

Öffnen Sie PowerPoint. Sie können direkt eine Designvorlage auswählen. Je nach Bildschirmgröße werden nicht alle Vorlagen auf einmal angezeigt; *scrollen* Sie dann nach unten, indem Sie den Scrollbalken ❶ mit gedrückter Maustaste verschieben. Klicken Sie eine Vorlage an, z. B. **Facette**.

Schritt 2

In einem eigenen Fenster können Sie jetzt eine Farbkombination auswählen (siehe dazu auch den Abschnitt »Der Startbildschirm – direkt loslegen« auf Seite 14). Klicken Sie auf **Erstellen**, um eine leere Präsentation im gewählten Design zu öffnen.

Schritt 3

Gefällt Ihnen keine der angebotenen Vorlagen, suchen Sie andere. Klicken Sie dazu auf einen der Suchbegriffe, die am oberen Rand des Programmfensters angeboten werden, z. B. auf **Geschäftlich**.

Schritt 4

Nun sehen Sie eine Auswahl von Designvorlagen, die sich nach Ansicht der Entwickler für geschäftliche Präsentationen eignen. Unter den Designvorlagen werden auch Vorlagen angezeigt, die aus anderen Anwendungen, z. B. Word, stammen ❷. Die Kategorien rechts ❸ berücksichtigen auch diese PowerPoint-fremden Ergebnisse.

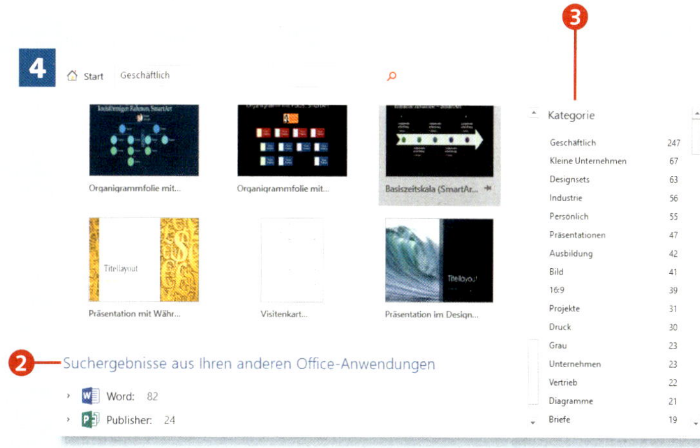

Schritt 5

Wenn Sie eine der PowerPoint-Vorlagen anklicken, erhalten Sie in einem eigenen Fenster weitere Informationen dazu. Klicken Sie auf **Erstellen**, um eine Präsentation in diesem Design zu öffnen. Wollen Sie zur Auswahl zurück, klicken Sie auf das Schließkreuz ❹.

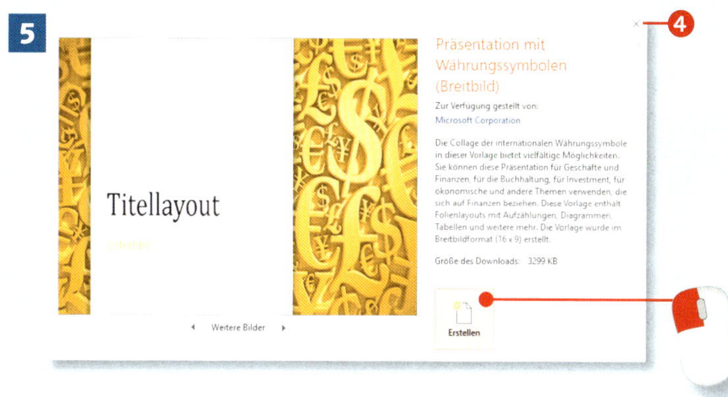

Schritt 6

Um zum Startbildschirm von PowerPoint zurückzukommen, klicken Sie auf das kleine Haus ❺ neben dem zuvor gewählten Suchbegriff. Nun können Sie einen anderen Suchbegriff anklicken oder direkt ein eigenes Suchwort in das Suchfeld eingeben.

Das Design: Themen und Varianten anwenden (Forts.)

7
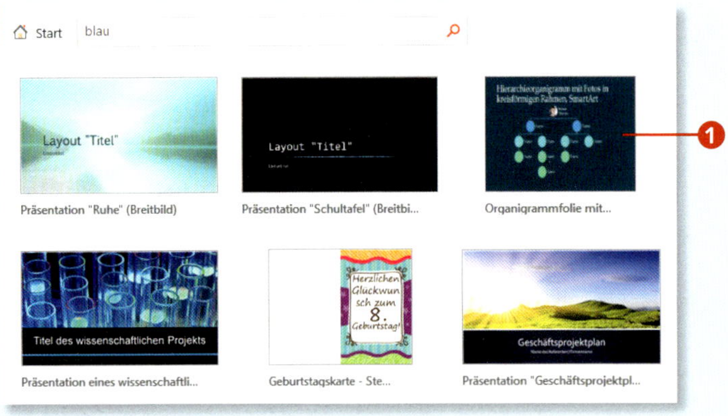

8

9

Schritt 7

Nach Eingabe des Suchworts drücken Sie [↵]. Aus dem Onlinebestand werden Ihnen passende Präsentationsvorlagen, aber auch Elemente wie Organigramm- oder SmartArt-Folien ❶ angeboten.

Schritt 8

Auch hier werden zusätzliche Informationen angezeigt, wenn Sie eine Vorlage anklicken: für welchen Zweck und welche Zielgruppe die Vorlage geeignet ist, was sie enthält usw. Klicken Sie auf **Erstellen**, wird die Vorlage heruntergeladen.

Schritt 9

Im Unterschied zu den Standardvorlagen enthalten diese Vorlagen nicht nur die Titelfolie ❷, sondern einen ganzen Satz Folien mit unterschiedlichen Inhaltsmustern ❸ wie Aufzählungen, Diagramme und Tabellen sowie unterschiedlich gemusterte leere Folien. All diese Teile können Sie leicht bearbeiten.

Kalender oder Urkunde gesucht?
Sie finden bei den Onlineangeboten auch Vorlagen für Urkunden, Wandkalender, Geburtstagskarten oder Visitenkarten.

Schritt 10

Das Design können Sie jederzeit ändern, auch wenn Sie schon Text auf Ihre Folien geschrieben oder Bilder eingefügt haben. Klicken Sie die Registerkarte **Entwurf** an. In der Gruppe **Designs** sehen Sie die Standardvorlagen. Wenn Sie rechts auf den kleinen Pfeil klicken, wird der ganze Vorlagenkatalog geöffnet.

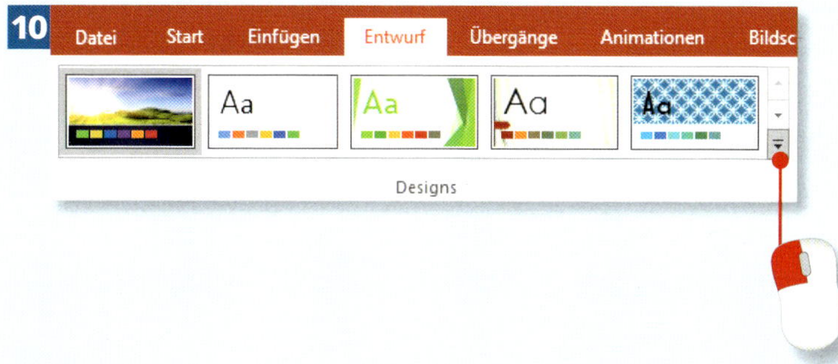

Schritt 11

Fahren Sie mit dem Mauszeiger über eine Vorlage, und verharren Sie darauf, ohne zu klicken. Sie sehen eine *Livevorschau* des Designs. Wenn Ihnen ein Design gefällt, klicken Sie es an; die Vorlage wird sofort angewendet.

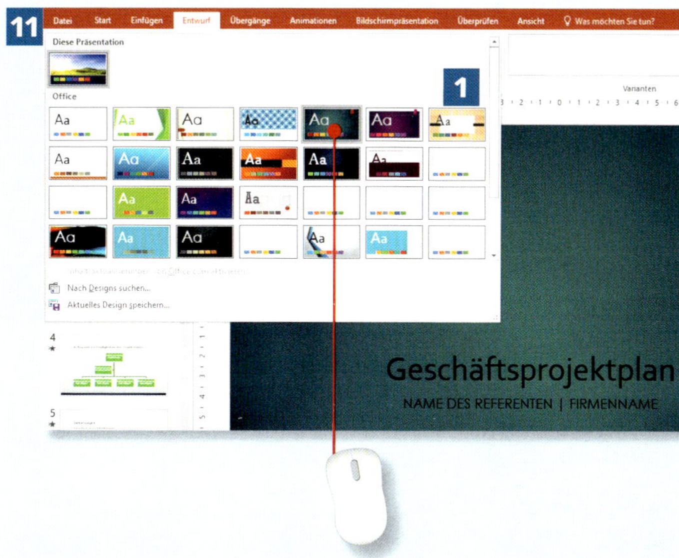

Schritt 12

Auch die Farbe können Sie während der Arbeit an einer Präsentation einfach umstellen. Auf der Registerkarte **Entwurf** in der Gruppe **Varianten** sehen Sie die möglichen Farbkombinationen des gewählten Designs. Auch hier können Sie die Livevorschau nutzen. Mit einem Klick aktivieren Sie die neue Farbvariante.

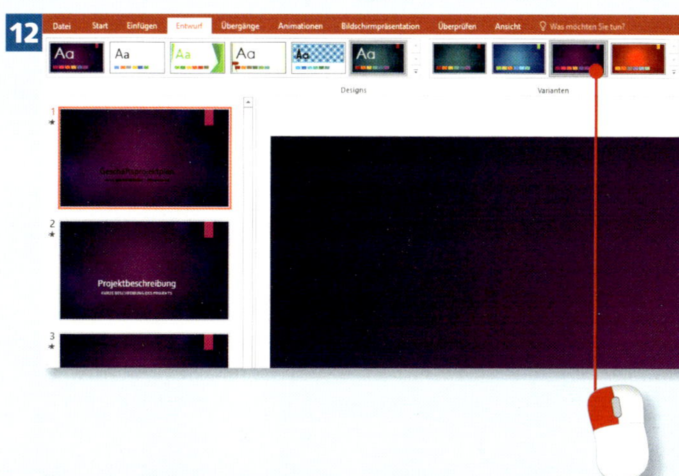

Das Design farblich anpassen

PowerPoint bietet einige Möglichkeiten der farblichen Anpassung. Sie können aber auch eigene Farbakzente setzen oder ganz andere Kombinationen für Ihre Präsentation erstellen.

1

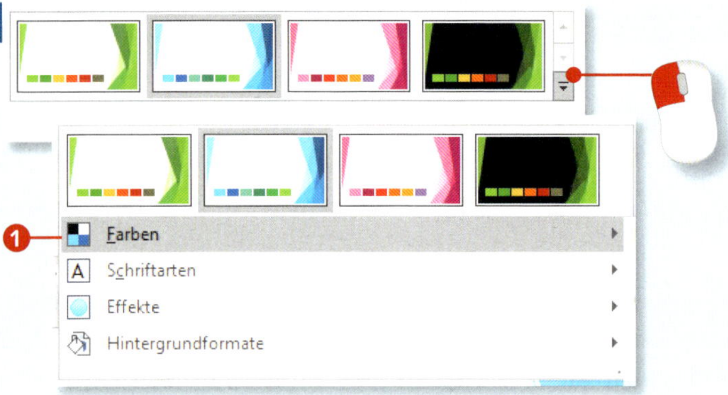

2

3

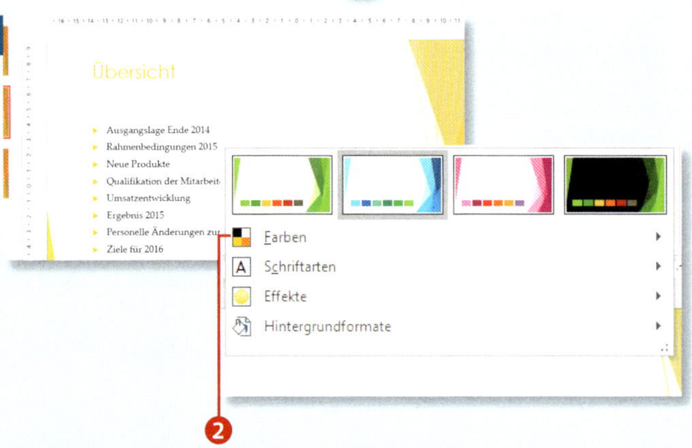

Schritt 1

Klicken Sie auf der Registerkarte **Entwurf** in der Gruppe **Varianten** auf den Pfeil rechts unten und dann auf **Farben**. Die vier Farben, die Sie im Kästchen ❶ vor dem Menüeintrag sehen, gehören jeweils zum aktiven (dem ausgewählten) Design.

Schritt 2

In der Liste mit Farbvarianten stehen in einer Zeile je acht Farben nebeneinander. Die jeweils zweite Farbe steht z. B. für die Hintergrundfarbe. Fahren Sie mit dem Mauszeiger über die einzelnen Farbkombinationen, um vorab zu sehen, wie Ihre Folien aussehen würden.

Schritt 3

Sobald Sie eine Variante angeklickt haben, werden alle Ihre Folien angepasst. Das Quadrat auf der Schaltfläche **Farben** ❷ zeigt die vier neuen Farben.

Schritt 4

Auch die Schriftarten können Sie anpassen. Klicken Sie in der Gruppe **Varianten** auf den Pfeil rechts unten und dann auf **Schriftarten**. Mit der Livevorschau sehen Sie Ihren Text auf den Folien in den aufgeführten Kombinationen.

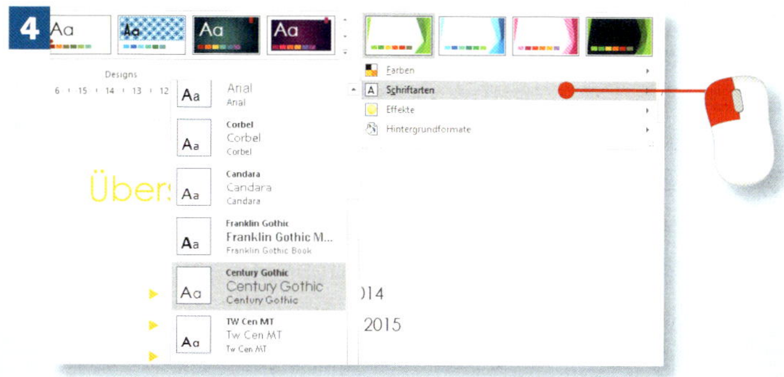

Schritt 5

Um eine eigene Kombination zu erstellen, klicken Sie ganz unten im Menü auf **Schriftarten anpassen**. Wählen Sie jeweils eine Schriftart für die Überschriften ❸ und den Textkörper ❹ aus. Speichern Sie schließlich die neue Kombination.

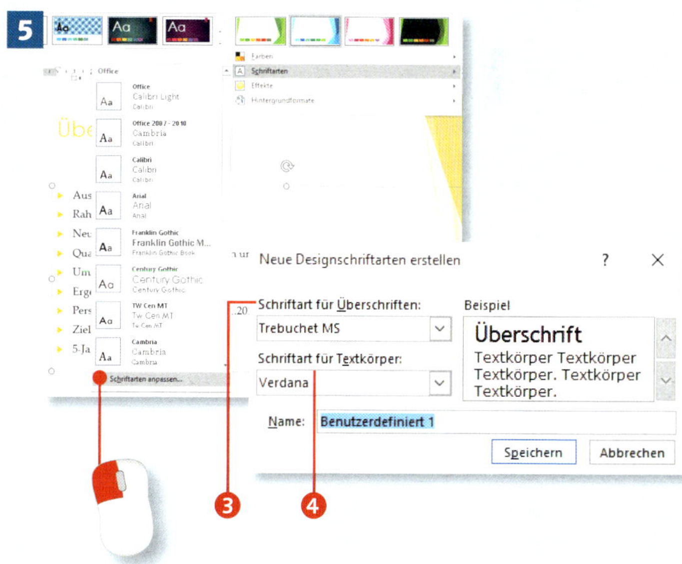

Schritt 6

Jedes Design – ob selber angepasst oder nicht – hat einen eigenen *Farbenkatalog* (unter **Designfarben** ❺). In diesen Farben werden z. B. Aufzählungszeichen, Objekte und *SmartArts* gestaltet. Unabhängig vom Design stehen Ihnen immer die *Standardfarben* ❻ zur Verfügung.

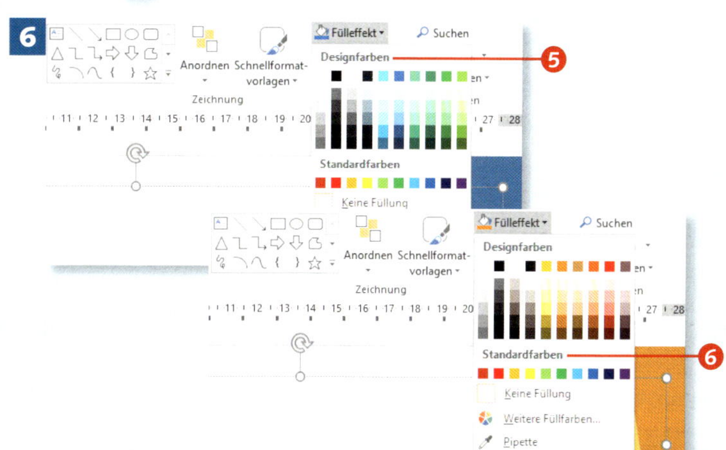

Immer Designvorlagen?

Sie können auch eine »leere«, weiße Präsentation öffnen: über **Datei ▸ Neu ▸ Leere Präsentation**.

Den Hintergrund der Präsentation verändern

1

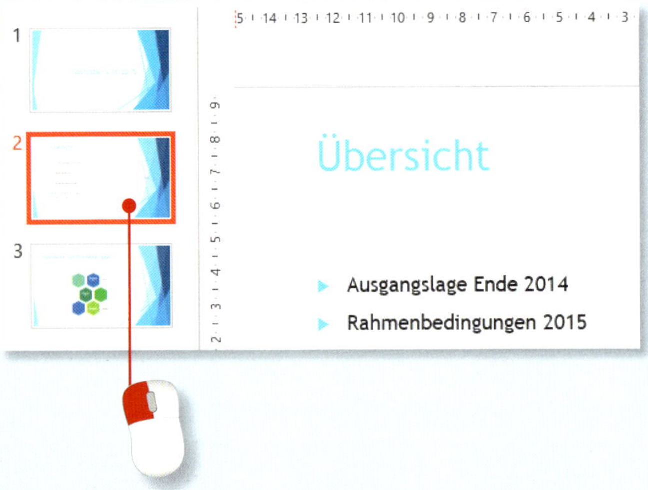

Auch die im Design vorgegebene Hintergrundfarbe lässt sich ändern, und zwar unabhängig von den anderen Merkmalen. Wie das geht, erfahren Sie hier.

Schritt 1

Öffnen Sie eine gespeicherte Präsentation, oder erstellen Sie eine neue. Aktivieren Sie die zweite Folie, sodass sie groß im Folienbereich zu sehen ist. Dazu klicken Sie sie in der Leiste mit den Miniaturansichten an.

2

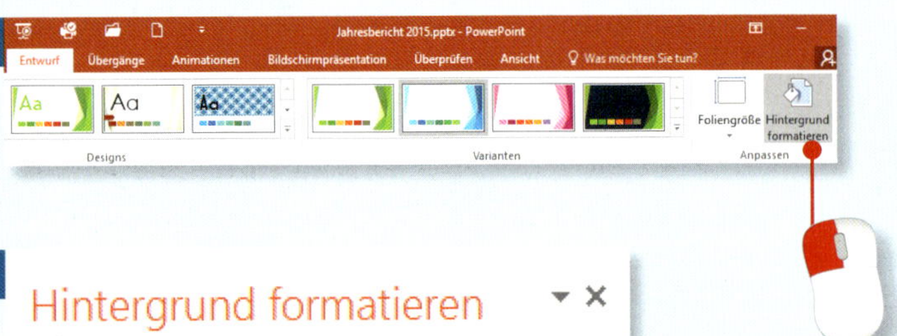

Schritt 2

Klicken Sie auf der Registerkarte **Entwurf** in der Gruppe **Anpassen** auf **Hintergrund formatieren**.

3

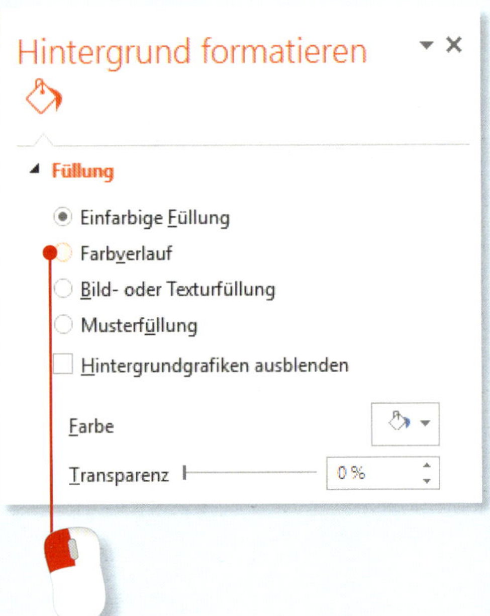

Schritt 3

Rechts neben der Folie öffnet sich der Aufgabenbereich **Hintergrund formatieren**. Unter **Füllung** legen Sie Grundfarbe und -muster für die Folie fest. Klicken Sie auf **Farbverlauf**.

Schritt 4

Der Hintergrund der Folie wird sofort mit einem *Verlauf* versehen. Klicken Sie auf die Schaltfläche **Voreingestellte Farbverläufe**. Hier gibt es keine Livevorschau, daher müssen Sie zum Ausprobieren einen Verlauf anklicken. Wenn er Ihnen nicht gefällt, klicken Sie auf **Hintergrund zurücksetzen** ❶. Achtung: Damit werden alle Änderungen rückgängig gemacht! Um nur die letzte Änderung rückgängig zu machen, drücken Sie [Strg] + [Z].

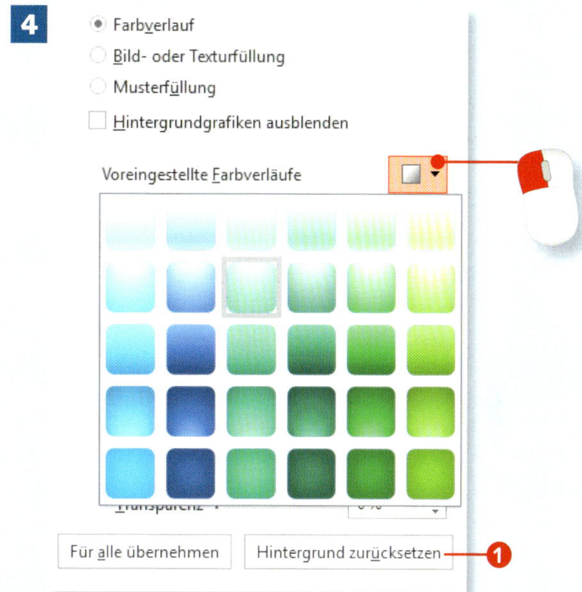

Schritt 5

Einen eigenen *Farbverlauf* legen Sie fest, indem Sie zuerst auf den ersten Schieberegler ❷ unter **Farbverlaufstopps** klicken. Klicken Sie dann auf die Schaltfläche **Farbe**, und wählen Sie eine Startfarbe aus. Dann klicken Sie den letzten Regler ❸ an und wählen ebenfalls eine Farbe.

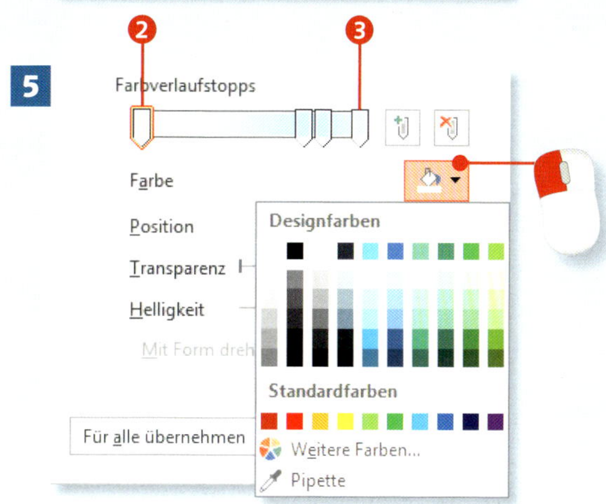

Schritt 6

Auf Ihrer Folie wird der Hintergrund direkt angepasst; so können Sie kontrollieren, ob der gewünschte Effekt erreicht wird. Korrigieren Sie ggf. die Einstellungen. Testen Sie ruhig zunächst mit einer auffälligen Farbe.

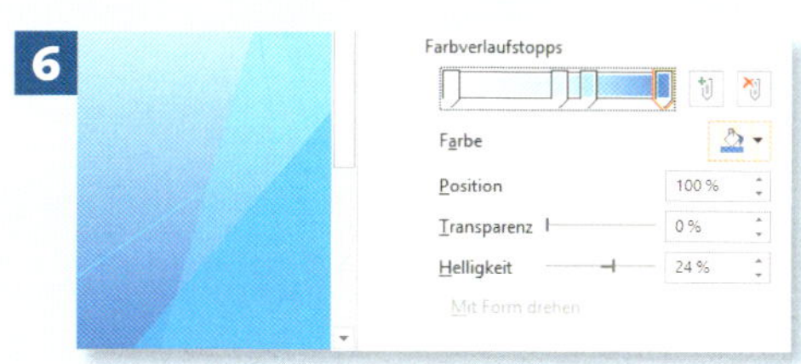

Den Hintergrund der Präsentation verändern (Forts.)

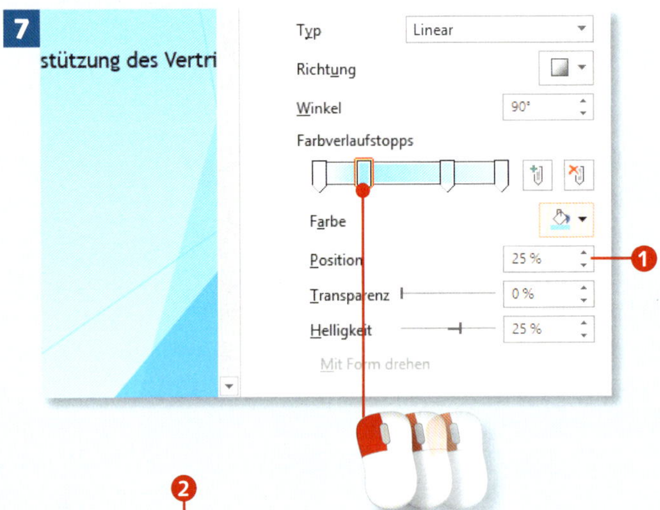

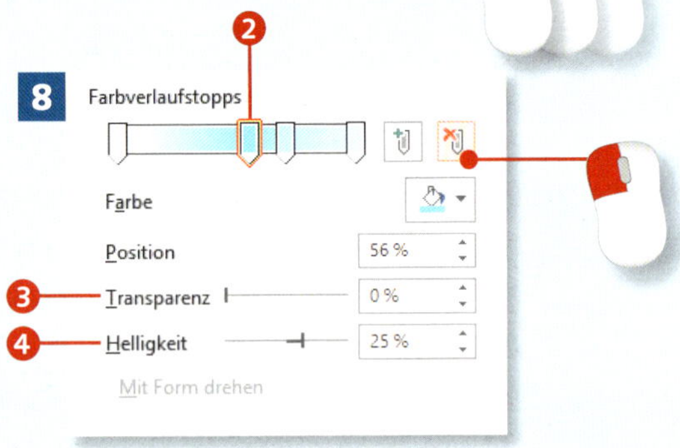

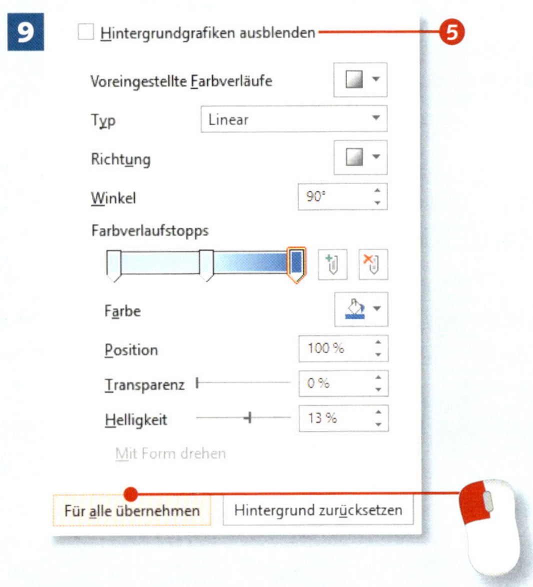

Schritt 7

Die Farbverlaufstopps zwischen Start- und Endpunkt des Farbverlaufs können Sie ebenfalls verändern. Verschieben Sie die Regler, wenn Sie den Farbverlaufstopp auf einer anderen Höhe der Folie platzieren wollen. Diese Höhe wird auch im Feld **Position** ❶ angegeben: **0 %** entspricht dem oberen Rand der Folie, **100 %** dem unteren.

Schritt 8

Um einen Regler zwischen Start- und Endpunkt zu löschen, klicken Sie ihn an ❷ und wählen **Löschen**. Bei **Transparenz** ❸ legen Sie fest, ob der Farbverlauf um den angeklickten Farbverlaufstopp herum etwas durchscheinend werden soll. Der Wert bei **Helligkeit** ❹ ändert die gewählte Farbe: Weniger bewirkt eine dunklere, mehr eine hellere Farbe.

Schritt 9

Bei Designs mit ganzseitigem Muster- oder Bildhintergrund müssen Sie das Kästchen **Hintergrundgrafiken ausblenden** ❺ aktivieren, damit der Farbverlauf sichtbar wird. *Wichtig:* Um den neuen Farbverlauf auf allen Folien einzusetzen, klicken Sie auf **Für alle übernehmen**.

Schritt 10

Möchten Sie statt des Farbverlaufs lieber ein Bild als Hintergrund verwenden, klicken Sie auf **Bild- oder Texturfüllung**. Der Hintergrund der Folie nimmt sofort eine strohartige Struktur an. Enthält Ihr Design eigene Hintergrundbilder, blenden Sie sie aus ❻.

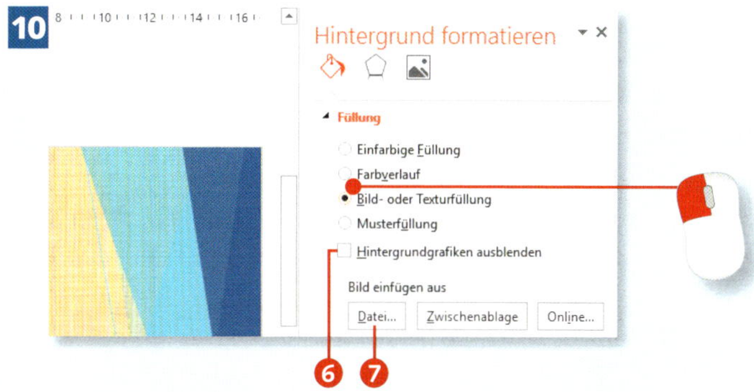

Schritt 11

Um ein eigenes Bild einzufügen, klicken Sie auf **Datei** ❼. Im Fenster **Grafik einfügen** wählen Sie den Ordner ❽, der das Bild enthält, und dann das Bild ❾ aus. Klicken Sie schließlich auf **Einfügen**.

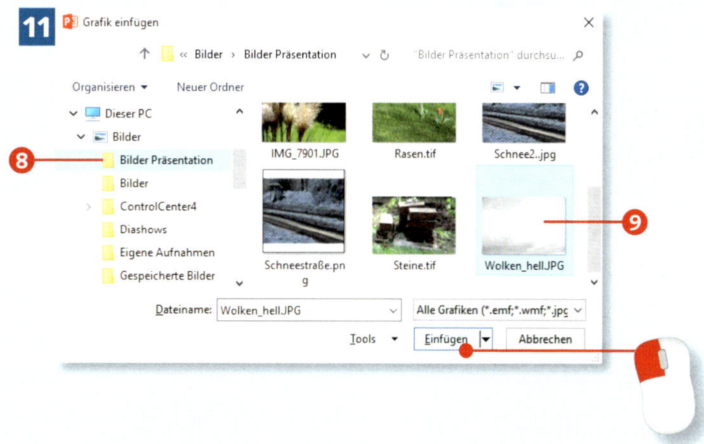

Schritt 12

Ihre Folie zeigt jetzt das Bild als Hintergrund. Um es etwas blasser erscheinen zu lassen, erhöhen Sie den Wert im Feld **Transparenz**, indem Sie auf den Pfeil klicken. Damit das Bild im Hintergrund aller Folien zu sehen ist, klicken Sie auf **Für alle übernehmen** ❿.

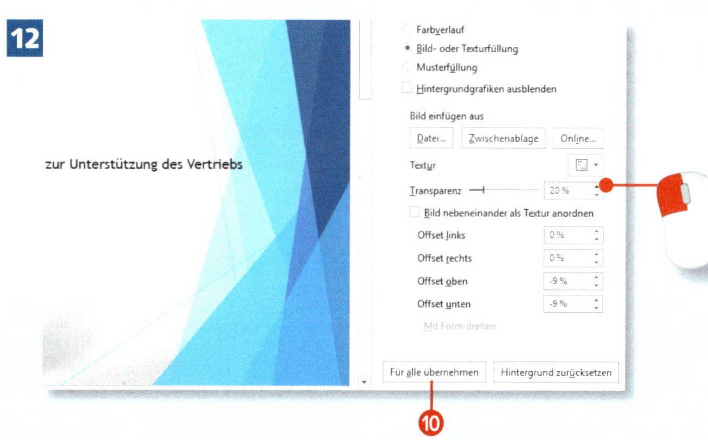

Mehrere Wege führen zum Ziel
Um den Hintergrund für alle Folien zu ändern, können Sie ihn auch im Folienmaster anpassen (siehe Kapitel 4, »Ordnung im Hintergrund – der Folienmaster« ab Seite 68).

Hintergründe und Farben einzelner Folien ändern

1

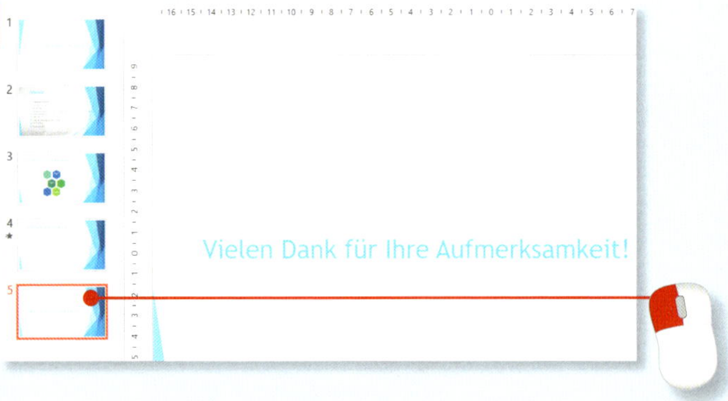

2

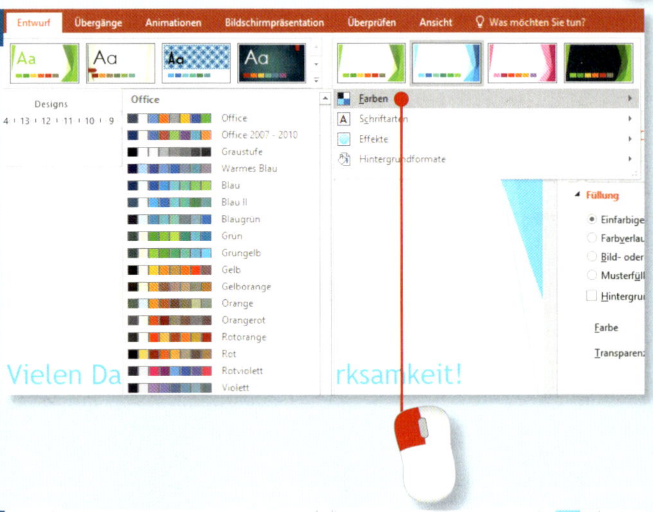

3

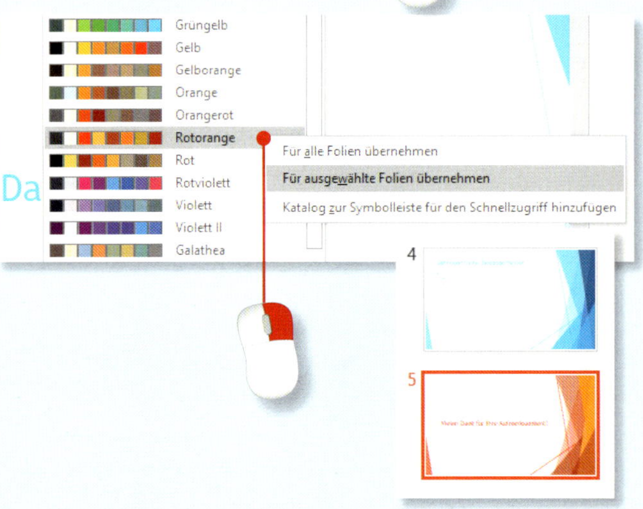

Sollen alle Folien gleich aussehen oder wollen Sie einzelne Folien herausstellen? Mit PowerPoint ist beides möglich.

Schritt 1

Die letzte Folie unserer Beispielpräsentation zeigt Ihren Dank ans Publikum. Sie soll sich optisch von den anderen Folien abheben. Markieren Sie sie also, indem Sie die letzte Folienminiatur anklicken.

Schritt 2

Jetzt ändern Sie die Designfarben nur für diese Folie. Klicken Sie dazu auf der Registerkarte **Entwurf** in der Gruppe **Varianten** auf den unteren Pfeil und dann auf **Farben**. Fahren Sie mit dem Mauszeiger über die Farbsätze im Katalog, und schauen Sie sich in der Livevorschau an, wie Ihre Folie aussehen würde.

Schritt 3

Klicken Sie mit der rechten Maustaste auf die gewünschte Farbkombination. Im Kontextmenü wählen Sie den Eintrag **Für ausgewählte Folien übernehmen**. Weil nur die eine Folie angeklickt war, wird auch nur diese Folie geändert.

Schritt 4

Um nur auf dieser Folie ein Bild als Hintergrund zu verwenden, folgen Sie den Schritten 10 bis 12 im Abschnitt »Den Hintergrund der Präsentation verändern« auf Seite 63. Klicken Sie aber in diesem Fall zum Schluss *nicht* auf **Für alle übernehmen**.

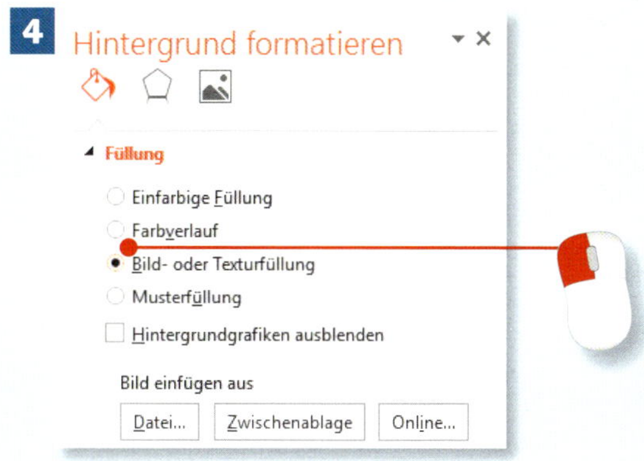

Schritt 5

Schließen Sie den Aufgabenbereich mit einem Klick auf das Schließkreuz rechts oben. Im Beispiel wurde die Schriftfarbe noch geändert, damit der Text besser lesbar ist (siehe dazu Kapitel 5, »Texte ansprechend gestalten«, ab Seite 86).

Schritt 6

Soll die Folie wieder das gleiche Design wie die anderen Folien zeigen, markieren Sie eine andere Miniatur ❶. Auf der Registerkarte **Start** klicken Sie auf **Format übertragen** (Pinsel). Dann klicken Sie die Miniatur der zu ändernden Folie an. Sie nimmt sofort das alte Design an, aber nicht Schriftfarbe und -art: Diese Elemente müssen Sie einzeln ändern.

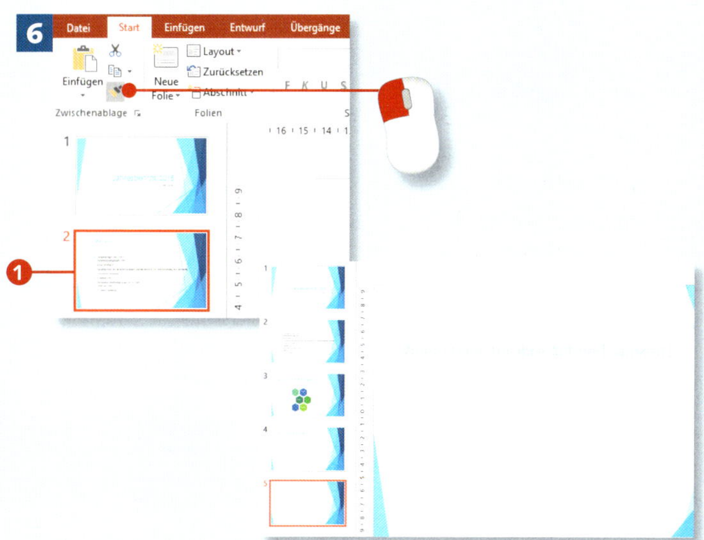

Schnellformatvorlagen einsetzen

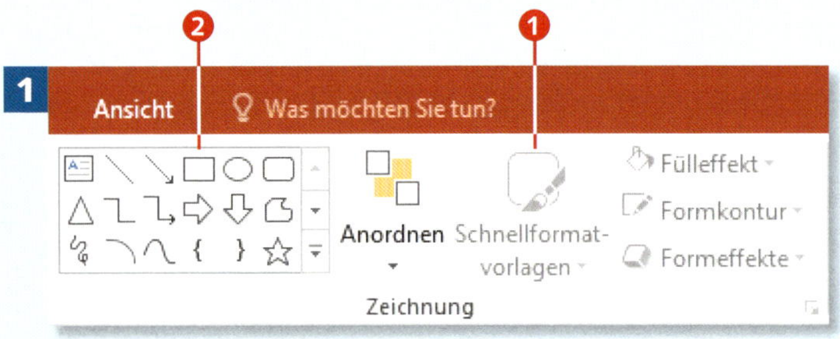

Schnellformatvorlagen gibt es für Textfelder, Diagramme, Tabellen und Formen. Sie kombinieren Text- und Objektfarben neu, jeweils passend zum gewählten Design.

Schritt 1

Schnellformatvorlagen finden Sie auf der Registerkarte **Start** in der Gruppe **Zeichnung**. Wenn kein Objekt auf Ihrer Folie markiert ist, ist die Schaltfläche **Schnellformatvorlagen** ❶ hellgrau und lässt sich nicht anklicken.

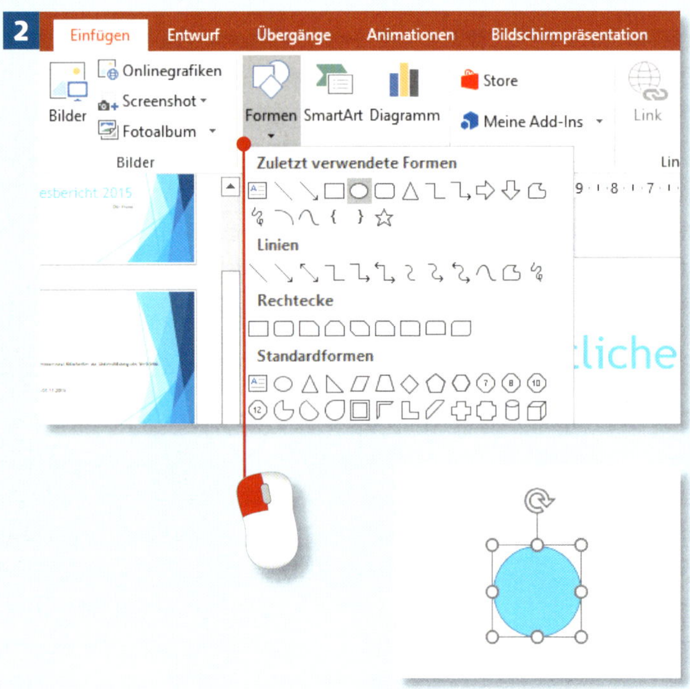

Schritt 2

Um eine Form auf Ihrer Folie zu platzieren, z. B. einen Kreis, können Sie die Auswahl ❷ nutzen oder auf der Registerkarte **Einfügen** auf **Formen** klicken. In der Liste klicken Sie auf **Ellipse** und dann an eine Stelle auf Ihrer Folie. PowerPoint fügt einen Kreis ein.

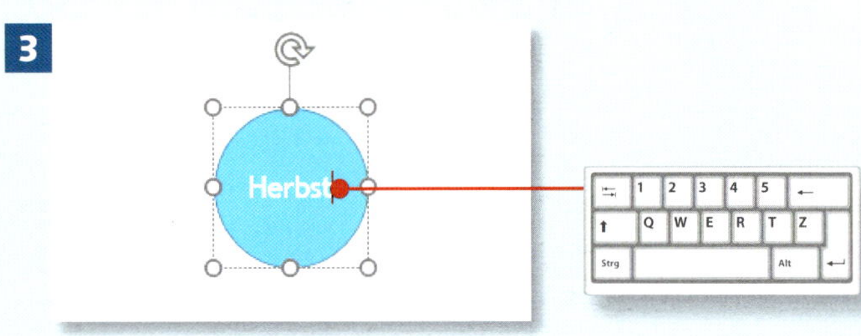

Schritt 3

Der Kreis kann bearbeitet werden, solange er markiert ist (Sie also die *Ziehpunkte* sehen). Geben Sie Text in die Form ein, z. B. die Jahreszeit. Sie brauchen dazu nicht noch einmal in die Form zu klicken – tippen Sie einfach drauflos.

Schritt 4

Klicken Sie auf der Registerkarte **Start** auf die Schaltfläche **Schnellformatvorlagen**; sie ist jetzt nicht mehr hellgrau hinterlegt. Sie sehen einen Katalog mit **Formatvorlagen** und – weiter unten – **Voreinstellungen**.

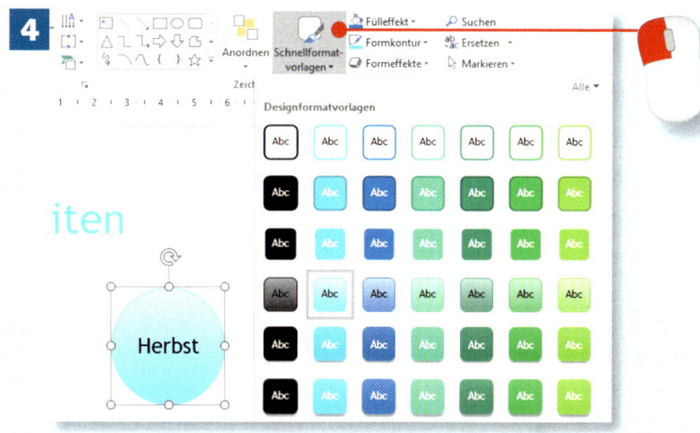

Schritt 5

Nutzen Sie die Livevorschau, indem Sie mit der Maus über die Einträge fahren. PowerPoint macht aus einer simplen Form ein auffälliges Objekt mit interessanten grafischen Effekten, z. B. Schatten oder Rahmenlinien. Mit einem Klick wählen Sie eine Variante aus.

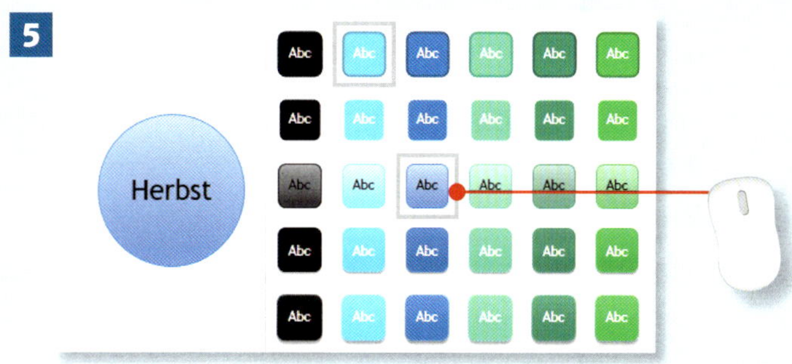

Schritt 6

Unten im Menü finden Sie die Rubrik **Voreinstellungen**. Sie bietet Kombinationen von Effekten wie Transparenz und Farbverlauf. Diese Vorschläge und die verschiedenen Farbvarianten passen stets zu Ihrem ausgewählten Grunddesign (siehe dazu den Abschnitt »Das Design: Themen und Varianten anwenden« auf Seite 54).

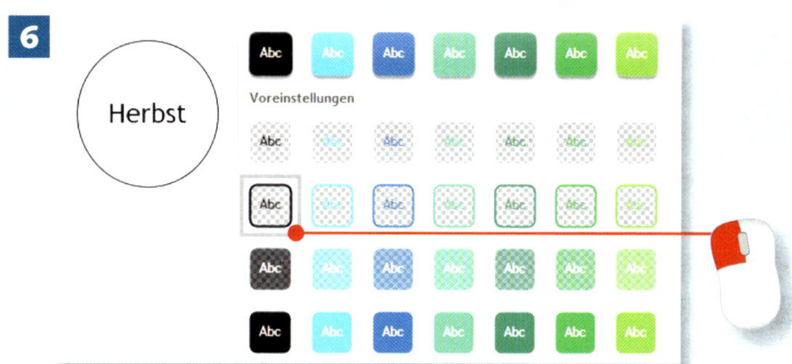

Nicht zu bunt!

Bei aller angebotenen Vielfalt: Benutzen Sie nicht zu viele verschiedene Farben, auch wenn sie zum Design passen. Die Farben sollen Ihr Publikum nicht ablenken.

Kapitel 4
Ordnung im Hintergrund – der Folienmaster

Angenommen, Sie wollen die Farben oder die Position der Platzhalter Ihrer Präsentation ändern. Sie könnten dies natürlich auf jeder Folie einzeln tun, viel einfacher ist es aber, Änderungen, die sich auf die gesamte Präsentation auswirken sollen, im Folienmaster vorzunehmen. In diesem Kapitel erfahren Sie, wie das funktioniert.

Im Folienmaster arbeiten

Im Folienmaster ❶ bearbeiten Sie die Struktur und das Aussehen, nicht aber den Inhalt Ihrer Präsentation. Sie lernen in diesem Kapitel, an welchen Stellen Sie ansetzen können, um bestimmte Änderungen auf Ihren Folien vorzunehmen.

Die Fußzeile anpassen

Um auf jeder Ihrer Folien die passende Foliennummer (»Seitenzahl«) oder beispielsweise das aktuelle Datum einzublenden, können Sie die Fußzeile im Folienmaster ganz einfach anpassen ❷.

Ihr neues Design speichern

Das von Ihnen geänderte und individuell angepasste Design können Sie speichern ❸, damit es Ihnen auch für künftige Präsentationen zur Verfügung steht. So können Sie z. B. eine einheitliche Gestaltung (*Corporate Design*) für unterschiedlichste Geschäftspräsentationen gewährleisten.

1 Im Folienmaster arbeiten Sie immer dann, wenn Sie die Grundgestaltung Ihrer Präsentation vornehmen wollen.

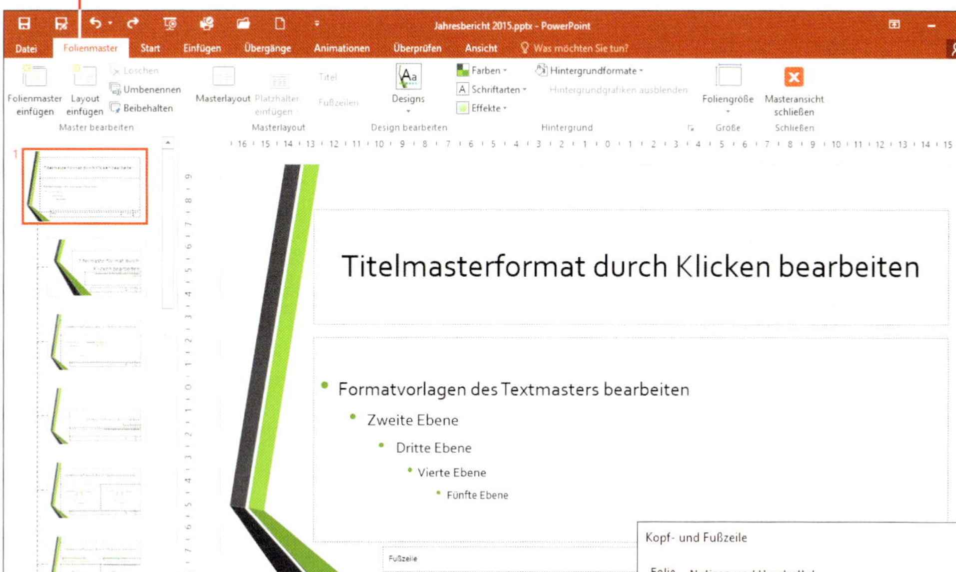

Die Fußzeile Ihrer Folien, in der wiederkehrende Informationen wie Datum oder Titel zu finden sind, passen Sie im Dialog **Kopf- und Fußzeile** an.

2

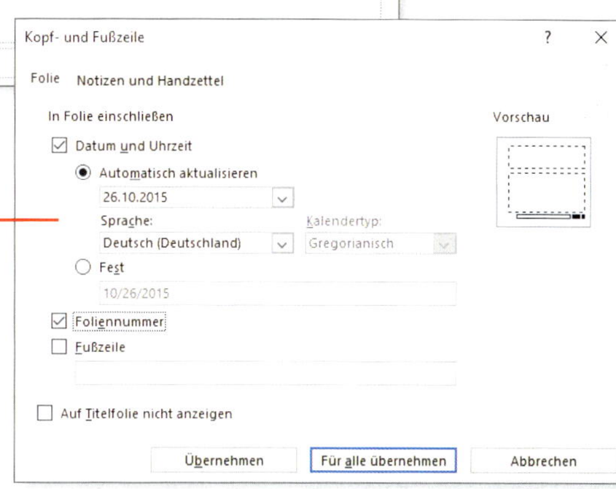

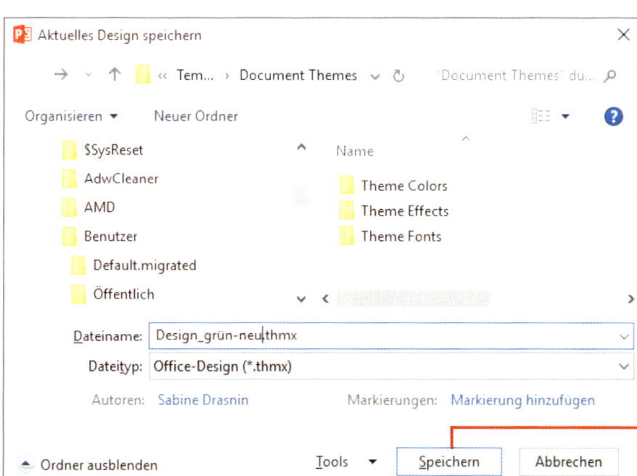

3 Speichern Sie Ihr Design, damit Sie es auch für andere Präsentationen nutzen können.

Titelfolie und Folienlayouts bearbeiten

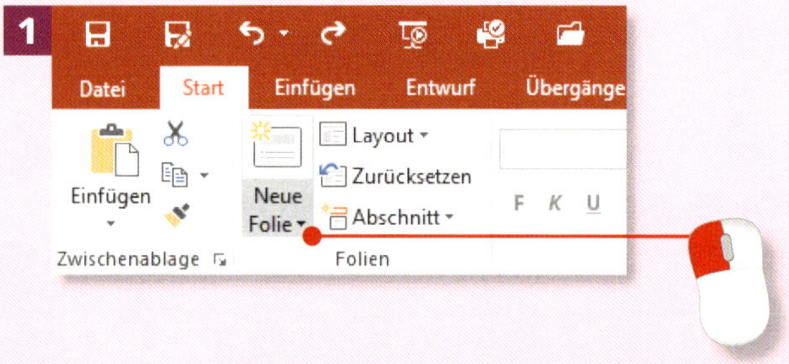

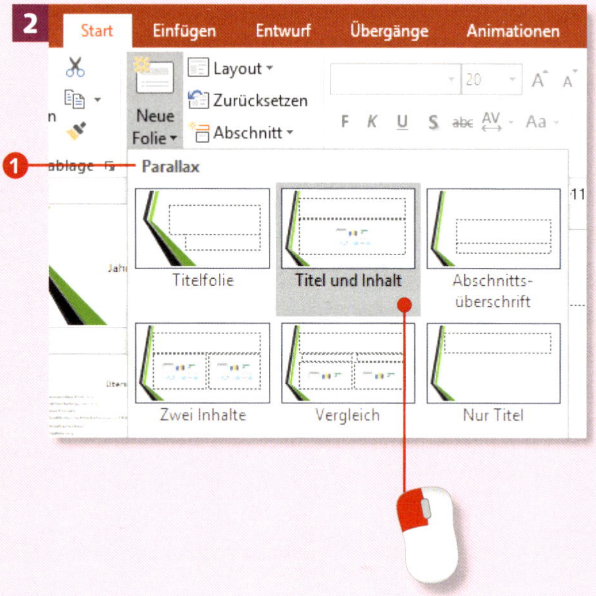

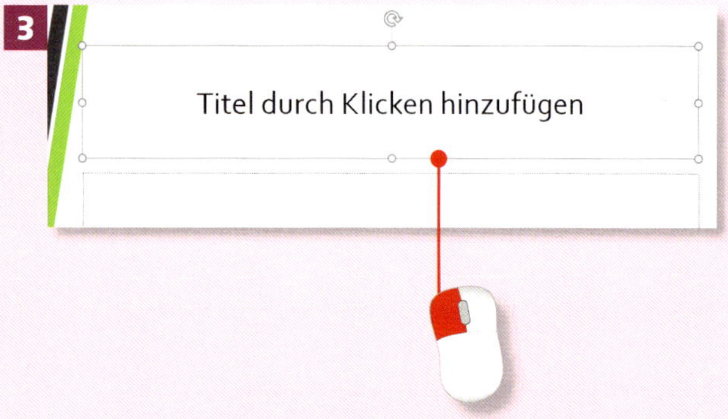

Ein Folienlayout bestimmt die Anordnung der Platzhalter auf der Folie. PowerPoint soll Ihnen die Arbeit erleichtern und bietet daher verschiedene solcher Layouts an, die Sie auch bearbeiten können.

Schritt 1

Klicken Sie auf der Registerkarte **Start** in der Gruppe **Folien** auf den Pfeil an der Schaltfläche **Neue Folie**, um das Menü aufzurufen.

Schritt 2

Alle Folienlayouts passen zum gewählten Design, dessen Name auch oben im Katalog angezeigt wird (hier **Parallax** 1). Die Layouts enthalten Platzhalter für Text und/oder Bilder, Diagramme, SmartArt etc. Fügen Sie zunächst eine Folie im Layout **Titel und Inhalt** ein.

Schritt 3

Jedes Layout können Sie für einzelne oder für alle Folien anpassen. Letzteres erledigen Sie im Folienmaster (siehe dazu die nächsten Abschnitte); das Layout einer einzelnen Folie passen Sie direkt an. Um z. B. mehr Platz für den Titelplatzhalter zu schaffen, vergrößern Sie ihn. Klicken Sie ihn dazu an (auf den Rahmen klicken).

Schritt 4

Der Platzhalter bekommt an den Kanten und Ecken weiße *Ziehpunkte*. Zeigen Sie mit dem Mauszeiger auf den mittleren Punkt der unteren Linie. Sobald Sie einen Doppelpfeil ❸ sehen, »greifen« Sie den Punkt mit der Maus (indem Sie die Maustaste gedrückt halten) und ziehen ihn nach unten. Der Mauszeiger verwandelt sich dabei in ein großes Plus.

Schritt 5

Lassen Sie die Maustaste los; der Titelplatzhalter wurde vergrößert. Damit die beiden Platzhalter sich nicht überschneiden, verkleinern Sie den Textplatzhalter, indem Sie den mittleren Punkt am oberen Rand so weit nach unten ziehen, bis wieder ein kleiner Abstand besteht.

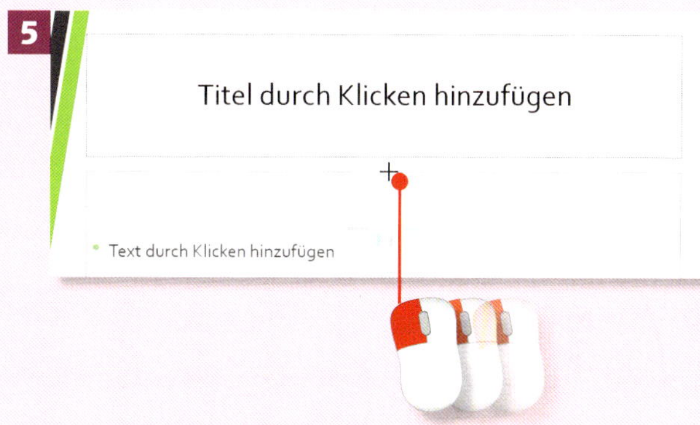

Schritt 6

Wenn Sie bei der Arbeit feststellen, dass ein anderes Folienlayout passender ist, können Sie es einfach ändern. Markieren Sie die Folie, die ein anderes Layout erhalten soll, in der Miniaturansicht. Klicken Sie dann auf der Registerkarte **Start** in der Gruppe **Folien** auf **Layout**, und wählen Sie das gewünschte Layout im Menü aus.

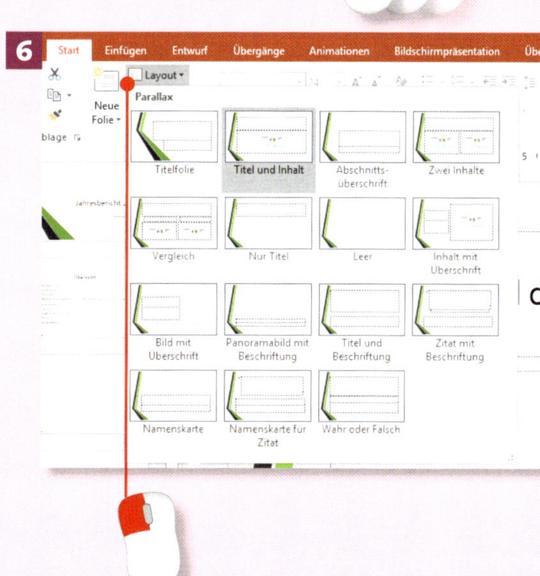

Farben und Designs im Folienmaster ändern

1
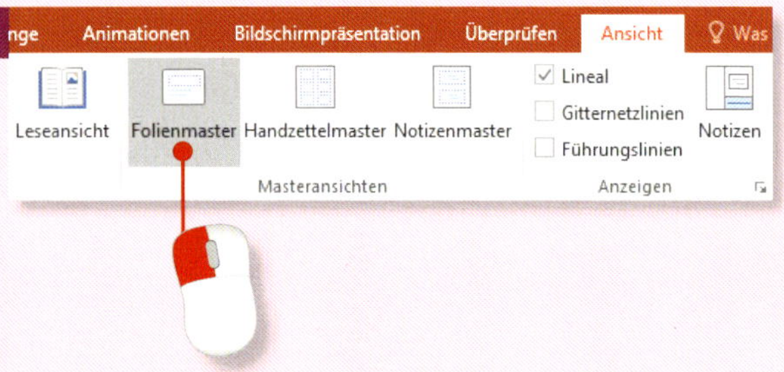

Die Designs verwenden bestimmte Farben und Schriftarten, die auf einer übergeordneten Ebene, dem Folienmaster, gespeichert werden. Änderungen im Folienmaster wirken sich auf alle Folien aus.

2

3

Schritt 1

Rufen Sie die Registerkarte **Ansicht** auf, und klicken Sie in der Gruppe **Masteransichten** auf **Folienmaster**.

Schritt 2

In der Miniaturansicht links sehen Sie nun alle Folienlayouts, die auch das Menü **Start ▸ Folien ▸ Layout** enthält. Hier ist die Stelle, an der Sie Layouts bearbeiten und ändern können. Markieren Sie die oberste Folie; sie ist der eigentliche Folienmaster, also die Hauptvorlage für die Farbschemata und Schriftarten.

Schritt 3

Weil Sie hier nur das Design der Folien bearbeiten können, nicht aber ihre Inhalte, ist bereits eingegebener Text nicht sichtbar.

Mit einer leeren Präsentation arbeiten

Den Folienmaster können Sie in jedem Design bearbeiten, auch wenn Sie beim Erstellen der Präsentation **Leere Präsentation** gewählt haben. So können Sie vor allem den Hintergrund unabhängig von Designelementen gestalten, z. B. mit eigenen Bildern.

Schritt 4

Fahren Sie mit der Maus über die Miniaturen unterhalb des Folienmasters (die *Hilfslayouts*). Zu jedem Hilfslayout wird Ihnen dann in einer QuickInfo angezeigt, auf welcher Folie es verwendet wird. In jedem Hilfslayout sind die Platzhalter anders angeordnet – genau wie bei den Layouts auf der Registerkarte **Start**.

Schritt 5

Um das Design, seine Schriften und Farben zu ändern, klicken Sie auf die oberste Folie, den Folienmaster. Im Menüband sehen Sie die Gruppe **Hintergrund** ❶. Die Änderung der Designfarben erfolgt hier, wie im Abschnitt »Das Design farblich anpassen« auf Seite 58 beschrieben.

Schritt 6

Um im Folienmaster die Schriftfarbe anzupassen, klicken Sie in das Feld **Formatvorlagen des Textmasters bearbeiten**. Markieren Sie die erste Zeile, indem Sie den Cursor vor das »F« setzen, klicken und die Maustaste gedrückt halten, während Sie die Maus bis hinter das Wort »bearbeiten« ziehen.

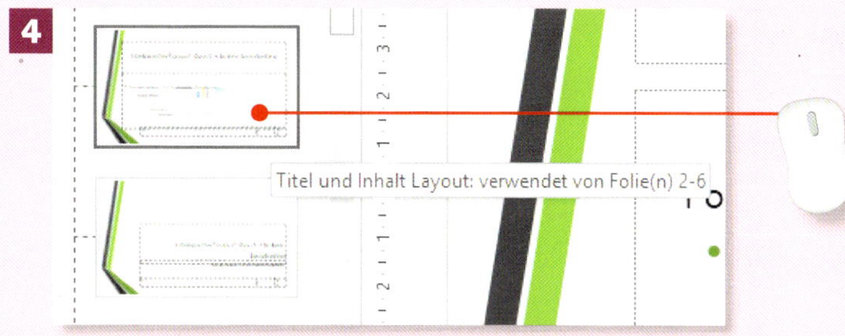

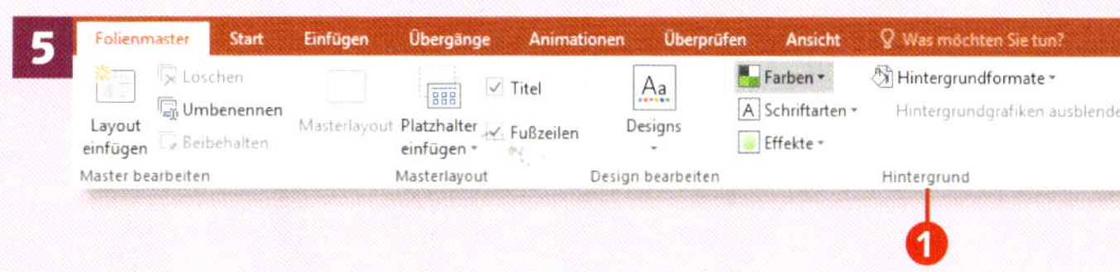

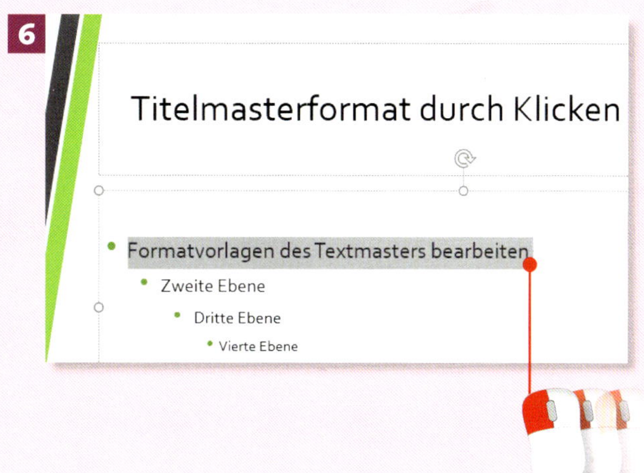

Eigenen Platzhaltertext verwenden

Wenn Ihnen auf neuen Folien der Text **Text durch Klicken hinzufügen** nicht gefällt, können Sie ihn im Folienmaster ändern, indem Sie ihn auf dem Hilfslayout **Titel und Inhalt Layout** markieren und durch Ihren Text ersetzen. Die Überschriften können Sie genauso ändern.

Farben und Designs im Folienmaster ändern (Forts.)

7

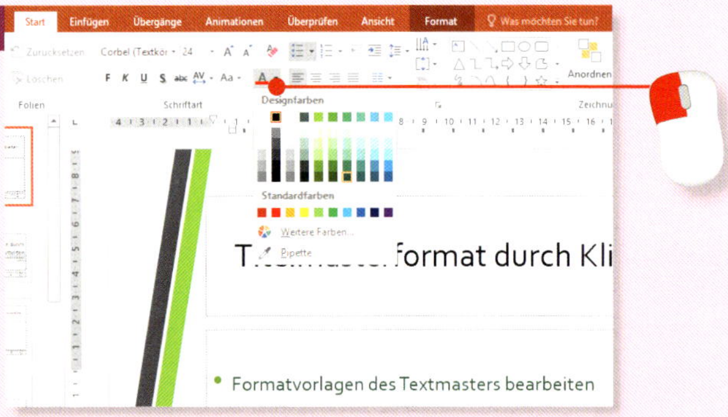

8

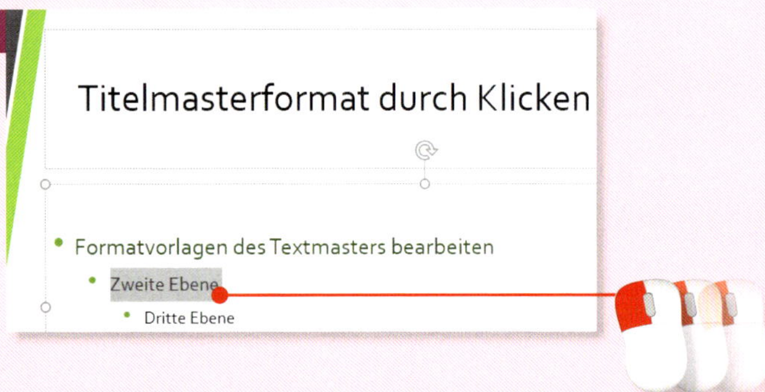

9

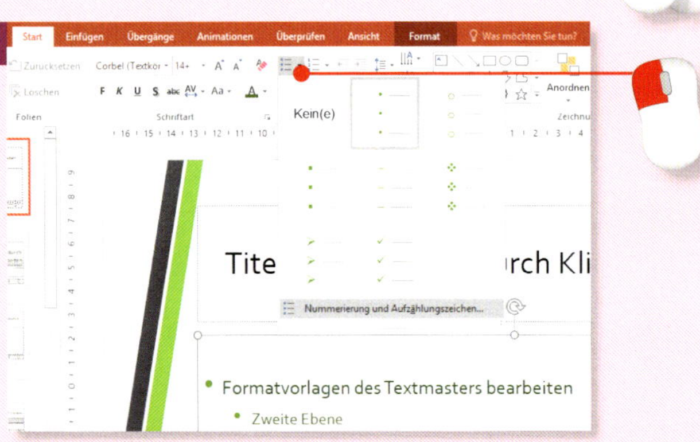

Schritt 7

Wechseln Sie zur Registerkarte **Start** – die Masteransicht bleibt aktiv. Öffnen Sie den Schriftfarbenkatalog in der Gruppe **Schriftart**, und wählen Sie per Klick eine Farbe aus. Der Text im Folienmaster nimmt die neue Farbe an.

Schritt 8

Markieren Sie dann die zweite Ebene, und gehen Sie vor, wie in Schritt 7 beschrieben. Die zweite Ebene wird auf Ihren Folien verwendet, wenn Sie in einer Aufzählung Unterpunkte einfügen; der Text wird dann etwas weiter nach rechts eingerückt und hat meist eine andere Schriftgröße.

Schritt 9

Nun können Sie noch die Farbe der Aufzählungszeichen anpassen, damit das Bild wieder stimmig ist. Klicken Sie dazu in die erste Zeile, und öffnen Sie auf der Registerkarte **Start** in der Gruppe **Absatz** mit einem Klick auf den Pfeil das Menü **Aufzählungszeichen**. Hier wählen Sie **Nummerierung und Aufzählungszeichen**.

Vorsicht beim Wechsel der Ansicht

Wenn Sie zwischen Normal- und Folienmasteransicht hin- und herwechseln, ruft PowerPoint bei der Ansicht **Folienmaster** nicht direkt die oberste Folie (den Folienmaster) auf, sondern zeigt **Titelfolie Layout**.

Schritt 10

Das Dialogfenster **Nummerierung und Aufzählungszeichen** öffnet sich. Klicken Sie darin auf die Schaltfläche **Farbe**, und wählen Sie die passende Farbe aus. Wiederholen Sie die Schritte 9 und 10 für die zweite Ebene. Sollen alle Aufzählungszeichen die gleiche Farbe haben, klicken Sie direkt auf den Rahmen des Textfelds und ändern dann die Farbe.

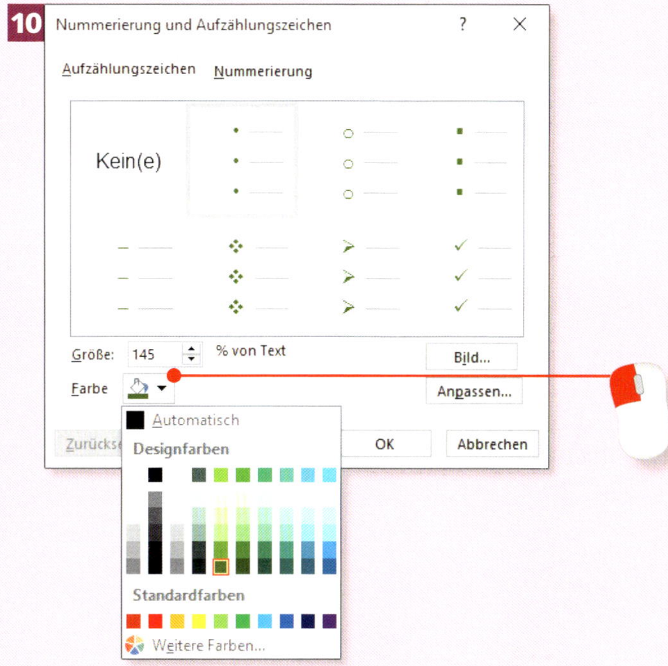

Schritt 11

Auch die Schriftfarbe des Titels lässt sich anpassen. Klicken Sie auf den Rand des Platzhalters mit dem Text **Titelmasterformat durch Klicken bearbeiten**, um den Platzhalter zu markieren. Dann ändern Sie die Schriftart über **Start ▸ Schriftart**, wie in Schritt 7 beschrieben.

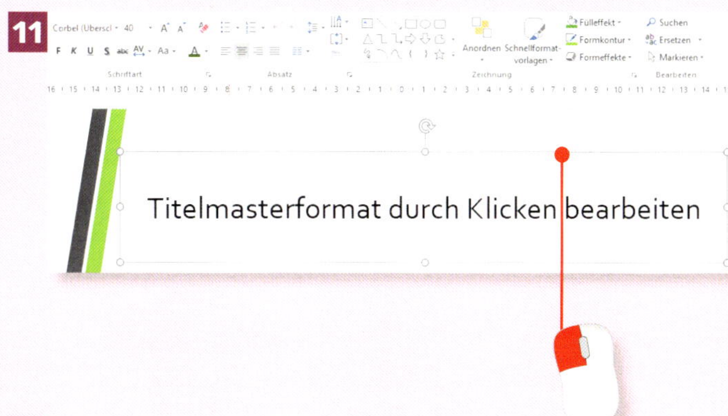

Schritt 12

Klicken Sie am unteren Bildschirmrand auf das Symbol **Normal**. Wenn Sie jetzt z. B. die zweite Folie markieren, sehen Sie, wie sich die Änderungen auf Ihre Präsentation auswirken. Alle Folien, die Sie dieser Präsentation künftig hinzufügen, erhalten das geänderte Design.

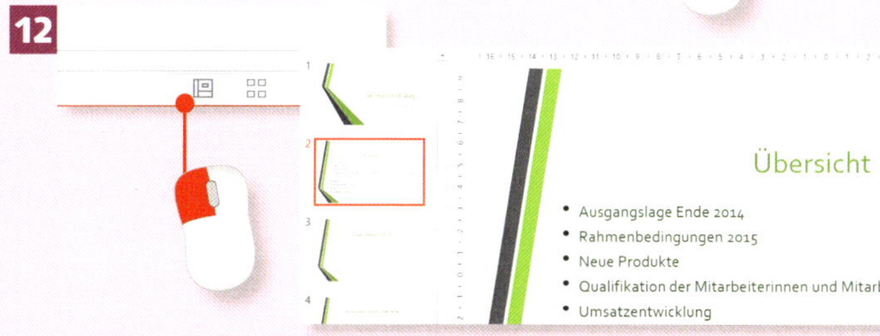

Ein Bild oder Logo einfügen

Auch für ein Firmenlogo können Sie im Folienmaster ganz leicht Platz schaffen.

Schritt 1

Klicken Sie die Registerkarte **Ansicht** an, und klicken Sie in der Gruppe **Masteransichten** auf **Folienmaster**.

Schritt 2

Markieren Sie die oberste Folie. Wenn Sie das Logo z. B. rechts unten platzieren wollen, klicken Sie den Rahmen des Platzhalters **Formatvorlagen des Textmasters bearbeiten** an. »Greifen« Sie den Punkt am unteren Rand, und ziehen Sie ihn mit der Maus etwas nach oben, um Platz zu schaffen.

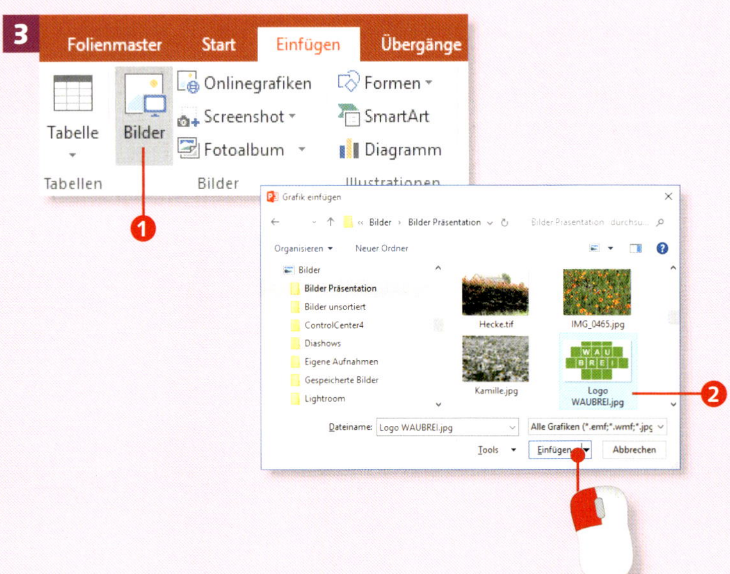

Schritt 3

Klicken Sie nun auf der Registerkarte **Einfügen** in der Gruppe **Bilder** auf **Bilder** ❶. PowerPoint öffnet das Dialogfenster **Grafik einfügen**, in dem Sie ein Bild auswählen können. Markieren Sie Ihr Logo ❷, und klicken Sie auf **Einfügen**.

Schritt 4

Wenn das Logo zu groß für die Folie ist, klicken Sie auf einen der Ziehpunkte an den Ecken des Bilds; sobald Sie den Doppelpfeil ❸ sehen, ziehen Sie ihn mit gedrückter Maustaste in Richtung Bildmitte. Lassen Sie dann die Maustaste wieder los.

4

Schritt 5

Um das Bild richtig zu platzieren, verharren Sie mit der Maus darauf, bis Sie einen Vierfachpfeil sehen. Verschieben Sie das Bild dann mit gedrückter Maustaste an die gewünschte Stelle. Die *intelligenten Führungslinien* helfen Ihnen dabei, das Logo an anderen Objekten und am Textfeldrand auszurichten. Passen Sie ggf. nochmals die Größe an.

5

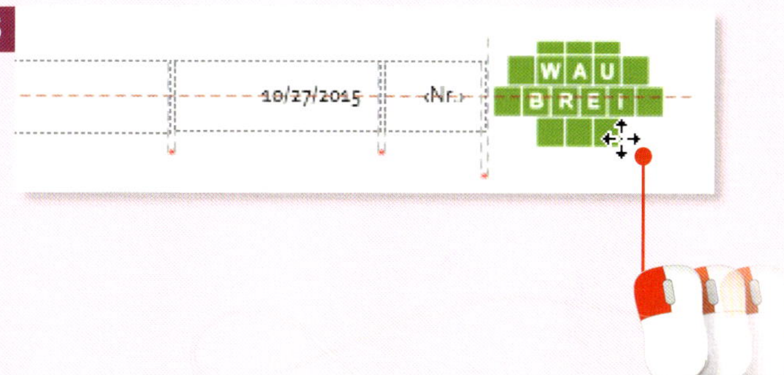

Schritt 6

Wählen Sie **Ansicht ▸ Präsentationsansichten ▸ Normal**. Nun sehen Sie das Logo auf allen Folien (außer der Titelfolie) an der gleichen Stelle. Außerdem ist der Textplatzhalter kleiner – so, wie Sie das Layout im Folienmaster angepasst haben. Speichern Sie Ihre Präsentation mit einem Klick auf die Diskette in der Symbolleiste für den Schnellzugriff.

6

Eine Foliennummer in die Fußzeile einfügen

In längeren Texten und natürlich in Büchern gibt es üblicherweise Seitenzahlen. Auch in PowerPoint können Sie sie einfügen; sie heißen hier Foliennummern.

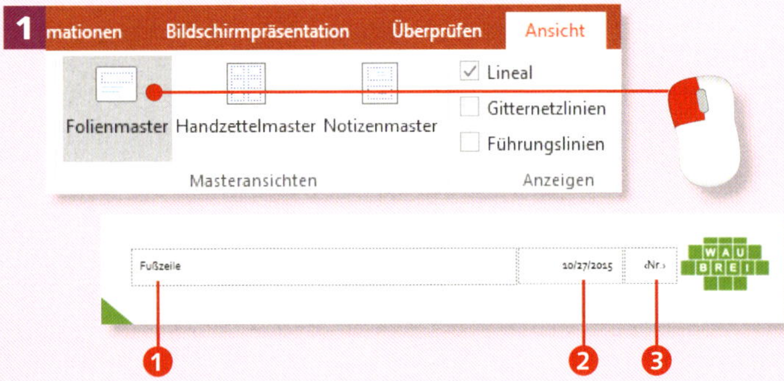

Schritt 1

Öffnen Sie den Folienmaster über **Ansicht ▸ Masteransichten ▸ Folienmaster**. Klicken Sie die erste Folie an. Am unteren Rand der Folie sehen Sie links das Wort **Fußzeile** ❶, rechts das aktuelle Datum ❷ und die Abkürzung **<Nr.>** ❸ (für »Foliennummer«). Alle drei Elemente sind Platzhalter: Sie können sie verwenden, müssen es aber nicht.

Schritt 2

In der Ansicht **Normal** (ganz links auf der Registerkarte **Ansicht**) sind auf keiner Ihrer Folien Foliennummern oder das Datum zu sehen. Sie müssen ihre Anzeige erst »einschalten«. Kehren Sie also über **Ansicht ▸ Masteransichten ▸ Folienmaster** wieder zur entsprechenden Ansicht zurück.

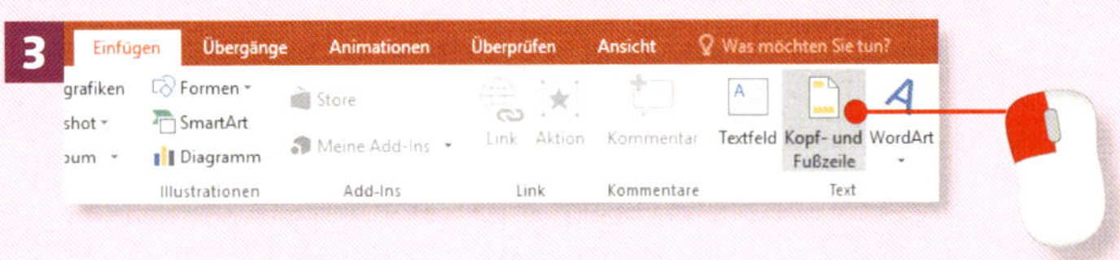

Schritt 3

Öffnen Sie dann die Registerkarte **Einfügen**. Dort klicken Sie in der Gruppe **Text** auf **Kopf- und Fußzeile**.

Während der Präsentation

Für Sie sind die Nummern während der Arbeit an der Präsentation sehr hilfreich, und auch für einen Ausdruck sind sie nützlich. Während eines Vortrags können sie Ihr Publikum dagegen ablenken. Blenden Sie sie dafür lieber aus (indem Sie Schritt 4 überspringen).

Schritt 4

Im Dialogfenster **Kopf- und Fußzeile** klicken Sie in das Kästchen vor **Foliennummer**; damit aktivieren Sie die Anzeige der Nummer auf der Folie. Im kleinen Vorschaubild rechts ❹ sehen Sie jetzt die Position der Foliennummer.

Schritt 5

Aktivieren Sie auch die Einstellung **Auf Titelfolie nicht anzeigen** ❺. Wie bei einem Buch keine Seitenzahl auf dem Titel steht, wird dann auch bei Präsentationen auf der Titelfolie keine Foliennummer angezeigt. Klicken Sie zum Schluss auf **Für alle übernehmen**.

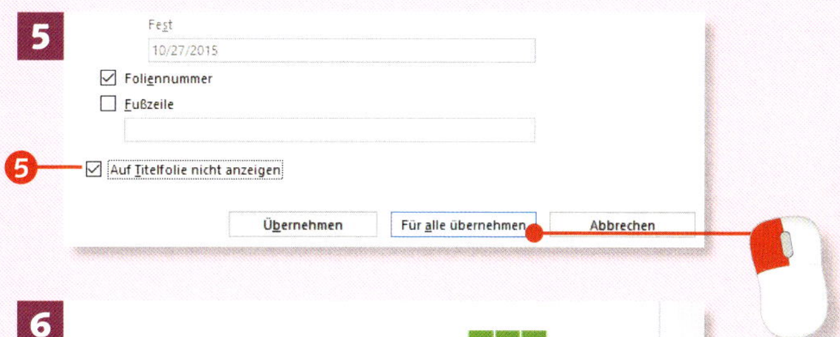

Schritt 6

Wechseln Sie wieder zur Ansicht **Normal**. Auf allen Folien außer der ersten ist nun die Foliennummer zu sehen. Sie steht, wie alle Texte und Zahlen in PowerPoint, in einem Platzhalter. Sie können den Platzhalter auf einzelnen Folien verschieben oder auch löschen. Klicken Sie ihn dazu an.

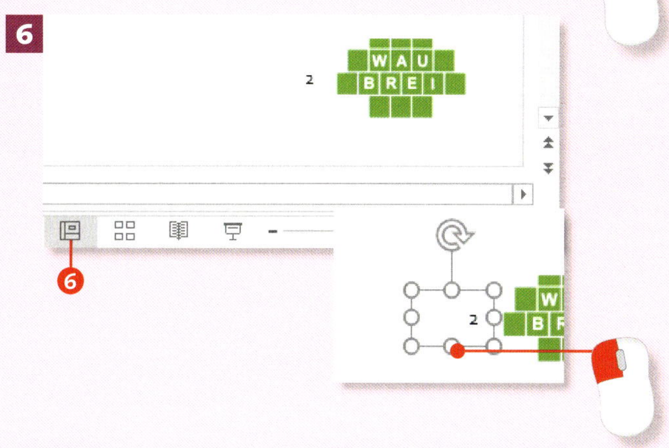

Masteransicht schließen

Sie können nicht nur über das Symbol **Normal** ❻ in der Statusleiste von der Master- zur Normalansicht wechseln, sondern auch über die Schaltfläche **Masteransicht schließen** auf der Registerkarte **Folienmaster**.

Datum & Co. in die Fußzeile aufnehmen

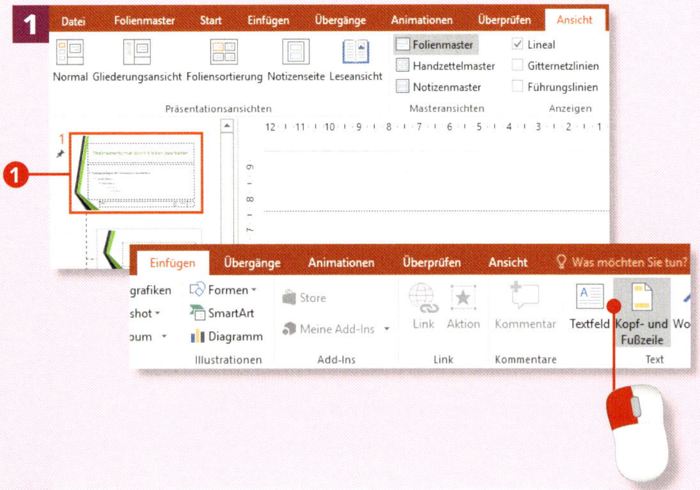

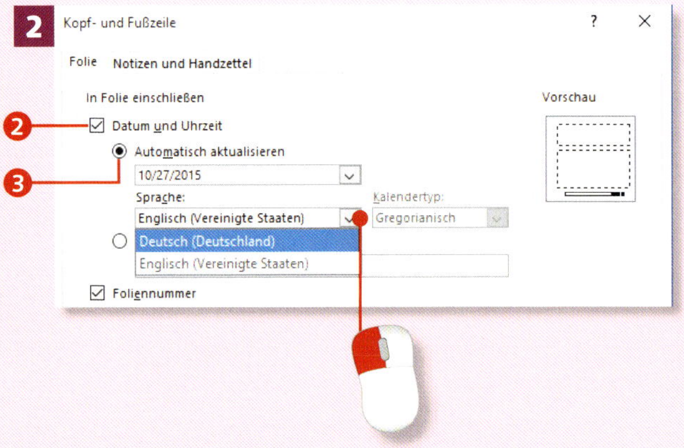

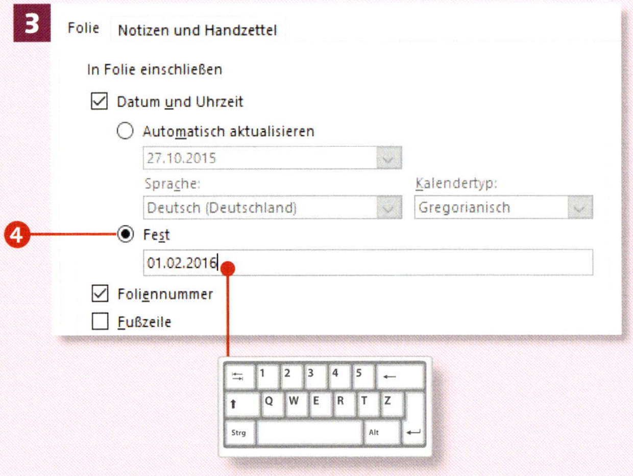

Bei manchen Präsentationen ist es sinnvoll, das Datum einzublenden (z. B. um einen bestimmten Bearbeitungsstand deutlich zu machen) oder den Firmennamen in einem Text in der Fußzeile anzuzeigen.

Schritt 1

Markieren Sie in der Masteransicht (**Ansicht ▸ Masteransichten ▸ Folienmaster**) die oberste Folie ①. Um die Fußzeile zu bearbeiten, öffnen Sie die Registerkarte **Einfügen** und klicken dort auf **Kopf- und Fußzeile**.

Schritt 2

Im Dialogfenster **Kopf- und Fußzeile** klicken Sie in das Kästchen vor **Datum und Uhrzeit** ②. Stellen Sie das Datumsformat bei **Sprache** auf Deutsch um. Die Option **Automatisch aktualisieren** ③ ist standardmäßig aktiviert und bedeutet: Wenn Sie die Präsentation morgen aufrufen, zeigt sie auch das Datum von morgen.

Schritt 3

Wollen Sie ein bestimmtes Datum auf den Folien zeigen, aktivieren Sie die Option **Fest** ④ und geben im Feld darunter das Datum ein.

Schritt 4

Wenn Sie einen Text in die Fußzeile einfügen wollen, klicken Sie in das Kästchen vor **Fußzeile** 5. Darunter geben Sie Ihren Text ein, z. B. den Titel der Präsentation.

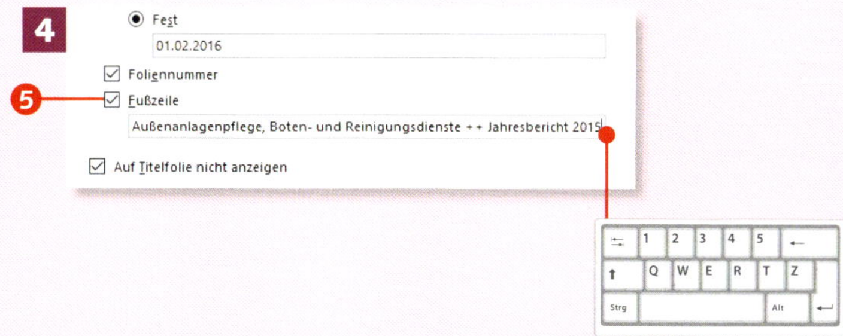

Schritt 5

Achten Sie darauf, dass das Häkchen bei **Auf Titelfolie nicht anzeigen** 6 gesetzt ist. Klicken Sie nun auf **Für alle übernehmen**. Wechseln Sie wieder zur Normalansicht (indem Sie auf das Symbol **Normal** 7 unten rechts in der Befehlsleiste klicken).

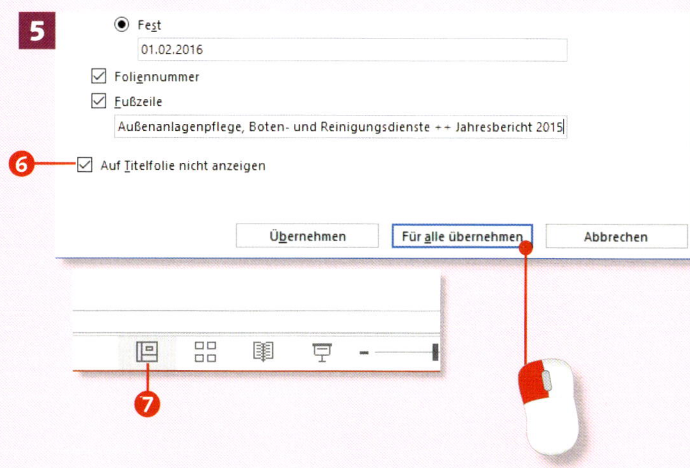

Schritt 6

Auf allen Folien außer der Titelfolie stehen nun Ihr Fußzeilentext, das Datum und – sofern eingestellt – die Foliennummer. Alle drei Elemente können Sie auf jeder Folie einzeln anklicken, um ihren Inhalt zu ändern, sie zu löschen oder zu verschieben. Die anderen Folien bleiben davon unberührt.

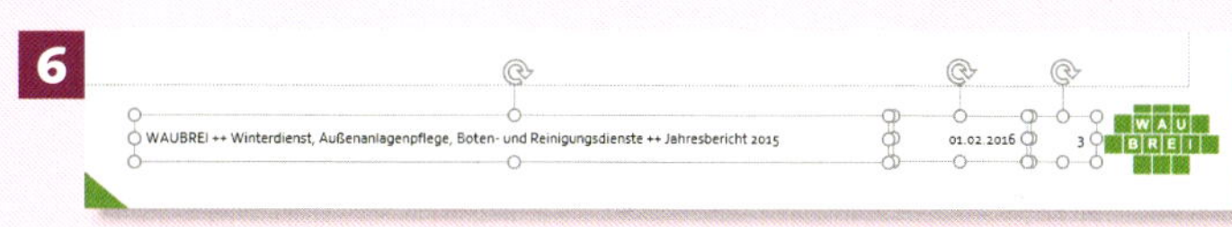

Ein zweiter Weg

Sie können das Dialogfenster **Kopf- und Fußzeile** auch über **Einfügen ▸ Text ▸ Foliennummer** bzw. **Einfügen ▸ Text ▸ Datum und Uhrzeit** aufrufen.

Die Fußzeile formatieren: Schriftart und -größe anpassen

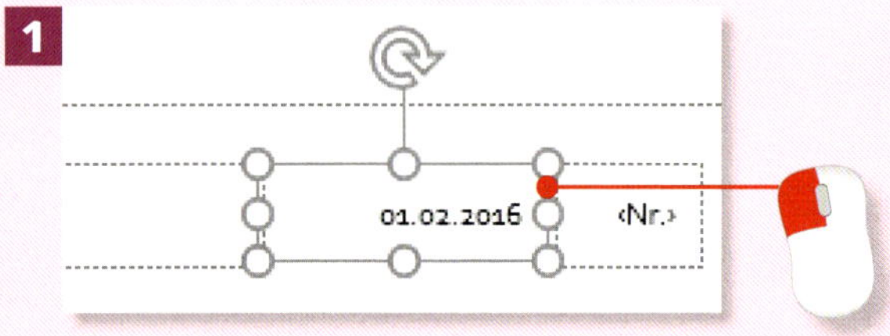

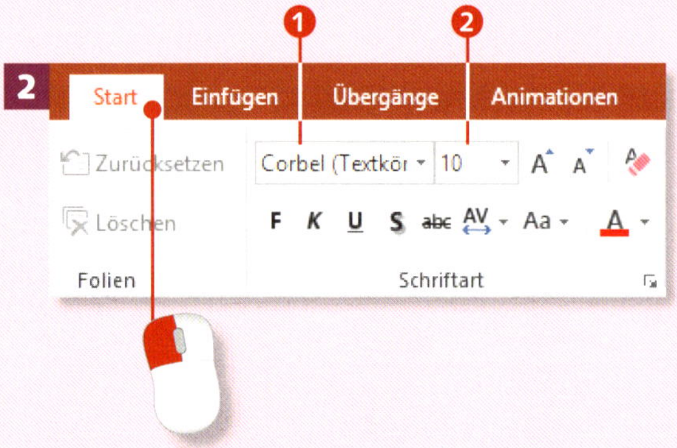

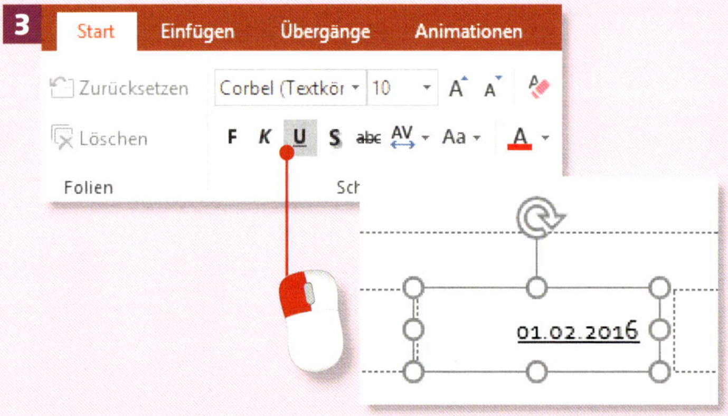

Zu jedem Design gehören bestimmte Schriftarten, und auch die Fußzeile ist entsprechend vorformatiert. Beides passen Sie im Folienmaster an.

Schritt 1

Rufen Sie den Folienmaster auf (**Ansicht ▸ Masteransichten ▸ Folienmaster**), und markieren Sie die erste Folie. Klicken Sie auf der großen Folie den Rahmen des Datumsplatzhalters an. Wenn der Rahmen noch gestrichelt ist, klicken Sie ihn noch einmal an, oder drücken Sie [Esc].

Schritt 2

Rufen Sie die Registerkarte **Start** auf. In der Gruppe **Schriftart** sehen Sie, welche Schriftart ❶ und -größe ❷ der Text hat. Da der Datumsplatzhalter markiert ist, wirkt sich eine Änderung auf seinen ganzen Inhalt aus.

Schritt 3

Klicken Sie z. B. auf **U** (unterstrichen). Das Datum wird nun unterstrichen, und die Schaltfläche **U** ist hervorgehoben. Um Ihre Änderung rückgängig zu machen, klicken Sie entweder noch einmal auf die Schaltfläche oder drücken [Strg] + [Z].

Schritt 4

Zum Ändern der Schriftgröße klicken Sie auf den kleinen Pfeil am Feld **Schriftgrad**. Wählen Sie eine passende Größe aus der Liste – je höher die Zahl, desto größer die Schrift. In der Fußzeile sollte der Schriftgrad nicht größer als 14 Pt (*Punkt*) sein.

4

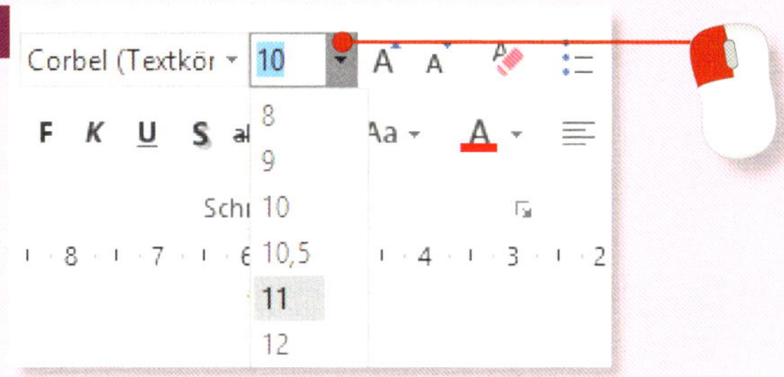

Schritt 5

Die Schriftart ändern Sie mit einem Klick auf den Pfeil am Feld **Schriftart**. Fahren Sie mit dem Mauszeiger über die Namen in der Liste, um sich eine Vorschau anzeigen zu lassen. Mit einem Klick auf den Namen wählen Sie die Schriftart aus.

5

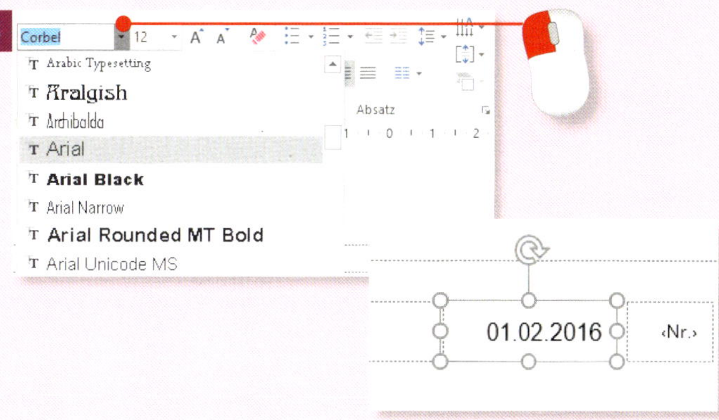

Schritt 6

Wiederholen Sie die Schritte 3 bis 5 auch für den Fußzeilentext und die Foliennummer. Schauen Sie sich in der Ansicht **Normal** an, ob Ihre Änderungen einheitlich wirken. Zu viele Schriftarten und -größen auf einer Folie – wie im Beispiel – wirken unruhig und irritieren Ihr Publikum.

6

Nicht mit Folie Nr. 1 anfangen

Soll die erste Folie nicht die Nummer 1 tragen (z. B. weil es die Fortsetzung einer anderen, von Ihnen nicht bearbeiteten Präsentation ist), können Sie die Nummerierung ändern: Öffnen Sie über die Registerkarte **Entwurf** und **Anpassen ▸ Foliengröße ▸ Benutzerdefinierte Foliengröße** das Dialogfenster **Foliengröße**. Im Feld **Nummerierung beginnt bei** geben Sie die Nummer ein, die auf der ersten Folie angezeigt werden soll. Klicken Sie dann auf **OK**.

Ein geändertes Design als Vorlage speichern

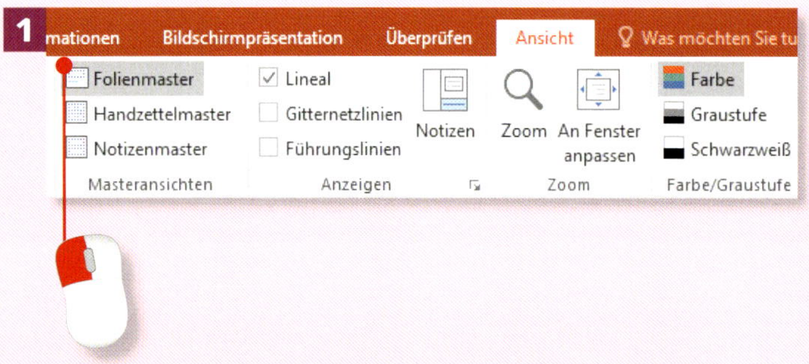

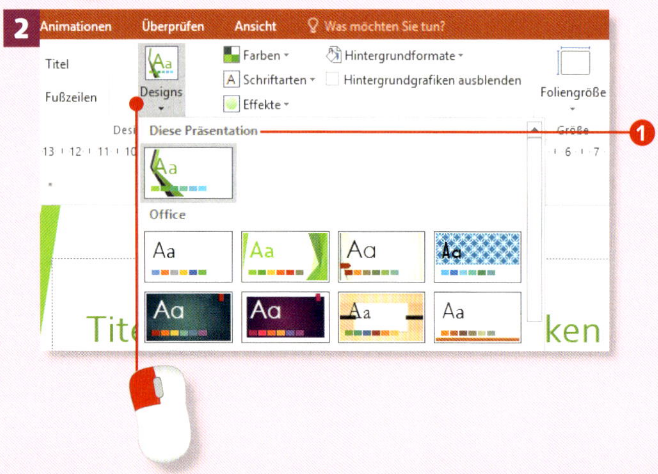

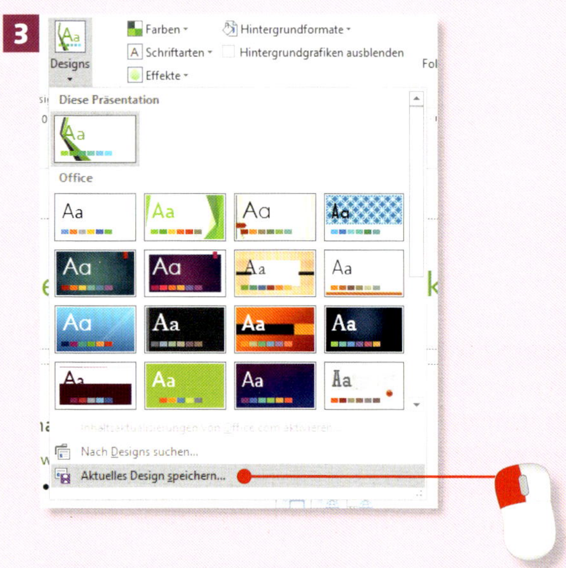

Damit Ihnen das geänderte Design auch bei anderen Präsentationen zur Verfügung steht, können Sie es als Vorlage speichern.

Schritt 1

Falls Sie noch etwas am Design ändern möchten, folgen Sie einfach den Anleitungen in den vorangegangenen Abschnitten. Um Ihr Design jetzt zu speichern, klicken Sie auf der Registerkarte **Ansicht** in der Gruppe **Masteransichten** auf **Folienmaster**.

Schritt 2

Auf der Registerkarte **Folienmaster** klicken Sie dann in der Gruppe **Design bearbeiten** auf die Schaltfläche **Designs**. Im Menü sehen Sie oben Ihre Präsentation, die (als Vorlage) bisher noch keinen Namen hat und daher schlicht **Diese Präsentation** 1 heißt.

Schritt 3

Klicken Sie unten im Menü auf **Aktuelles Design speichern**.

Schritt 4

Im Dialogfenster geben Sie im Feld **Dateiname** einen Namen für das Design ein. Die Dateiendung *.thmx* (für das Office-Design) fügt PowerPoint automatisch hinzu. Den vorgegebenen Speicherort ❷ sollten Sie beibehalten, damit PowerPoint die Designs wiederfindet. Klicken Sie dann auf **Speichern** ❸.

4

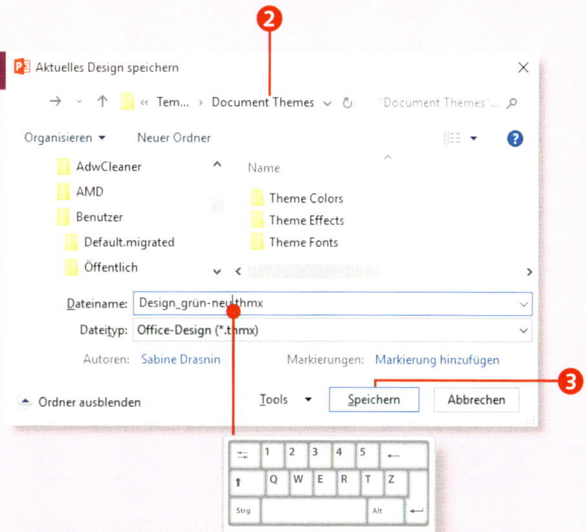

Schritt 5

Öffnen Sie nun eine neue Präsentation (**Datei ▸ Neu ▸ Leere Präsentation**). Aktivieren Sie die Registerkarte **Entwurf**: In der Gruppe **Designs** sehen Sie das gespeicherte Design, hier **Design_grün-neu**.

5

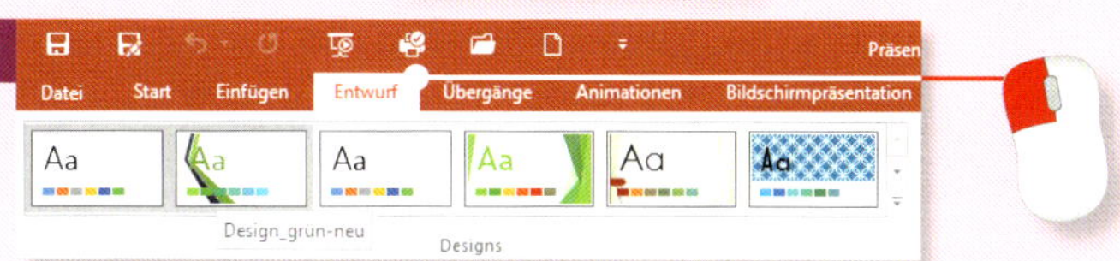

Schritt 6

Wenn Sie es anklicken, wird es der neuen Präsentation zugewiesen. Farben, Schriftarten, -farben, Aufzählungszeichen und auch Logos entsprechen dem gespeicherten Design. Lediglich die Fußzeilenoptionen (Foliennummer, Datum, Fußzeilentext einblenden) müssen Sie von Hand aktivieren, da diese Einstellung nicht in den Designs gespeichert wird (siehe dazu die Abschnitte »Eine Foliennummer in die Fußzeile einfügen« und »Datum & Co. in die Fußzeile aufnehmen« ab Seite 78).

6

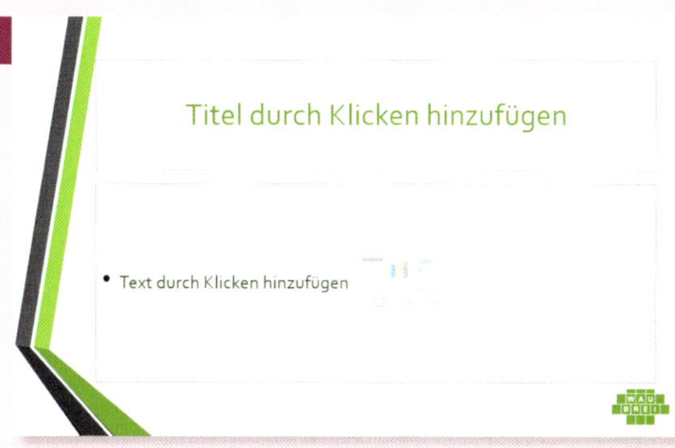

Eine PowerPoint-Vorlage speichern

Gespeichert werden Vorlagen über **Datei ▸ Speichern unter** mit dem Dateityp **PowerPoint-Vorlage**. Zum Öffnen klicken Sie auf **Neu ▸ Benutzerdefiniert ▸ Benutzerdefinierte Vorlagen** bzw. **Custom Office Templates**. Im Menü wählen Sie Ihre Vorlage aus.

Kapitel 5
Texte ansprechend gestalten

Wenn Sie in PowerPoint Text eingeben, macht das Programm daraus üblicherweise große Titel und einfache Aufzählungen. Das können Sie leicht ändern: Schriftart und -größe sowie Schriftfarbe sind schnell neu eingestellt; die Aufzählungen selbst und die darin verwendeten Zeichen und Ziffern können Sie ganz individuell gestalten. Wie das alles geht, erfahren Sie in diesem Kapitel.

Schrift anpassen

Größere, kleinere, bunte Buchstaben – oder gleich eine andere Schriftart? Diese Dinge können Sie für die ganze Präsentation auf einmal oder nur für einzelne Textstellen einstellen, und zwar alles in der Gruppe **Schriftart** ❶ auf der Registerkarte **Start**.

Aufzählungszeichen gestalten

Falls Ihnen die Standardaufzählungen zu langweilig sind, bietet PowerPoint einige interessante Möglichkeiten. Wie Sie Aufzählungszeichen mit Farbe ❷ und individuelleren Formen interessanter gestalten, wird in diesem Kapitel geschildert.

Text und Form zusammenbringen

Wenn Sie anstelle der Textplatzhalter spezielle Formen mit Inhalt füllen ❸, kommt es häufig vor, dass der Text zu lang für die Form ist. Sie lernen in diesem Kapitel, wie Sie den Text an die Form bzw. die Form an den Text anpassen.

In der Gruppe **Schriftart** lässt sich die Gestaltung der Schrift ganz einfach verändern.

1

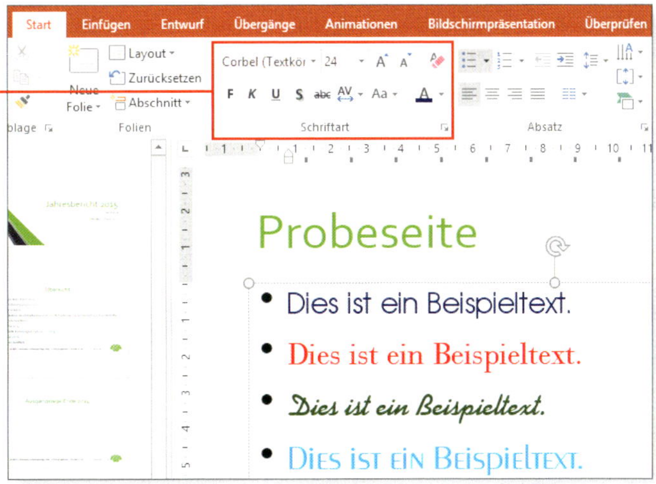

Wenn Sie möchten, können Sie die Aufzählungszeichen individuell gestalten.

2

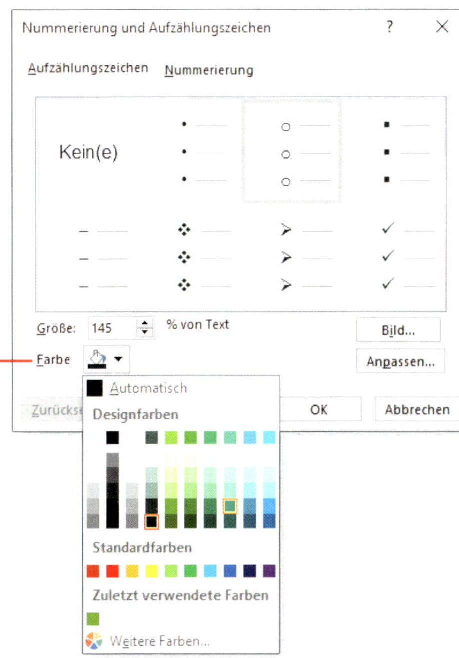

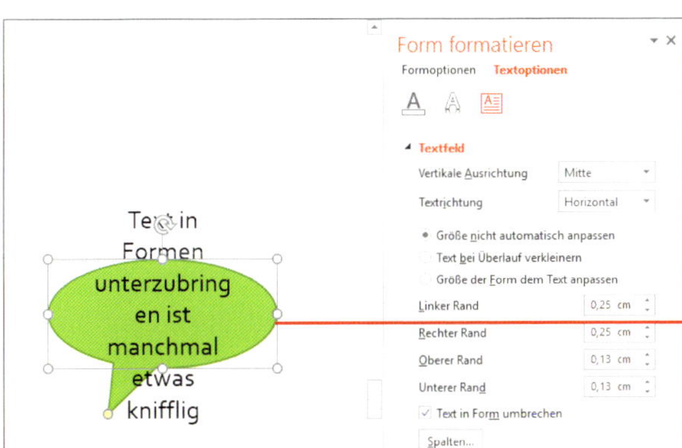

3

Anstelle der normalen Textfelder können Sie auch individuelle Formen mit Text füllen.

Textplatzhalter an den Text anpassen

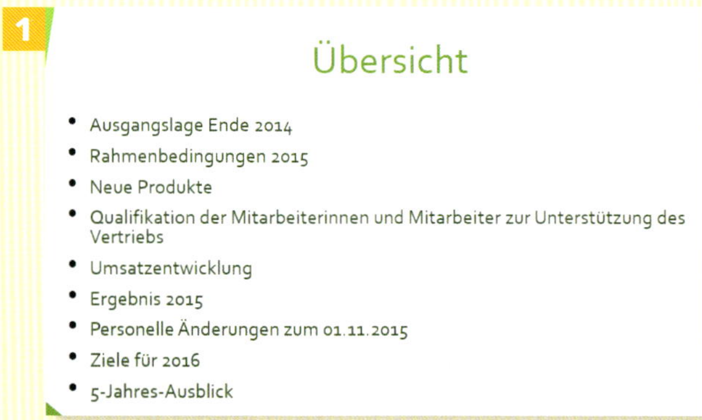

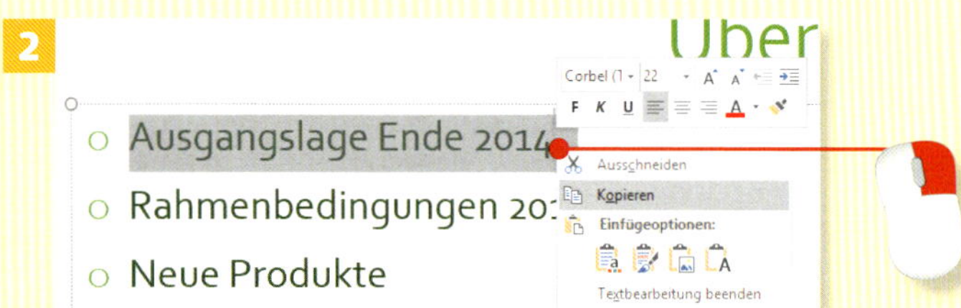

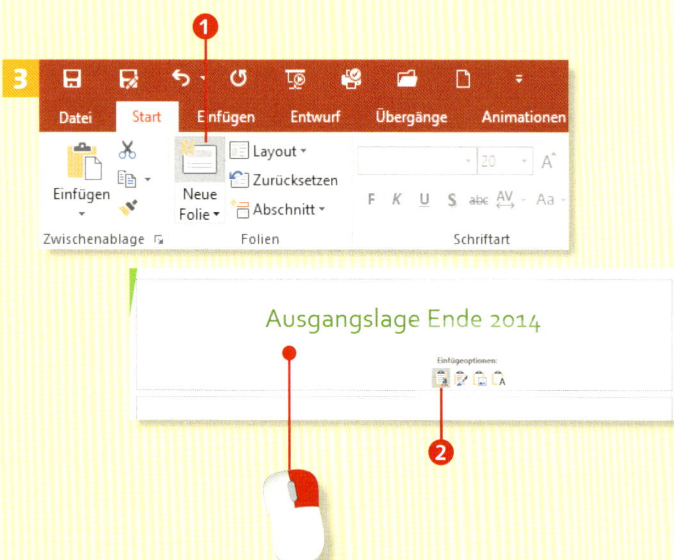

In Präsentationen sollte nicht zu viel Text stehen, aber ganz ohne Text geht es natürlich auch nicht. Damit der Text lesbar bleibt, passen Sie den Textplatzhalter an.

Schritt 1

Öffnen Sie Ihre Präsentation. Dem Abschnitt »Text eingeben« auf Seite 40 folgend, haben Sie auf der zweiten Folie bereits Stichpunkte zum Inhalt der Präsentation eingegeben. Auf einer Folie sollten nur so viele Stichpunkte stehen, wie der Textplatzhalter Platz bietet (Stichwort Lesbarkeit!).

Schritt 2

Markieren Sie den ersten Stichpunkt, und kopieren Sie ihn, indem Sie mit der rechten Maustaste darauf klicken und **Kopieren** wählen. Sie können auch Strg + C drücken.

Schritt 3

Fügen Sie eine leere Folie ein, indem Sie auf **Neue Folie** 1 klicken. Klicken Sie dann mit rechts in den Titelplatzhalter, und wählen Sie die Einfügeoption **Zieldesign verwenden** 2. (Sie können auch Strg + V drücken.) So nutzen Sie den kopierten Punkt als Titel für Ihre Folie.

Schritt 4

Geben Sie Ihren Text dann stichpunktartig in den unteren Textplatzhalter ein. Fassen Sie sich kurz; Sie können die einzelnen Punkte ja mündlich erläutern. Um Notizen für Sie selbst hinzuzufügen, nutzen Sie den Notizenbereich unter der Folie (dazu mehr im Abschnitt »Die Notizenansicht« auf Seite 110).

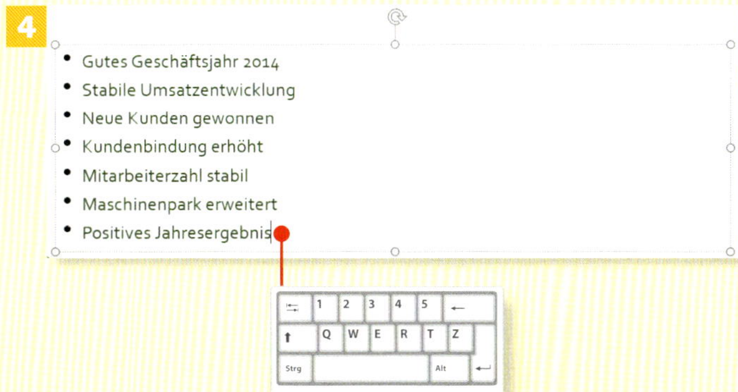

Schritt 5

Der Textrahmen im Beispiel ist 9 cm hoch. Bis Ihr Text diese Höhe füllt, ändert sich weder am Textrahmen noch an der Schriftgröße etwas.

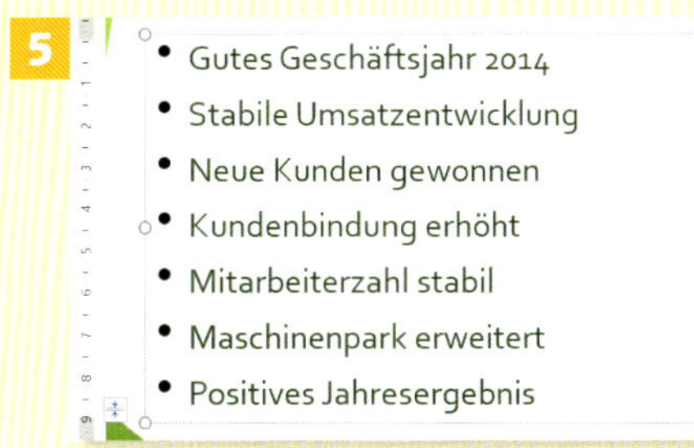

Schritt 6

Geben Sie dann noch mehr Text ein, passt PowerPoint die Schriftgröße an: Der Textrahmen ist immer noch 9 cm hoch, aber der Text ist jetzt deutlich kleiner und damit für Ihr Publikum schlechter lesbar.

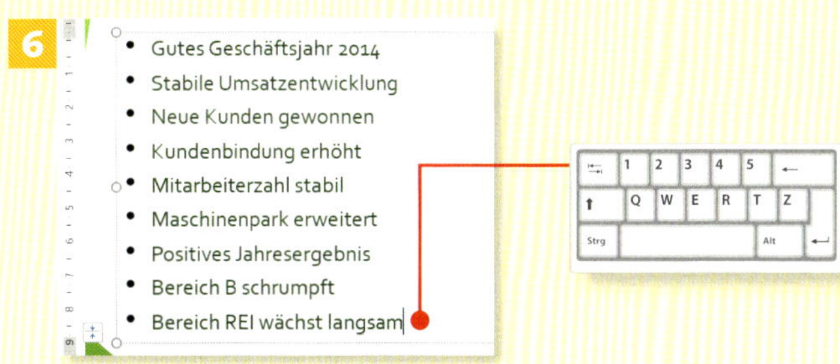

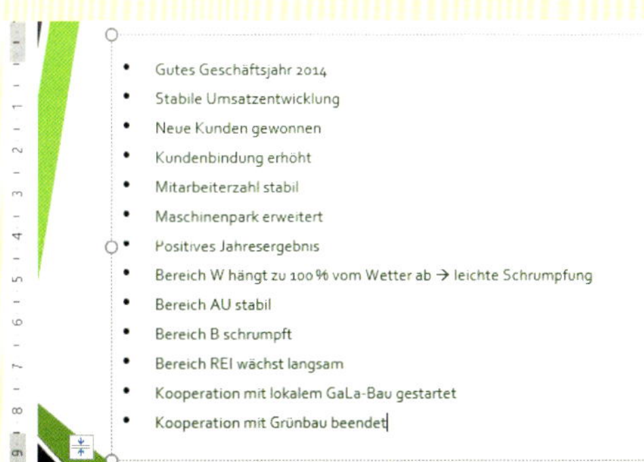

Lineal einblenden

Das Lineal ist nicht standardmäßig eingeblendet, aber sehr nützlich. Um es einzublenden, klicken Sie auf der Registerkarte **Ansicht** in das Kästchen vor **Lineal**.

Textplatzhalter an den Text anpassen (Forts.)

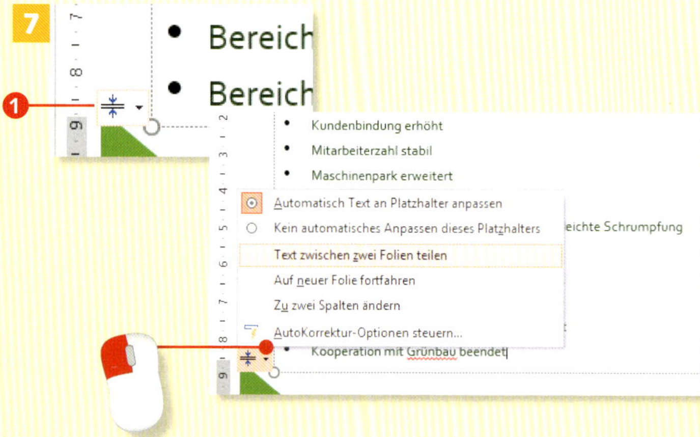

Schritt 7

Sobald ein Textplatzhalter »voll« ist, d. h. die Grenze der bequemen Lesbarkeit des Textes erreicht und der Cursor noch im Textplatzhalter ist, blendet PowerPoint unten links eine Schaltfläche ein: **Optionen für das automatische Anpassen** 1. Klicken Sie darauf. Wenn Ihre Folie schon »zu viel« Text enthält, klicken Sie im Menü auf **Text zwischen zwei Folien teilen**.

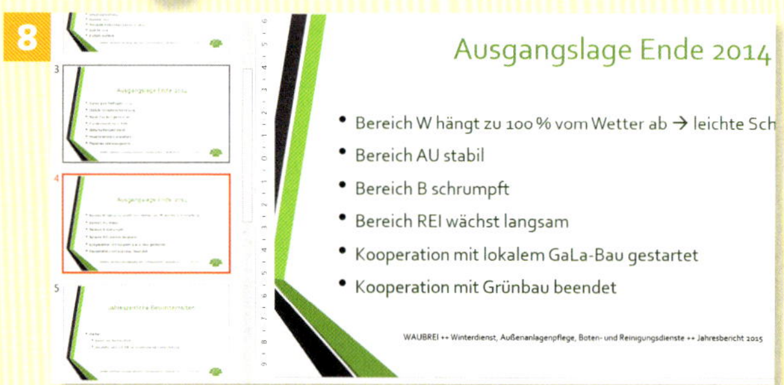

Schritt 8

Der Text wird nun auf zwei Folien verteilt. Die zweite Folie erhält den gleichen Titel wie die erste, anfangs zu volle Folie. Auf beiden Folien ist der Text gut lesbar.

Schritt 9

Stellen Sie schon bei der Eingabe des Textes fest, dass Sie mehr als eine Folie zu einem bestimmten Thema benötigen, klicken Sie auf die Schaltfläche **Optionen für das automatische Anpassen** und wählen dann **Auf neuer Folie fortfahren**. PowerPoint fügt eine weitere Folie ein, die den gleichen Titel trägt wie die gerade bearbeitete Folie.

Schritt 10

Manche Designs sorgen dafür, dass der Text in der Mitte des Textfelds steht und nicht am oberen Rand. Soll der Text auf einer Folie am oberen Rand stehen, klicken Sie zunächst auf der Registerkarte **Start** in der Gruppe **Absatz** auf die Schaltfläche **Text ausrichten**.

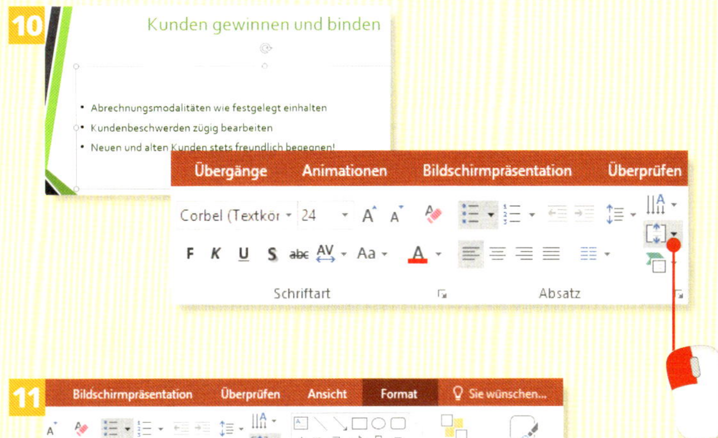

Schritt 11

Im zugehörigen Menü klicken Sie auf **Oben**. Der Text steht nun am oberen Rand des Textrahmens.

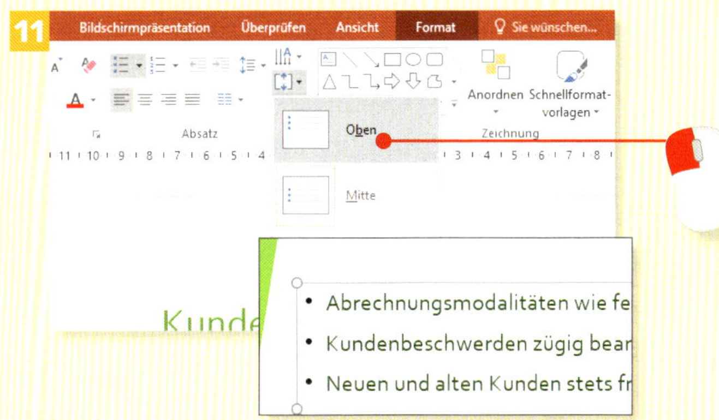

Schritt 12

Das gleiche Ergebnis erreichen Sie über den Aufgabenbereich. Klicken Sie mit der rechten Maustaste auf den Textplatzhalter und im Kontextmenü auf **Form formatieren**. Im Aufgabenbereich wechseln Sie zu **Textoptionen ▸ Textfeld** ❷. Klicken Sie auf den Pfeil in der Zeile **Vertikale Ausrichtung** und dort auf **Oben**.

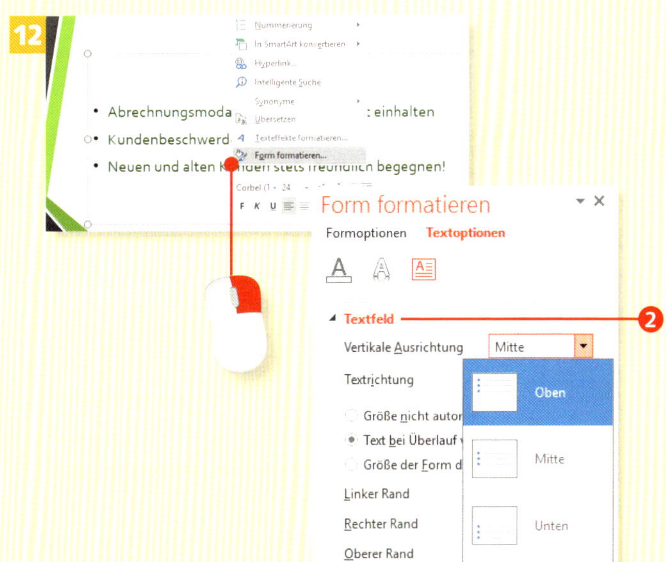

Schriftfarbe ändern

1

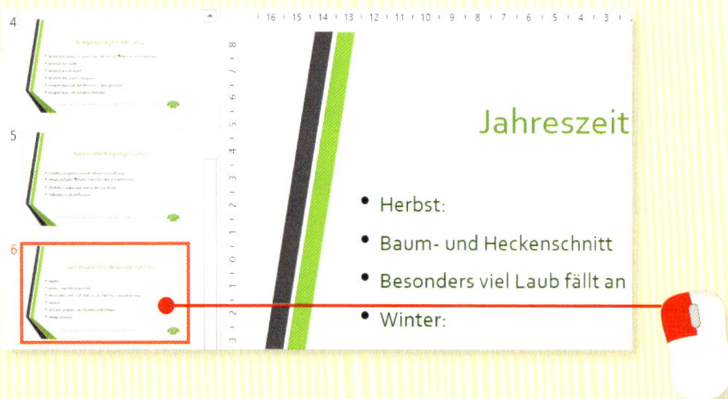

2

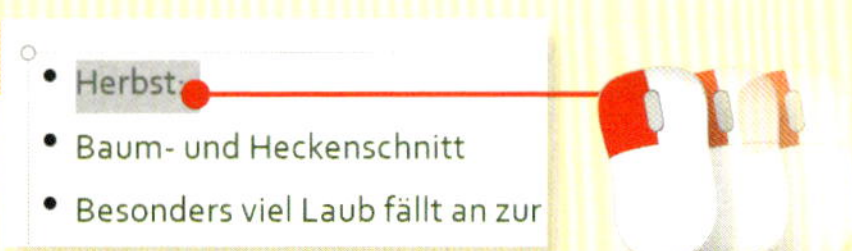

3

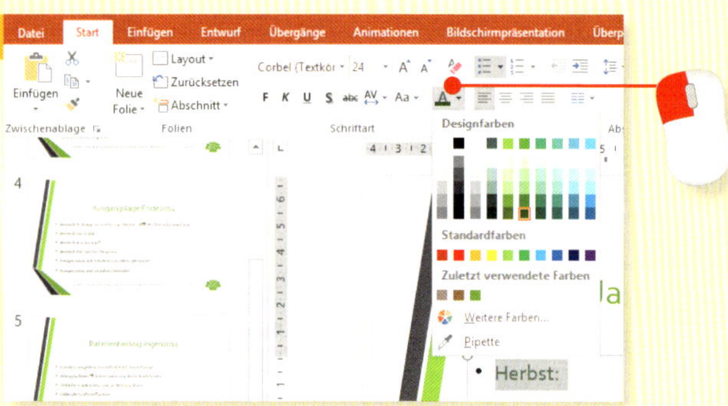

Wenn Sie auf allen Folien die Schriftfarbe ändern wollen, erledigen Sie dies über den Folienmaster (siehe den Abschnitt »Farben und Designs im Folienmaster ändern« auf Seite 72). Für einzelne Textteile ist es jedoch praktikabler, die Textfarbe direkt auf der Folie zu ändern.

Schritt 1

Rufen Sie eine Folie auf, auf der Sie ein Textstück farblich hervorheben wollen, indem Sie sie in der Miniaturansicht anklicken.

Schritt 2

Markieren Sie den betreffenden Text auf Ihrer Folie, indem Sie den Cursor davorsetzen und ihn dann mit gedrückter Maustaste über den Text ziehen. Im Beispiel soll der Stichpunkt »Herbst« in brauner oder grauer Schrift formatiert werden.

Schritt 3

Klicken Sie auf den kleinen Pfeil an der Schaltfläche **Schriftfarbe** in der Gruppe **Schriftart** auf der Registerkarte **Start**.

Schriftfarbe für alle Objekte auf einer Folie ändern

Klicken Sie die Folie (kein Objekt!) an, und drücken Sie gleichzeitig Strg + A. Alle Objekte werden so markiert. Dann ändern Sie die Schriftfarbe.

Schritt 4

Der Schriftfarbenkatalog enthält die Designfarben. Sie sehen eine Live-vorschau, wenn Sie den *Mauszeiger* über die Farben führen. Mit einem Klick wählen Sie die passende Farbe aus.

4

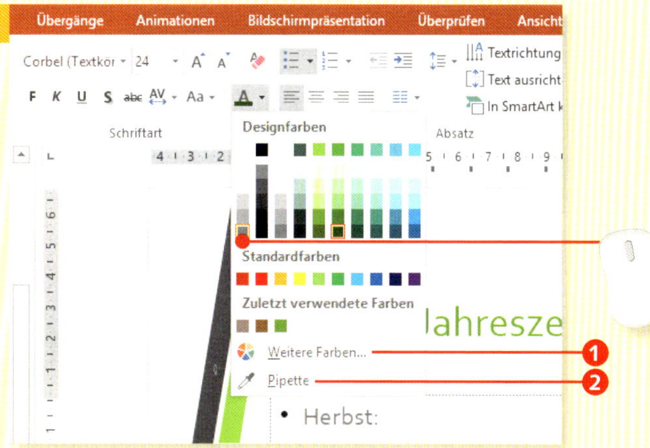

Schritt 5

Zusätzliche Farbtöne, im Beispiel auch die Brauntöne, finden Sie nach einem Klick auf **Weitere Farben** ❶. Aus der *Farbwabe* wählen Sie eine Farbe durch Klicken aus. Bestätigen Sie die Auswahl mit **OK**.

5

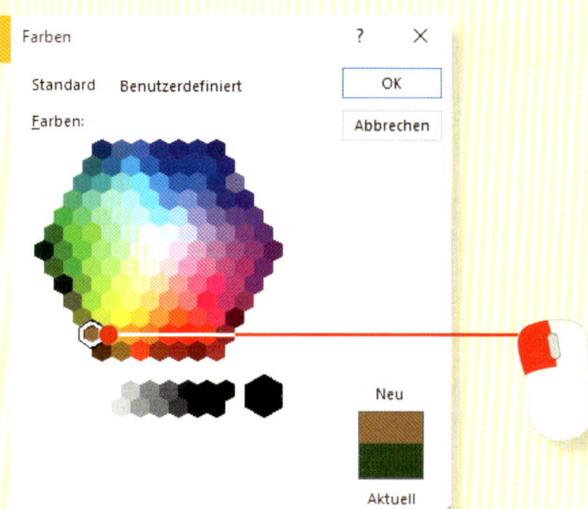

Schritt 6

Auch ein Farbton aus einem Bild lässt sich für Ihren Text aufnehmen. Klicken Sie dazu im Menü **Schrift-farbe** unten auf **Pipette** ❷. Führen Sie die *Spitze* der Pipette über das Bild, bis im Quadrat über der Pipette der richtige Farbton zu sehen ist. Mit einem Klick nimmt der Text die gewählte Farbe an.

6

Aufzählungen und Nummerierung anpassen

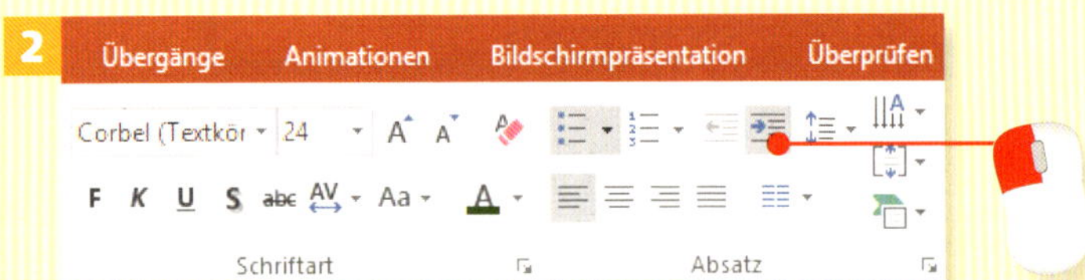

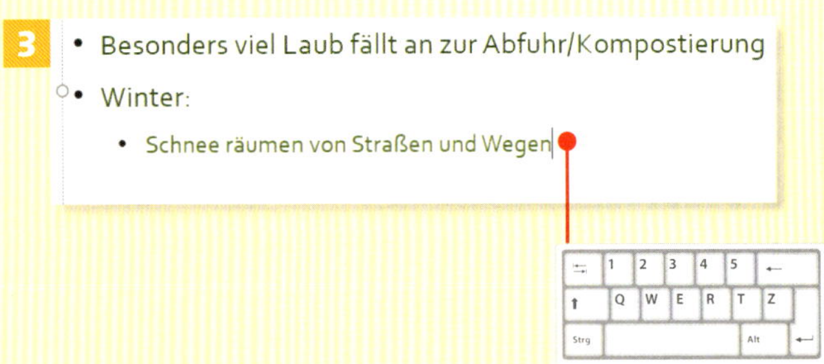

Sie wollen Unterpunkte anlegen und sie von den Hauptpunkten abheben? In PowerPoint ist das kein Problem, wie Sie gleich sehen können.

Schritt 1

Öffnen Sie die Folie, auf der Sie Unterpunkte ergänzen wollen, indem Sie links auf die Folienminiatur klicken. Drücken Sie am Ende der Zeile, unter der ein Unterpunkt eingefügt werden soll, die [↵]-Taste.

Schritt 2

Um den Aufzählungspunkt weiter nach rechts zu schieben (einzurücken), klicken Sie auf der Registerkarte **Start** in der Gruppe **Absatz** auf **Listenebene erhöhen**.

Schritt 3

Der Aufzählungspunkt rutscht nach rechts. Geben Sie Ihren Text ein. Sie sehen: Der Text ist kleiner und hat – je nach Design – eine andere Farbe als die übrigen Aufzählungspunkte.

Sparsam mit Unterpunkten umgehen

Wenn Sie Ihre Präsentation durch einen Vortrag begleiten wollen, gilt: Mehr Unterpunkte bedeuten mehr Text auf der Folie. Je mehr Ihr Publikum liest, desto weniger hört es Ihnen aber zu. Setzen Sie Unterpunkte daher sparsam ein, und erläutern Sie lieber mehr in Ihrem Vortrag.

Schritt 4

Wenn Sie am Ende der Zeile ↵ drücken, wird die Aufzählung so fortgesetzt, wie sie in der Zeile zuvor formatiert war. Über die kleine Ecke ❶ in der Gruppe **Absatz** können Sie im zugehörigen Dialogfenster den Abstand zwischen den Aufzählungspunkten verringern ❷.

Schritt 5

Auch bei nummerierten Listen können Sie Unterpunkte einfügen: Drücken Sie am Ende einer Zeile ↵ und in der neuen Zeile, die Sie einrücken möchten, direkt ⇆. Die Nummerierung des Unterpunkts erscheint, in der Regel beginnt sie mit 1.

Schritt 6

Geben Sie den Text ein, und passen Sie dann die Nummerierung an. Klicken Sie dazu in der Gruppe **Absatz** auf den Pfeil an der Schaltfläche **Nummerierung**. Wählen Sie eine andere Aufzählung, z. B. **a. b. c.**.

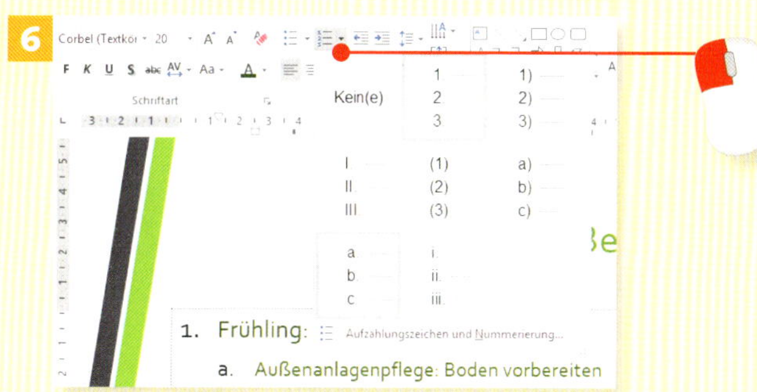

Unterpunkte wieder zu Hauptpunkten machen

Wenn einige Aufzählungspunkte doch besser Haupt- und nicht eingerückte Unterpunkte sein sollen, markieren Sie sie und klicken auf **Start ▸ Absatz ▸ Listenebene verringern**. Die geringste Listenebene ist die erste und damit die Hauptebene.

Andere Aufzählungszeichen einfügen

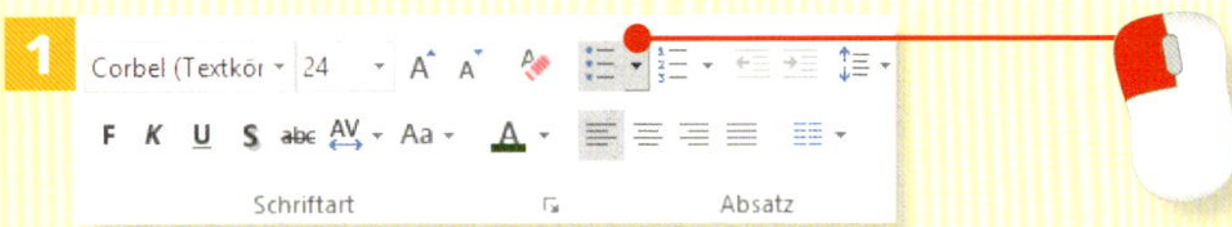

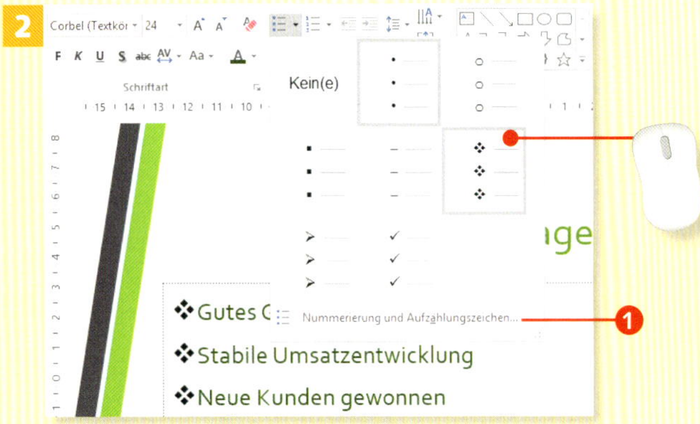

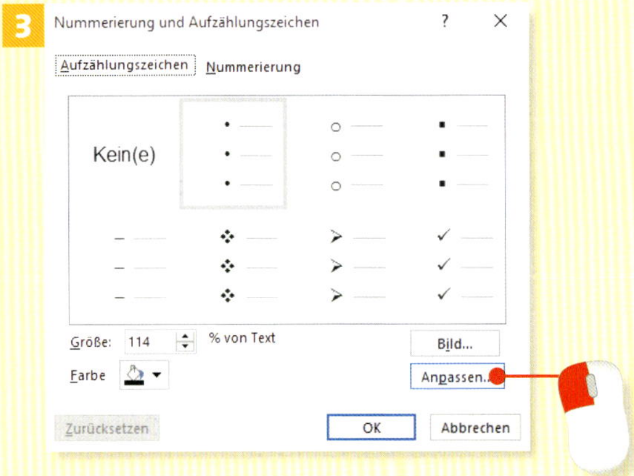

PowerPoint-Fehler

Bis zur Drucklegung dieses Buchs fehlte in PowerPoint 2016 die Möglichkeit, Aufzählungszeichen aus allen verfügbaren Symbolen auszuwählen. Daher haben wir den Weg mit der kleinen Auswahl beschrieben.

Bei PowerPoint können Sie nicht nur einfache Punkte als Aufzählungszeichen verwenden: Viele weitere Symbole, Bilder oder Formen stehen Ihnen zur Verfügung. Hier lesen Sie, wie Sie aus einer Vielzahl von Symbolen auswählen können.

Schritt 1

Markieren Sie ein Textfeld, das eine Aufzählung enthält. Klicken Sie auf der Registerkarte **Start** in der Gruppe **Absatz** auf den Pfeil neben der Schaltfläche **Aufzählungszeichen**.

Schritt 2

Aus dem aufgeklappten Menü können Sie ganz einfach mit einem Klick eine interessante Variante auswählen. Die Livevorschau hilft bei der Entscheidung.

Schritt 3

Für mehr Auswahl klicken Sie auf **Nummerierung und Aufzählungszeichen** 1. Im gleichnamigen Dialog sehen Sie die Registerkarte **Aufzählungszeichen**, die aber nicht mehr mitbringt als der in Schritt 2 geöffnete Katalog. Klicken Sie daher direkt auf **Anpassen**.

Schritt 4

Im Dialogfenster **Symbol** haben Sie die Qual der Wahl. Sie können mithilfe des Scrollbalkens durch die verschiedenen Subsets scrollen; sie stehen alle direkt untereinander.

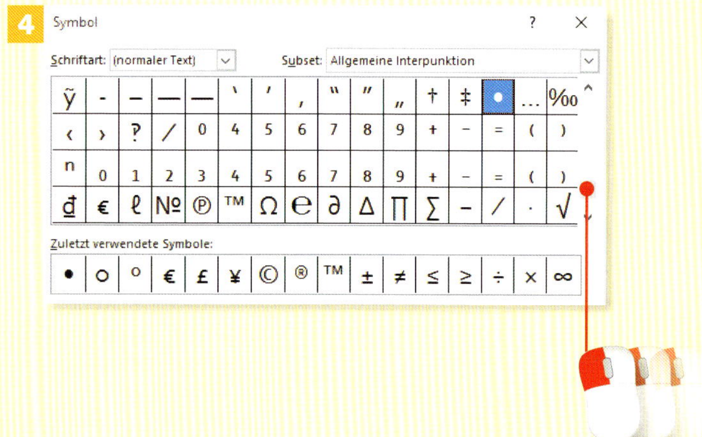

Schritt 5

Denken Sie an Ihr Publikum, und entscheiden Sie sich für ein passendes Symbol. Klicken Sie darauf ❷ und dann unten auf **OK**.

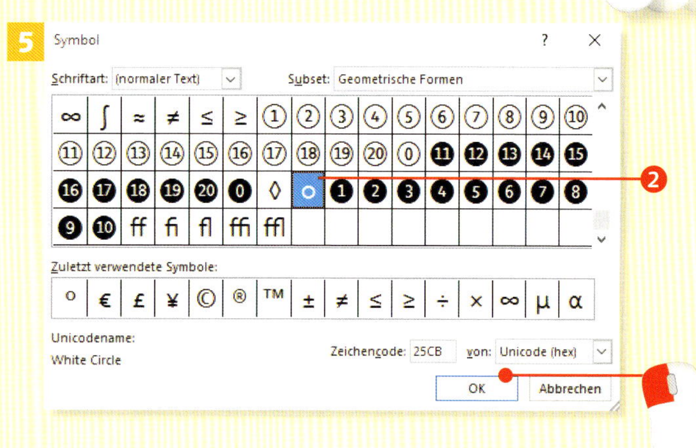

Schritt 6

Das Dialogfenster **Nummerierung und Aufzählungszeichen** ist noch geöffnet, dort sehen Sie jetzt Ihr Symbol ❸. Um die Aufzählungszeichen zu vergrößern oder zu verkleinern, stellen Sie mithilfe der Pfeile am Feld **Größe** ❹ einen passenden Wert ein. Bestätigen Sie Ihre Änderungen mit einem Klick auf **OK**.

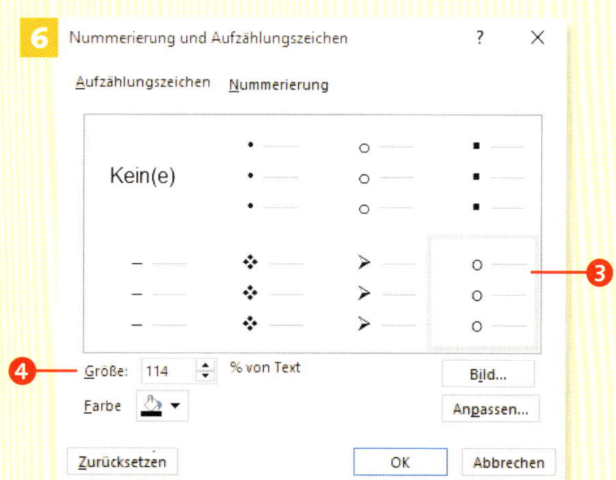

Aufzählungszeichen für alle Folien

Um die Aufzählungszeichen gleich für alle Folien zu ändern, öffnen Sie den Folienmaster und passen sie dort an (siehe den Abschnitt »Farben und Designs im Folienmaster ändern« auf Seite 72).

Den Text an eine Form anpassen

1
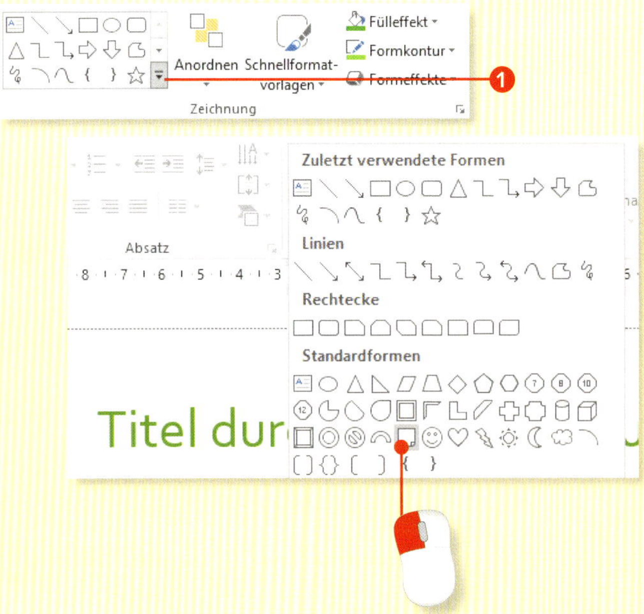

2
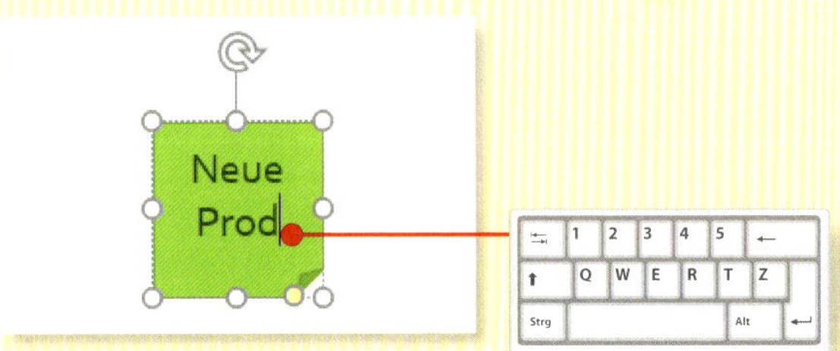

3

Manchmal will der Text, der in einer Form steht, Ihren Formatierungsvorstellungen nicht recht folgen. Wir zeigen Ihnen, wie Sie ihn doch in der Form unterbringen.

Schritt 1

Fügen Sie eine leere Folie ein. Klicken Sie auf der Registerkarte **Start** in der Gruppe **Zeichnung** auf den unteren Pfeil ❶ am Feld **Formen**. Wählen Sie aus dem Katalog z. B. **Gefaltete Ecke**. Dann klicken Sie auf Ihre Folie; PowerPoint fügt die Form ein.

Schritt 2

Lassen Sie die Form angeklickt (markiert), und geben Sie etwas Text ein. Dazu müssen Sie nicht noch einmal klicken; tippen Sie einfach drauflos. PowerPoint wandelt die Form von selbst in eine Form mit Textfeld um.

Schritt 3

Wenn Sie zu viel Text eingeben, läuft er aus der Form und steht darüber und darunter. Außerdem stimmt der Zeilenumbruch nicht: Wörter werden an den falschen Stellen auseinandergerissen. Das sieht natürlich nicht gut aus.

Farbe der Form

Wenn Sie eine Form einfügen, hat sie schon eine bestimmte Formatierung. Die Füllfarbe und die Schriftfarbe passen zum gewählten Design.

Schritt 4

Um den Text wieder in die Form zu bringen, klicken Sie mit der rechten Maustaste auf die Form. Aus dem Kontextmenü wählen Sie den Eintrag **Form formatieren**.

4

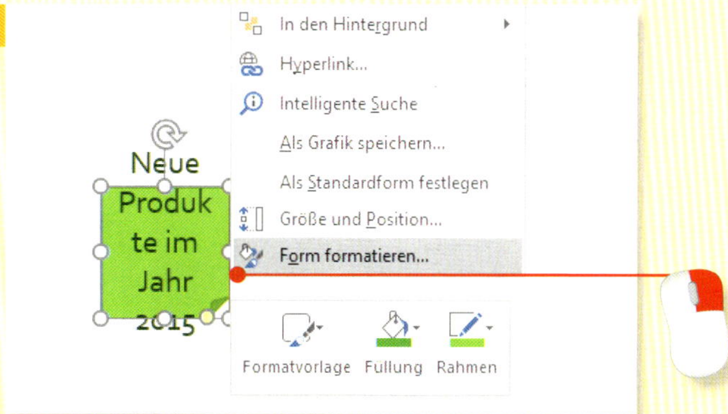

Schritt 5

Der Aufgabenbereich **Form formatieren** wird rechts neben der Folie geöffnet. Klicken Sie auf **Textoptionen** ❶ und hier auf **Textfeld** ❷. Dann aktivieren Sie die Option **Text bei Überlauf verkleinern**.

5

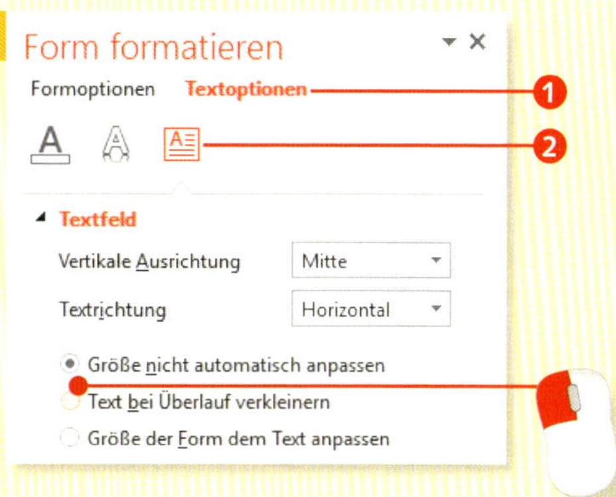

Schritt 6

Sie können außerdem den Abstand vom Text zum Rand verkleinern, um mehr Platz zu gewinnen: Dazu setzen Sie die Werte bei **Linker Rand**, **Rechter Rand** usw. auf »0,1 cm«. Der Text passt jetzt in die Form.

6

Größere Formen, größerer Text

Sie haben die Form mit dem Textfeld bearbeitet, aber nun ist Ihnen der Text zu klein? Ziehen Sie die Form an einem der Eckpunkte größer, dann vergrößert sich automatisch auch der Text. Er wird maximal so groß, wie er bei der Eingabe war (die Standardgröße ist 18 Pt).

Die Laufrichtung des Textes ändern

1
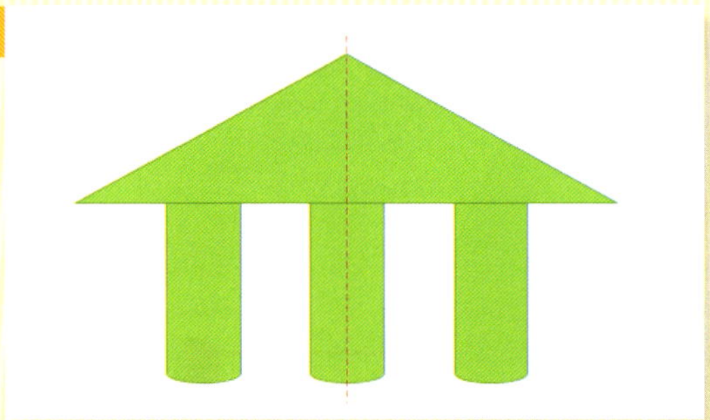

2
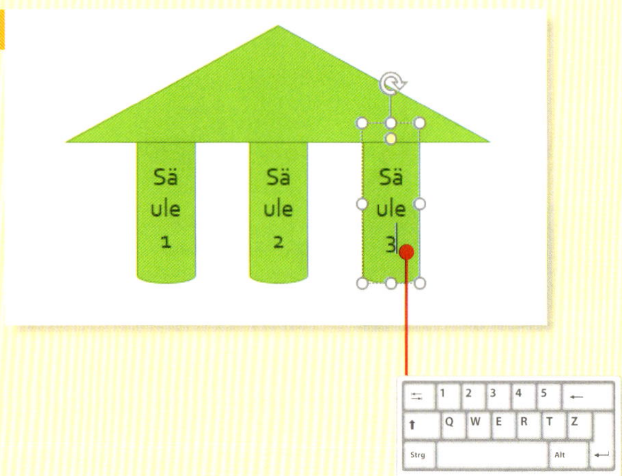

3
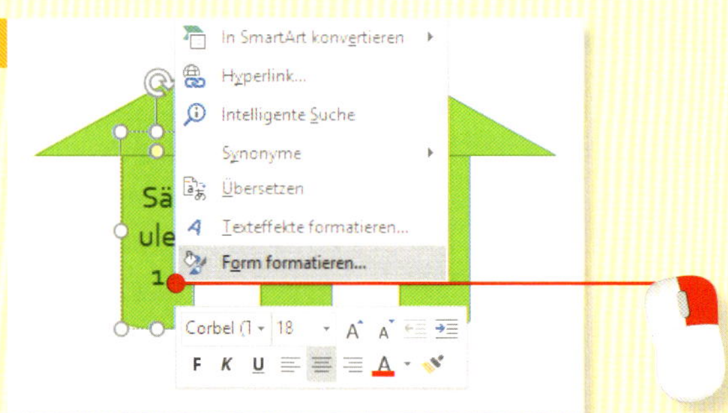

Im Deutschen läuft der Text üblicherweise von links nach rechts. Er kann auf PowerPoint-Folien aber auch von oben nach unten oder schräg verlaufen. Lesen Sie in diesem Abschnitt, wie einfach Sie die Textrichtung ändern.

Schritt 1

Fügen Sie auf einer leeren Folie einige Formen ein. Im Beispiel wurde dreimal **Zylinder** und einmal **Dreieck** gewählt. Ordnen Sie die Formen durch Verschieben mit dem Vierfachpfeil zu einer Gesamtform an (siehe dazu den Abschnitt »Die Position der Objekte verändern« auf Seite 196).

Schritt 2

Geben Sie Text in die Formen ein. Klicken Sie dazu die erste Form einmal an, und tippen Sie den Text. Wiederholen Sie diesen Vorgang bei den anderen beiden Formen.

Schritt 3

In der ersten Form soll der Text gekippt werden und von unten nach oben verlaufen. Klicken Sie diese Form also mit der rechten Maustaste an, und wählen Sie **Form formatieren**.

Schritt 4

Im Aufgabenbereich **Form formatieren** wechseln Sie zur Rubrik **Textoptionen** ❶ und darin zum Bereich **Textfeld** ❷. Im Feld **Textrichtung** wählen Sie **Text um 270° drehen**. (PowerPoint geht bei der Drehung im Uhrzeigersinn vor). Schließen Sie den Aufgabenbereich nicht.

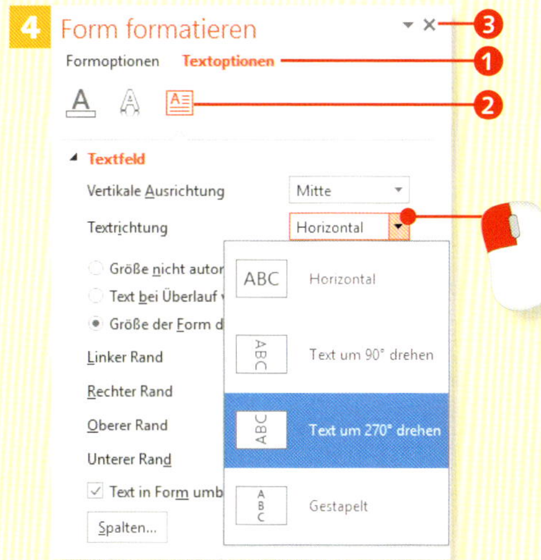

Schritt 5

Klicken Sie die rechte Form an; ihr Text soll nach rechts gekippt werden. Dafür wählen Sie diesmal **Text um 90° drehen**. Schließen Sie dann den Aufgabenbereich mit einem Klick auf das Kreuz ❸. Eventuell müssen Sie nun noch den Feinschliff vornehmen (siehe dazu den Abschnitt »Den Text an eine Form anpassen« auf Seite 104).

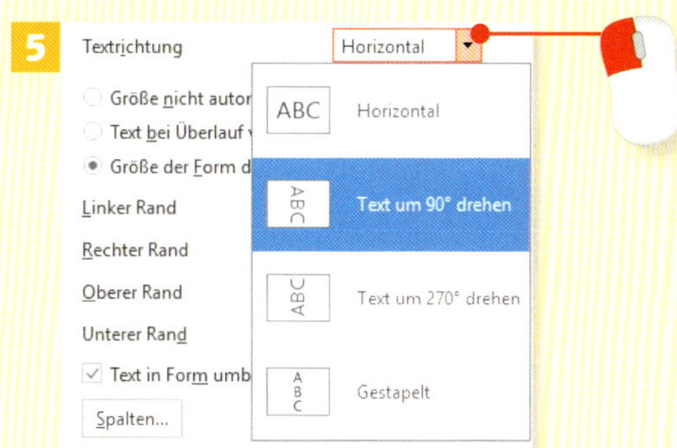

Schritt 6

Sie können Text auch schräg anordnen, allerdings nur zusammen mit der Form: »Greifen« Sie den *Drehkreis* ❹ mit der Maus, und ziehen Sie die Form mit gedrückter Maustaste vorsichtig in die richtige Position. Sie dreht sich um ihr Zentrum, so können Sie jeden Winkel nutzen.

Die Notizenansicht

1

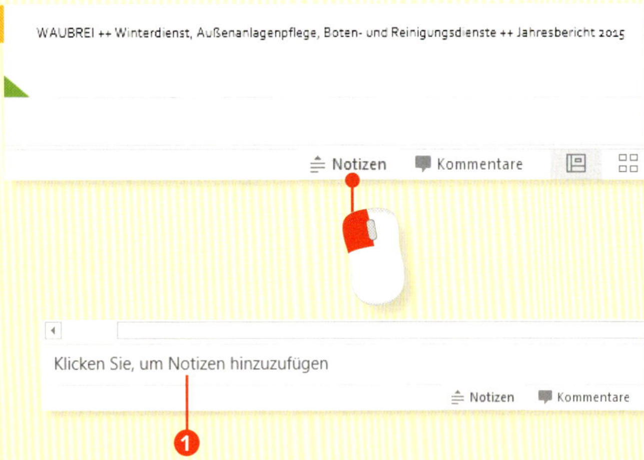

2

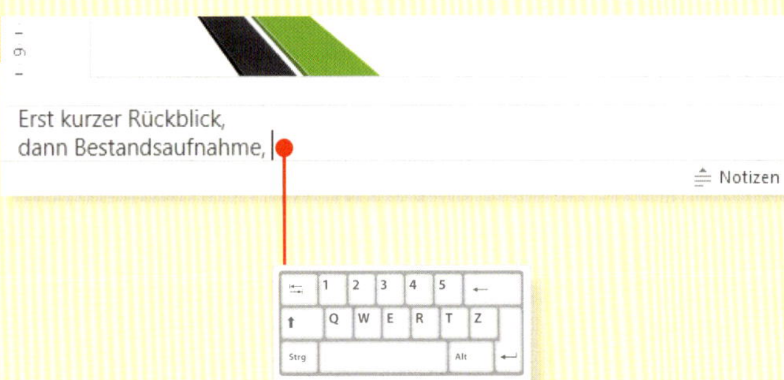

3

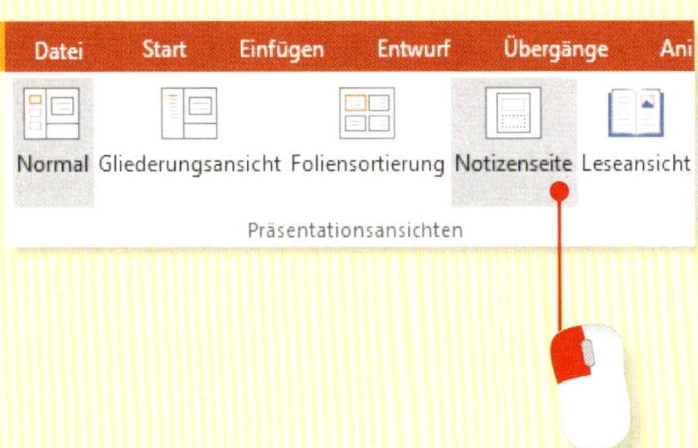

Für viele Vortragende sind die Notizen bei PowerPoint schon lange ein wesentliches Hilfsmittel. Sie können sie direkt in PowerPoint anlegen und mit den Folien drucken.

Schritt 1

In der Ansicht **Normal** ist in der *Statusleiste* die Schaltfläche **Notizen** zu sehen. Klicken Sie darauf, wird der Bereich ❶ eingeblendet, in dem Sie Ihre Notizen zur Folie unterbringen können: Erläuterungen, Stichwörter für den Vortrag, zusätzliche Informationen für Nachfragen etc.

Schritt 2

Klicken Sie in diesen Bereich, und schreiben Sie einige Stichpunkte hinein. Wie Sie sehen, werden nicht mehr als zwei Zeilen auf einmal angezeigt. Sie können den Bereich vergrößern, indem Sie die obere Linie mit gedrückter Maustaste nach oben schieben. Ihre Folienansicht wird entsprechend kleiner.

Schritt 3

Alternativ wechseln Sie in die Notizenansicht, indem Sie auf der Registerkarte **Ansicht** ganz links in der Gruppe **Präsentationsansichten** auf **Notizenseite** klicken.

Schritt 4

PowerPoint zeigt nun ein Blatt an, auf dem Ihre Folie oben verkleinert zu sehen ist. Darunter steht der Notizentext. Durch Scrollen mit dem Mausrad oder mithilfe der Bildlaufleiste rechts können Sie sich alle Folien in der Notizenansicht nacheinander ansehen.

Schritt 5

Der Notizentext in der Ansicht **Notizenseite** steht in einem Textplatzhalter, der ebenfalls bearbeitet werden kann. Klicken Sie in den Platzhalter, um Informationen zu ergänzen und/oder den Text zu formatieren.

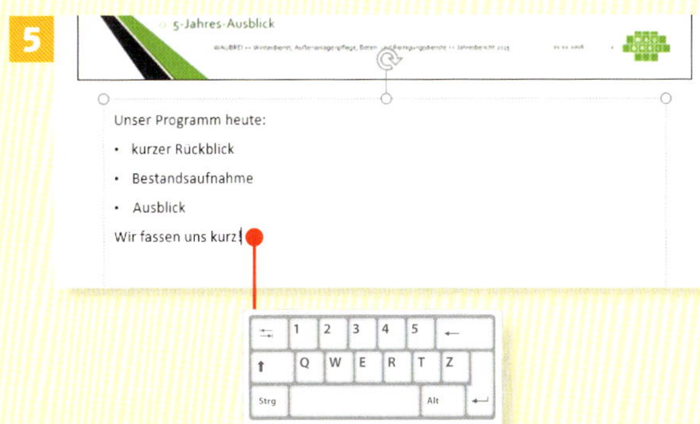

Schritt 6

Die Notizen lassen sich für den Vortrag ausdrucken. Wählen Sie **Datei ▸ Drucken** ❶, klicken Sie auf den Pfeil am Feld **Folien**, und wählen Sie **Notizenseiten**. Klicken Sie schließlich oben auf **Drucken** ❷. Zum Schluss speichern Sie die Präsentation.

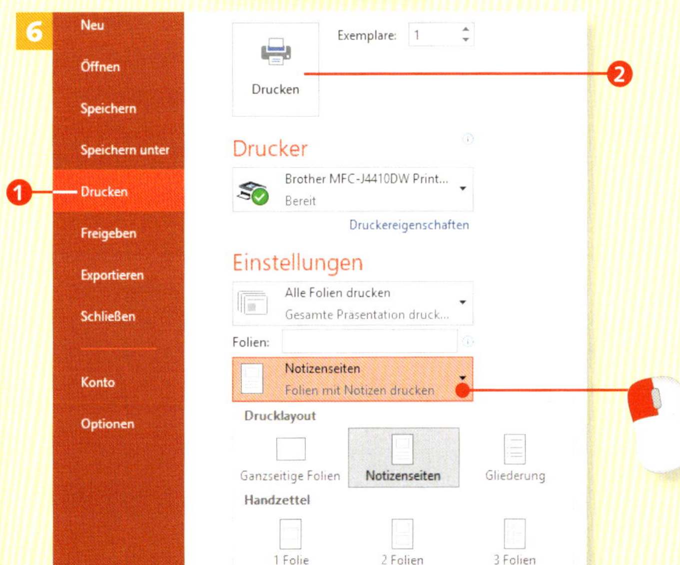

Notizenansicht schließen

Sie können die Notizenansicht jederzeit wieder schließen und zur Normalansicht zurückkehren, indem Sie unten in der Statusleiste auf die Schaltfläche **Normal** klicken.

Kapitel 6
Fotos und ClipArts einfügen

Was wäre eine Präsentation ohne Bilder und ClipArts? Nun, sie wäre wahrscheinlich sehr trocken, wenn nicht sogar langweilig. Also lockern Sie Ihren Vortrag mit ein paar Bildern und ClipArts auf. Wie Sie beides einfügen und formatieren, künstlerisch verfremden oder neu einfärben, erfahren Sie in diesem Kapitel.

Bilder und ClipArts einfügen

Lesen Sie, wie Sie die Bilder, die Sie auf Ihrem Computer gespeichert haben, in Ihre Präsentation einfügen ❶, und wie Sie aus dem großen Onlinevorrat an *ClipArts* (Onlinegrafiken) schöpfen können.

Bilder effektvoll bearbeiten

PowerPoint 2016 bietet viele Funktionen, die auch ein Bildbearbeitungsprogramm bietet: Bildteile freistellen, Bilder mit Spiegelungseffekten oder Schatten versehen, Bilder neu einfärben und vieles mehr ❷.

Ein Fotoalbum erstellen

Um Ihre Fotos in ansprechender Form zu zeigen und sich vielleicht ein wenig an Diashows zu erinnern, können Sie in PowerPoint 2016 ein Fotoalbum ❸ erstellen. Wählen Sie die Bilder, das Design und das Layout aus – den Rest macht PowerPoint für Sie.

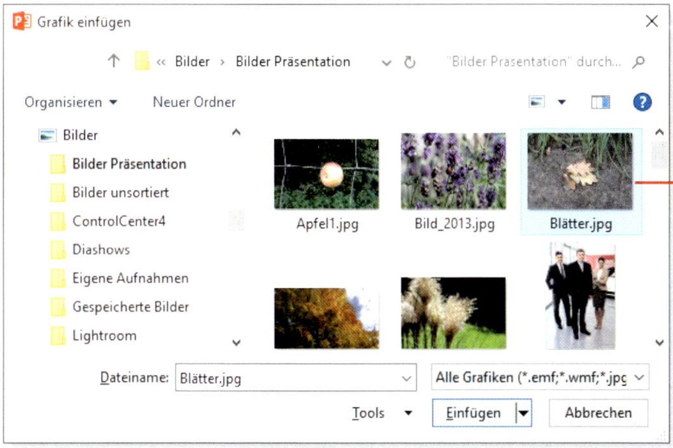

❶ Wählen Sie ein Bild aus den Fotos aus, die auf Ihrem Computer gespeichert sind.

Nutzen Sie die vielfältigen Funktionen von PowerPoint 2016, um Bilder und ClipArts effektvoll zu bearbeiten. ❷

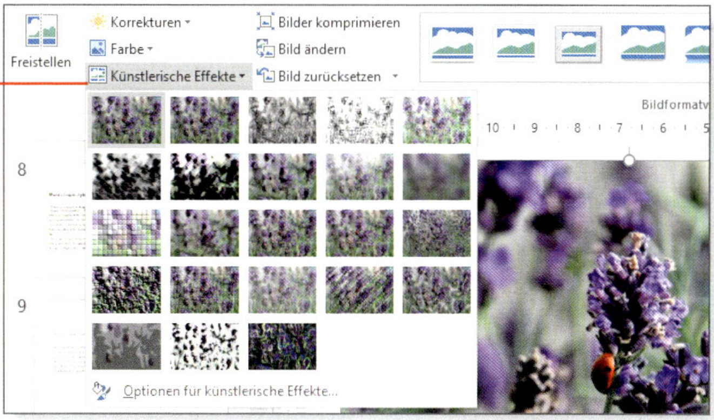

Gestalten Sie mit wenigen Klicks ein interessantes Fotoalbum. ❸

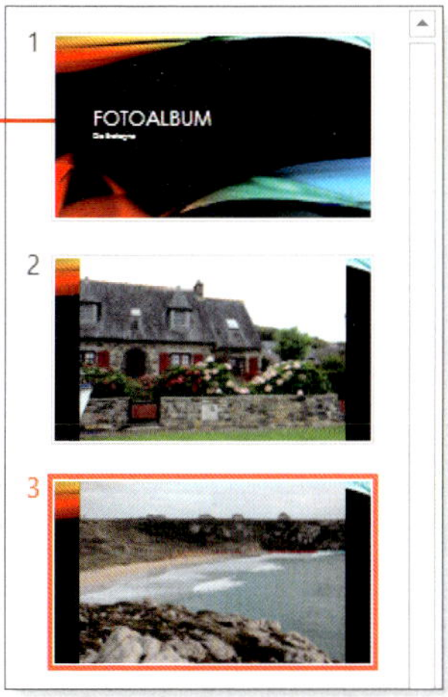

Grafiken (Bilder) einfügen

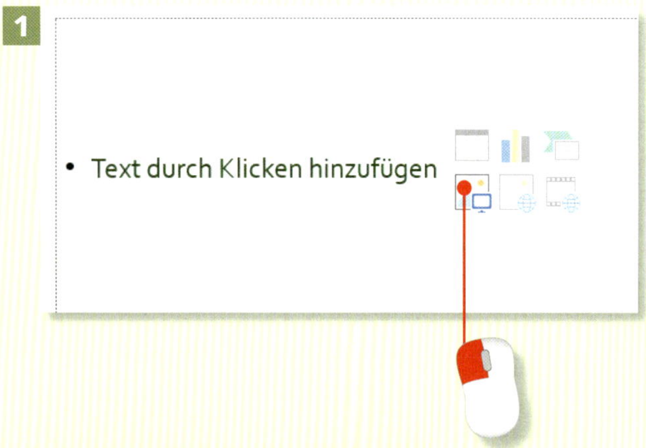

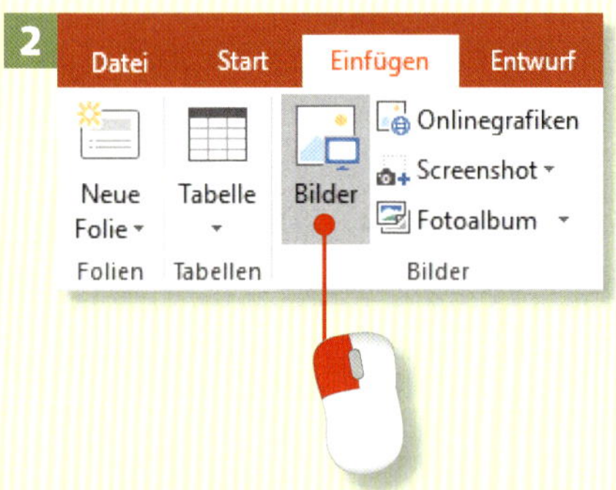

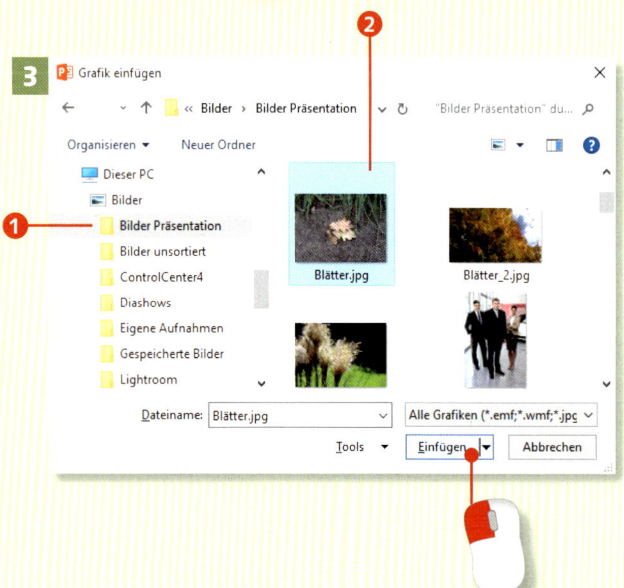

Präsentationen leben nicht nur vom Text, sondern auch von Bildern. Bilder können – wenn sie gut gewählt sind – die Aussage des Textes verstärken.

Schritt 1

Fügen Sie über **Start ▸ Folien ▸ Neue Folie** eine neue Folie ein, oder drücken Sie Strg + M. In der Mitte der Folie sehen Sie kleine Symbole, mit denen Sie Tabellen, Diagramme etc. einfügen können. Klicken Sie hier auf **Bilder**.

Schritt 2

Falls die Folie schon Text oder ein anderes Element enthält, werden die kleinen Symbole nicht angezeigt. Rufen Sie dann zum Einfügen eines Bilds die Registerkarte **Einfügen** auf, und klicken Sie in der Gruppe **Bilder** auf **Bilder**.

Schritt 3

In beiden Fällen öffnet sich das Dialogfenster **Grafik einfügen**, in dem Sie ein Bild auswählen können. Navigieren Sie zum passenden Ordner ❶, und wählen Sie ein Bild aus ❷. Klicken Sie dann auf **Einfügen**.

Schritt 4

PowerPoint platziert das Bild in der Mitte Ihrer Folie. Angenommen, Sie fügen das Bild auf einer Folie mit Text ein, verdeckt es ihn je nach Größe komplett oder teilweise. Also müssen Sie das Bild verkleinern. Es sollte auch nicht in der Mitte der Folie bleiben.

Schritt 5

Um das Bild zu verschieben, fahren Sie mit dem Mauszeiger darüber, bis Sie den Vierfachpfeil sehen. Halten Sie dann die Maustaste gedrückt, ziehen Sie das Bild an die richtige Stelle, und lassen Sie die Maustaste dann wieder los.

Schritt 6

Schauen Sie sich das angeklickte Bild genauer an: An seinen Ecken sehen Sie *Ziehpunkte*. Klicken Sie einen Ziehpunkt an (der Mauszeiger wird zu einem großen Plus), und ziehen Sie ihn mit gedrückter Maustaste in Richtung Bildmitte, bis das Bild klein genug ist. Lassen Sie die Maustaste los. Eventuell müssen Sie das Bild dann noch einmal an die richtige Stelle verschieben.

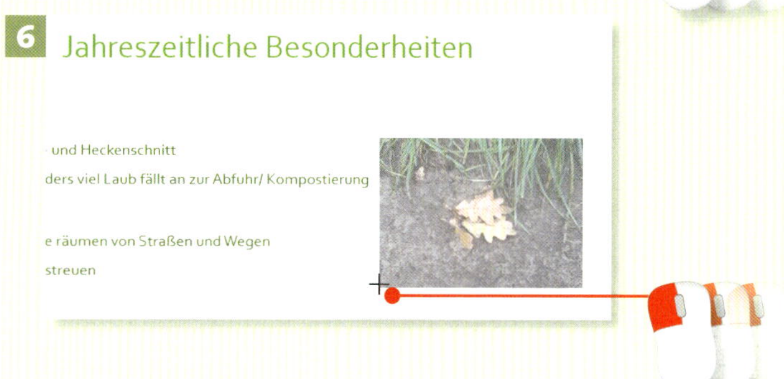

Bildformate

PowerPoint 2016 kann mit sehr vielen Bilddateitypen umgehen, z. B. JPG, PNG, BMP, GIF und EPS. So sparen Sie sich in den meisten Fällen das Umformatieren eines Bilds in einem Bildbearbeitungsprogramm.

Grafiken (Bilder) einfügen (Forts.)

7
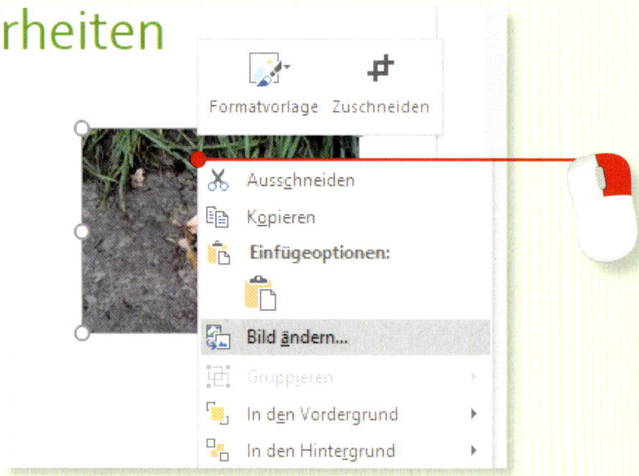

8
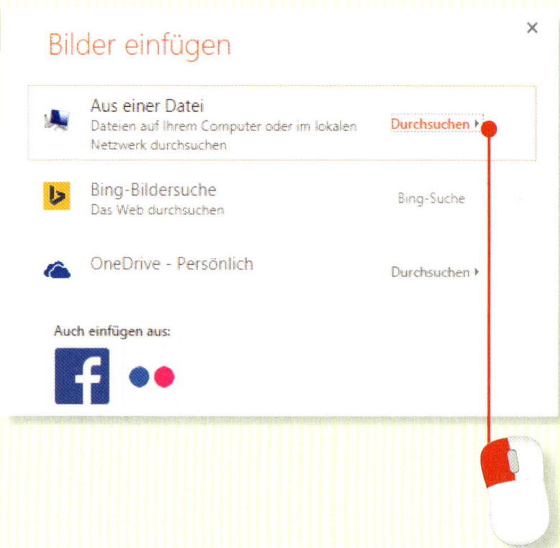

9

Schritt 7

Das Bild kann gegen ein anderes ausgetauscht werden; dazu müssen Sie es nicht einmal löschen. Klicken Sie mit der rechten Maustaste darauf, und wählen Sie **Bild ändern**.

Schritt 8

Nun können Sie auswählen, aus welcher Quelle das Bild geladen werden soll; wählen Sie **Aus einer Datei**. Ein Klick auf **Durchsuchen** daneben öffnet das Dialogfenster **Grafik einfügen**, das Sie in Schritt 3 schon gesehen haben. Wählen Sie ein Bild aus, und klicken Sie auf **Einfügen**. Sie können auch einfach doppelt auf das Bild klicken.

Schritt 9

Das neue Bild wird etwa in der gleichen Größe wie das ursprüngliche Bild und an der gleichen Stelle eingefügt, d.h., Sie müssen es nicht verkleinern oder verschieben.

Erst klicken, dann bearbeiten

Um ein Bild bearbeiten zu können, muss es angeklickt sein. Sonst werden bestimmte Werkzeuge und Registerkarten nicht eingeblendet bzw. Sie können sie nicht anklicken.

Schritt 10

Auch das Einfügen mehrerer Bilder gleichzeitig ist möglich. Klicken Sie dazu im Dialogfenster **Grafik einfügen** mit gedrückter [⇧]-Taste mehrere Bilder an. Befinden sich die Bilder, die Sie auswählen wollen, nicht direkt nebeneinander, drücken Sie beim Anklicken [Strg] statt [⇧]. Klicken Sie dann auf **Einfügen** ❶.

Schritt 11

PowerPoint fügt alle Bilder mittig auf der Folie ein, d. h., sie liegen übereinander. Sie sind auch alle markiert (die Ziehpunkte sind bei allen Bildern zu sehen). Wenn Sie jetzt einen Eckpunkt in Richtung Bildmitte schieben, verkleinern Sie alle Bilder auf einmal. Klicken Sie daher einmal neben die Bilder, um die Markierung aufzuheben.

Schritt 12

Jetzt klicken Sie das oberste Bild an und verschieben es (siehe Schritt 5). Verkleinern Sie es, wenn es für Ihre Zwecke zu groß ist (siehe Schritt 6). Wiederholen Sie diese Vorgänge für die übrigen Bilder.

Schnelleinstellungen im Aufgabenbereich vornehmen

1

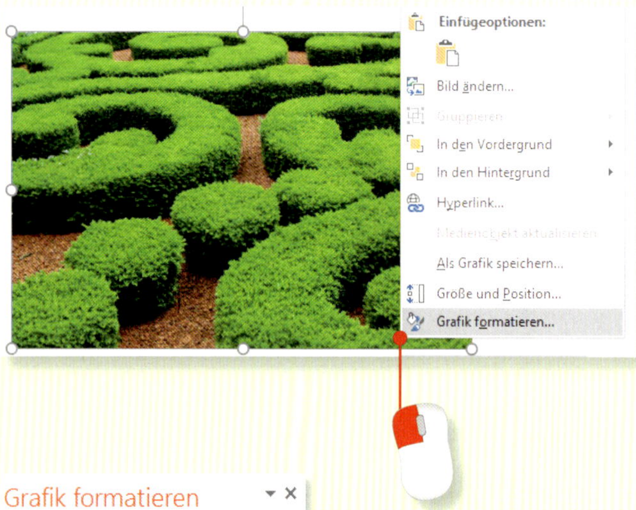

2

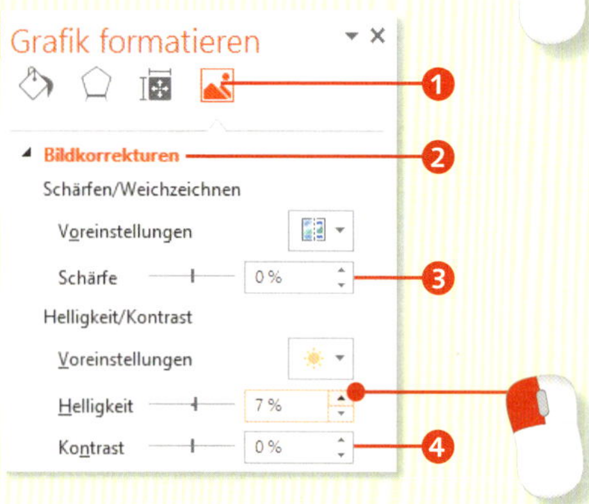

3

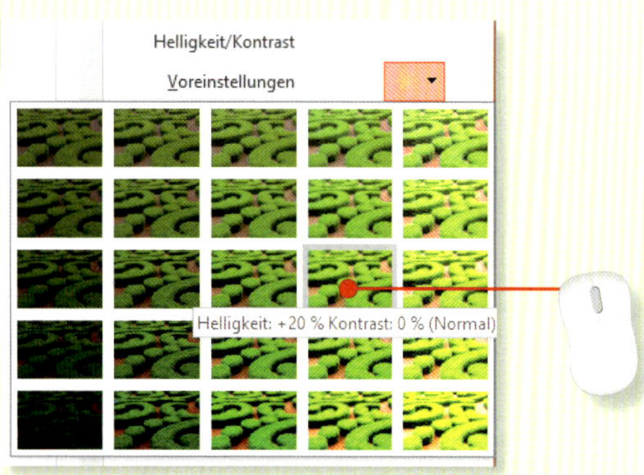

Mit dem Aufgabenbereich bietet PowerPoint die Möglichkeit, verschiedenste Einstellungen auf einen Blick zu sehen und anzupassen.

Schritt 1

Fügen Sie ein Bild ein. Klicken Sie mit der rechten Maustaste auf das Bild und im Kontextmenü auf **Grafik formatieren**.

Schritt 2

Klicken Sie auf das Symbol **Bild** 1 und dann auf **Bildkorrekturen** 2. Um z. B. die Helligkeit in kleinen Schritten anzupassen, klicken Sie auf die kleinen Pfeile am Feld **Helligkeit**. Jeder Klick nach oben macht das Bild etwas heller, nach unten dunkler. Entsprechend werden Schärfe 3 und Kontrast 4 angepasst.

Schritt 3

Alternativ nutzen Sie das Menü **Voreinstellungen** im Abschnitt **Helligkeit/Kontrast**. Hier finden Sie viele Varianten des markierten Bilds. Wenn Sie mit dem Mauszeiger über die Miniaturbilder fahren, werden die Werte angezeigt. Klicken Sie auf die gewünschte Einstellung.

Schritt 4

Wechseln Sie zum Bereich **Bildfarbe** ❺. Unter **Farbsättigung** ❻ stellen Sie ein, wie blass oder kräftig die Farben sein sollen. Bei **Farbton** legen Sie fest, ob die Farben des Bilds kälter oder wärmer wirken sollen. Klicken Sie auf **Voreinstellungen**, und wählen Sie eine Variante aus.

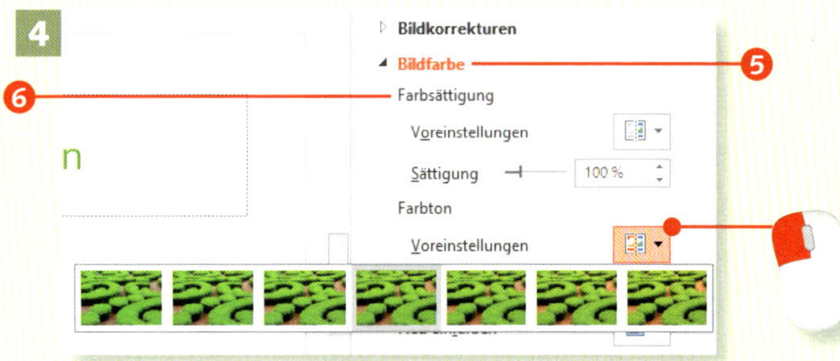

Schritt 5

Farbsättigung und Farbton lassen sich auch in kleineren Schritten anpassen. Dazu klicken Sie jeweils auf die kleinen Pfeile an den Feldern **Sättigung** und **Temperatur**.

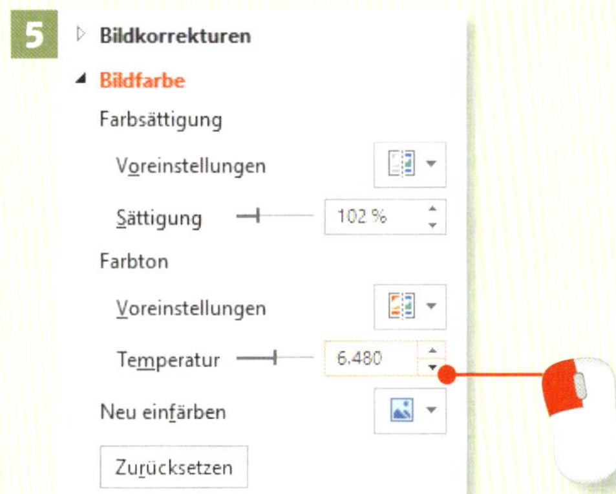

Schritt 6

Klicken Sie nun auf die Schaltfläche **Voreinstellungen** neben **Neu einfärben**. Im Menü finden Sie zu den Designfarben passende Vorschläge für neue Farbvarianten, die Sie mit einem Klick zuweisen können. Ausführlich stellen wir Ihnen dies im Abschnitt »Bilder neu einfärben« ab Seite 130 vor.

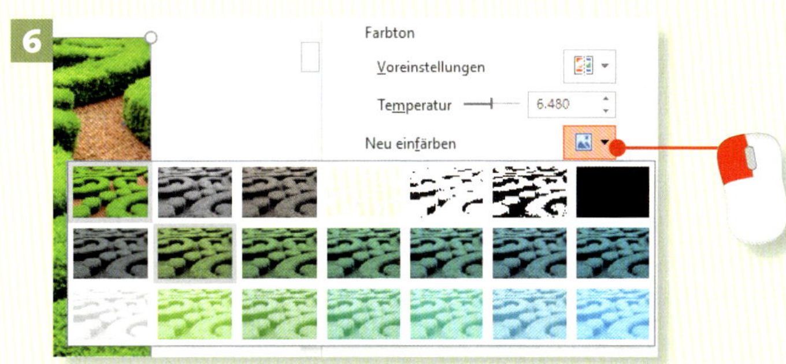

Keine Livevorschau

Der Aufgabenbereich hat einen Nachteil: Sie sehen keine Livevorschau, wenn Sie mit dem Mauszeiger über die Schaltflächen fahren.

Bilder mit künstlerischen Effekten verfremden

1

2

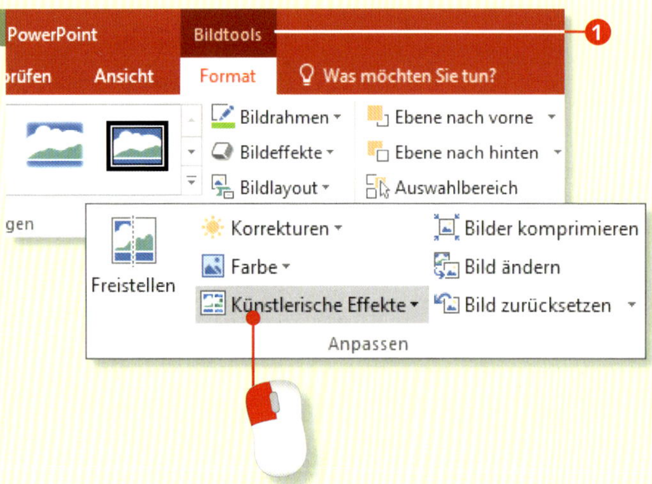

3

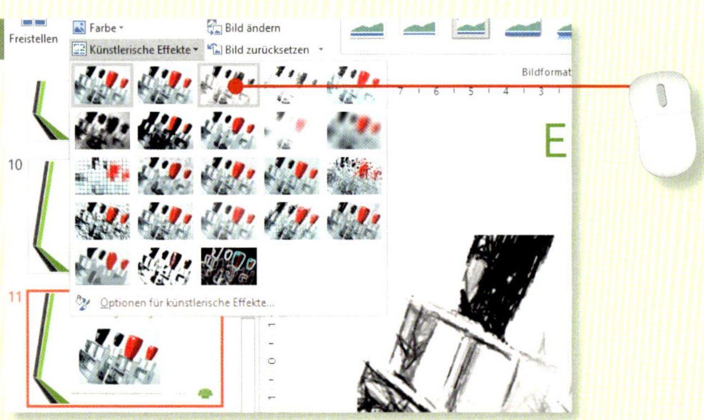

PowerPoint ist natürlich kein Bildbearbeitungsprogramm, aber es kann trotzdem echte Hingucker aus Ihren Fotos machen. Eine Möglichkeit sind die künstlerischen Effekte.

Schritt 1

Fügen Sie ein Bild ein, das Sie verfremden wollen, bzw. markieren Sie ein schon eingefügtes Bild, indem Sie es anklicken.

Schritt 2

Das Menüband zeigt die neue Registerkarte **Bildtools** mit dem Register **Format** 1. Klicken Sie darauf, um es zu öffnen. In der Gruppe **Anpassen** klicken Sie auf **Künstlerische Effekte**.

Schritt 3

Das markierte Bild wird im Menü in verschiedenen Gestaltungsvarianten dargestellt. Wenn Sie mit dem Mauszeiger darauf zeigen (und nicht klicken), wird es auch in der Livevorschau auf der Folie mit dem jeweiligen Effekt angezeigt.

Schritt 4

Weisen Sie z. B. den Effekt **Strukturierung** durch einen Klick zu. Wenn er Ihnen doch nicht gefällt und Sie ihn ändern möchten, wählen Sie einfach einen anderen Effekt aus dem Menü.

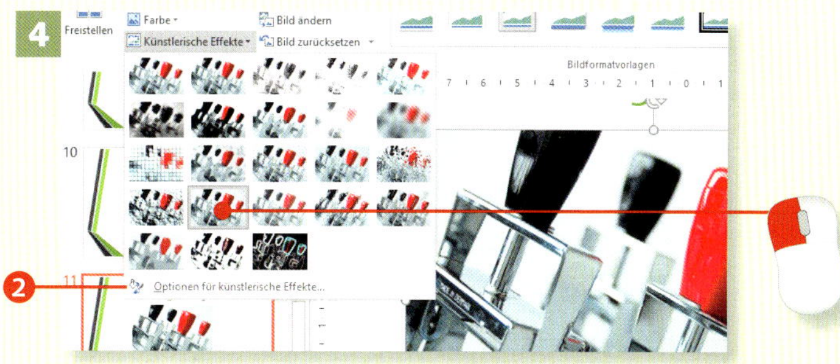

Schritt 5

Klicken Sie im Menü ganz unten auf **Optionen für künstlerische Effekte** ❷. Der Aufgabenbereich **Grafik formatieren** wird mit der Kategorie **Effekte** ❸ geöffnet. Klicken Sie auf die Schaltfläche neben **Künstlerische Effekte**. Auch hierüber können Sie die Gestaltung verändern.

Schritt 6

Je nachdem, welchen Effekt Sie wählen, gibt es weitere Anpassungsmöglichkeiten. Bei der Variante **Strukturierung** können Sie z. B. mithilfe der Pfeile am Feld **Skalierung** die Leinwandstruktur gröber oder feiner einstellen. Möchten Sie die Änderungen doch nicht anwenden, klicken Sie auf **Zurücksetzen** ❹.

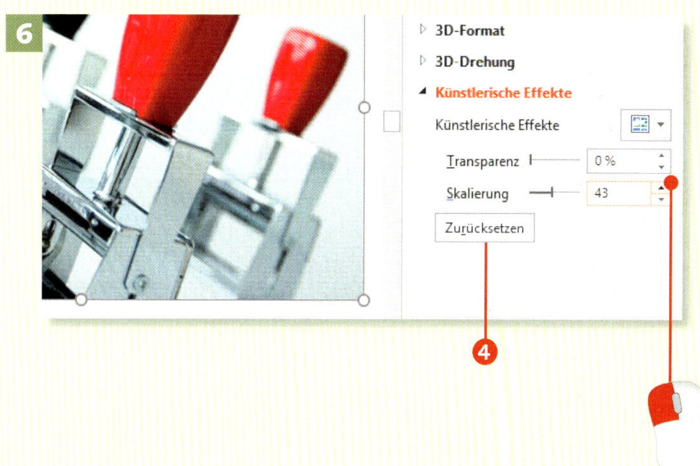

Onlinegrafik speichern
Speichern Sie das Original *bevor* Sie die Grafik bearbeiten (über **Als Grafik speichern** im Kontextmenü).

Bilder verkleinern und zuschneiden

Bilder lassen sich in PowerPoint leicht verkleinern. Sie können sie aber auch passend zuschneiden, also Teile abschneiden, die Sie nicht benötigen.

Schritt 1

Fügen Sie ein Bild ein, von dem Sie nur einen Teil verwenden wollen. Im Folgenden verkleinern wir das Bild zunächst und beschneiden es dann so, dass nur ein Teil der Fahnen übrigbleibt. Das Bild muss angeklickt sein.

Schritt 2

Fahren Sie mit dem Mauszeiger über einen Ziehpunkt. Sobald Sie einen weißen Doppelpfeil sehen, halten Sie die Maustaste gedrückt und ziehen den Punkt in Richtung Bildmitte. Der Mauszeiger verwandelt sich dabei in ein Plus. Lassen Sie die Maustaste los, wenn das Bild die gewünschte Größe hat.

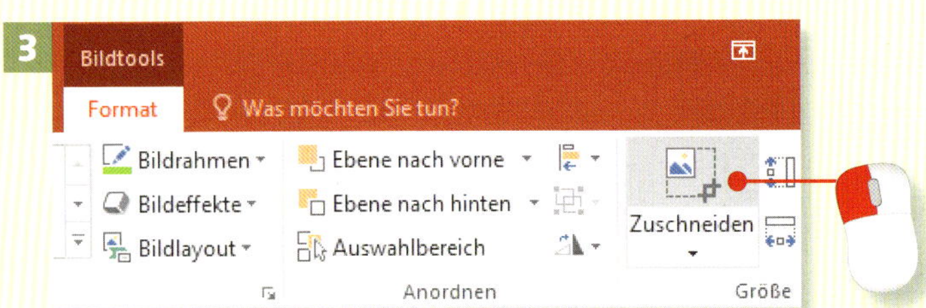

Schritt 3

Zum Zuschneiden klicken Sie auf der Registerkarte **Bildtools/Format** auf die Schaltfläche **Zuschneiden**. Sie finden sie in der Gruppe **Größe** am rechten Rand des Menübands.

Schritt 4

Ihr Bild zeigt an den Seitenrändern nun schwarze Striche **1** und an den Ecken schwarze Winkel **2**. Mithilfe dieser Striche und Winkel schneiden Sie das Bild zu.

Schritt 5

Klicken Sie auf einen der seitlichen schwarzen Striche. Der Mauszeiger verwandelt sich in ein großes Plus. Ziehen Sie den Strich mit gedrückter Maustaste in Richtung Bildmitte, bis alles, was Sie auf dieser Seite abschneiden wollen, rechts von der Linie im grauen Bereich liegt.

Schritt 6

Sie können auch einen Winkel zur Mitte ziehen; damit schneiden Sie das Bild gleichzeitig unten und an der Seite zu. Hinter der grauen Fläche sehen Sie das Original. Klicken Sie auf eine Stelle außerhalb des grauen Bereichs. Das Bild ist zugeschnitten.

Das PowerPoint-Gedächtnis
PowerPoint »merkt« sich, wie das Bild vor dem Zuschnitt aussah. Wenn Sie es noch einmal anklicken und auf **Zuschneiden** klicken, sehen Sie wieder den grauen Bereich.

Bildteile freistellen

1

2

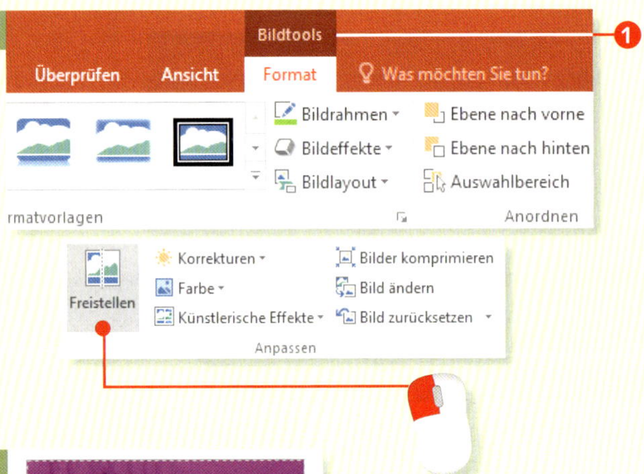

3

Der Vorgang des »Freistellens« ist eine echte Profimöglichkeit, um Bilder zu bearbeiten. Auf diese Weise können Sie ganz leicht den Bildhintergrund und andere Bildteile entfernen. In diesem Abschnitt erfahren Sie, wie's geht.

Schritt 1

Fügen Sie über **Einfügen ▸ Bilder** ein Bild ein, oder markieren Sie einfach ein vorhandenes, indem Sie es anklicken.

Schritt 2

Rufen Sie die Registerkarte **Bildtools/Format** 1 auf, und klicken Sie ganz links in der Gruppe **Anpassen** auf **Freistellen**.

Schritt 3

PowerPoint färbt die Bildteile lila, die es als Hintergrund erkannt hat. Mit einem Rahmen wird außerdem ein Bereich vorgeschlagen, auf den PowerPoint das Bild zuschneiden würde.

Schritt 4

Sie können den Bereich mithilfe der Ziehpunkte am Rahmen verändern. Meist müssen Sie ihn nach unten erweitern; »greifen« Sie dazu den unteren Ziehpunkt. Zum seitlichen Vergrößern benutzen Sie den Ziehpunkt an der entsprechenden Seite. Ziehen Sie den jeweiligen Ziehpunkt nach außen, um den Bereich zu vergrößern.

4

Schritt 5

PowerPoint hat zusätzlich die Registerkarte **Freistellen** eingeblendet. Dort finden Sie fünf Schaltflächen, mit deren Hilfe Sie genau bestimmen können, was freigestellt werden soll. Klicken Sie zunächst auf **Zu entfernende Bereiche markieren**.

5

Schritt 6

Vor der Bearbeitung vergrößern Sie am besten die Ansichtsgröße der Folie: Klicken Sie rechts unter der Folie im Zoom-Bereich auf das Pluszeichen ❷, oder ziehen Sie den Regler nach rechts. So sehen Sie Details viel genauer.

6

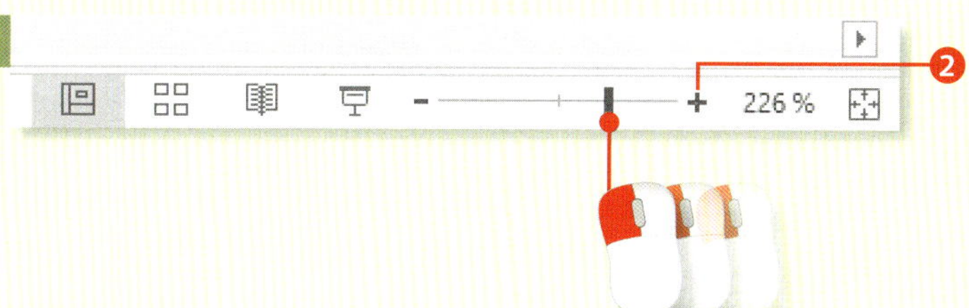

Zoom nutzen

Den Zoom können Sie nicht nur wie in Schritt 6 beschrieben über die Statusleiste ändern, sondern auch mit der Maus. Halten Sie Strg gedrückt, und drehen Sie das Mausrad nach oben, um die Anzeige zu vergrößern.

Bildteile freistellen (Forts.)

7

Schritt 7

Der Mauszeiger hat sich in einen Stift verwandelt. Ziehen Sie damit Linien entlang der Flächen, die Sie löschen wollen und die nur teilweise oder gar nicht lila überlagert sind. Sobald Sie die Maustaste loslassen, wird der Bereich lila, und Sie sehen eine gestrichelte Linie mit einem Minuszeichen ❶. Je nach Leistung des Computers kann es etwas dauern, bis PowerPoint diese Bereiche anzeigt.

8

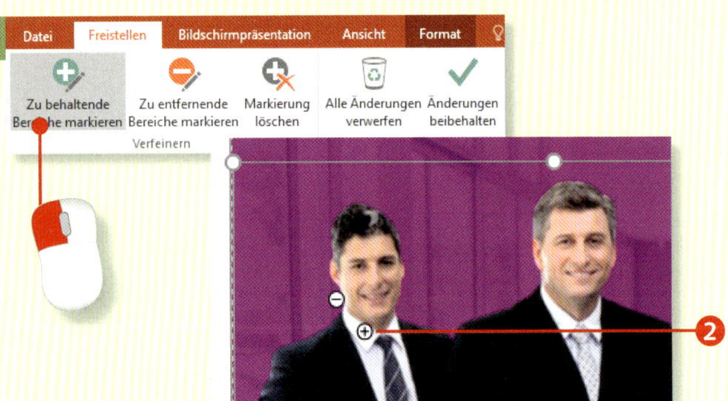

Schritt 8

Klicken Sie nun auf **Zu behaltende Bereiche markieren**, und ziehen Sie dort Linien, wo Sie Bildteile behalten wollen. Um kleine Bereiche zu markieren, klicken Sie sie einfach an. Ein kleiner Kreis mit Pluszeichen ❷ bedeutet, dass dieser Bildbereich nicht gelöscht wird, nachdem Sie später die Änderungen bestätigt haben.

9

Schritt 9

Klicken Sie alle Bereiche an, die Sie behalten möchten. PowerPoint entfärbt dabei aber eventuell auch Bereiche, die Sie eigentlich löschen wollen. Wechseln Sie wieder zur Aktion **Zu entfernende Bereiche markieren** (Schritt 5), und klicken Sie die Bildstellen an, die gelöscht werden sollen.

Schritt 10

Etwas Feinarbeit ist gefragt: Wechseln Sie immer wieder zwischen den beiden Schaltflächen **Zu behaltende** bzw. **Zu entfernende Bereiche markieren**. Um Linien wieder zu löschen, klicken Sie auf **Markierung löschen** und dann auf die Linie.

Schritt 11

Achten Sie auf das Gesamtbild: PowerPoint bedeckt auch Bildteile, die Sie gerade nicht bearbeiten, weil es sie als zusammengehörend erkennt. Sind alle Bereiche richtig markiert, klicken Sie auf **Änderungen beibehalten**, um die mit Minuszeichen markierten Bildbereiche zu löschen.

Schritt 12

Alle markierten Teile werden abgeschnitten. Sie können Ihr Bild nun an passender Stelle in Ihrer Präsentation platzieren. Wenn Sie mit dem Ergebnis noch nicht zufrieden sind, wiederholen Sie einfach die Schritte 5 bis 10. Sie können auch Strg + Z drücken, um das Freistellen rückgängig zu machen.

Geduld und Übung

Die **Freistellen**-Funktion ist sehr hilfreich, um in PowerPoint spannende Bildeffekte zu erreichen. Bleiben Sie geduldig, auch wenn Sie immer wieder neue Striche setzen müssen, bis das Ergebnis Ihren Vorstellungen entspricht. Es lohnt sich!

Bilder neu einfärben

Wenn Ihnen Ihre Bilder zu konventionell sind, können Sie sie einfach mal in einem neuen Gewand präsentieren.

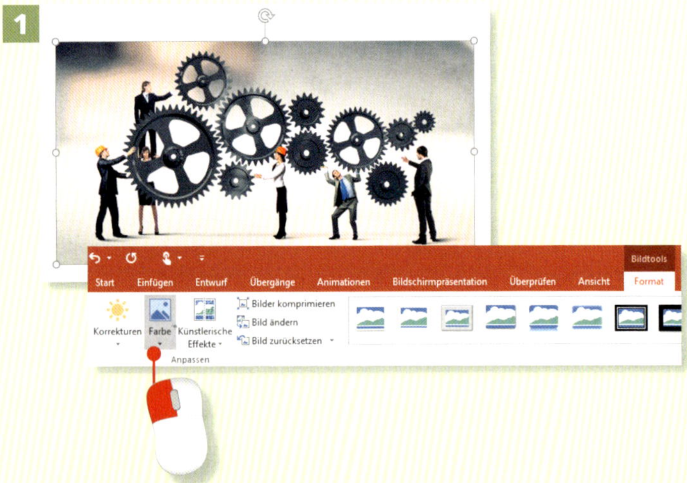

Schritt 1

Klicken Sie ein Bild an, das Sie neu einfärben möchten. Klicken Sie dann auf der Registerkarte **Bildtools/ Format** in der Gruppe **Anpassen** auf **Farbe**.

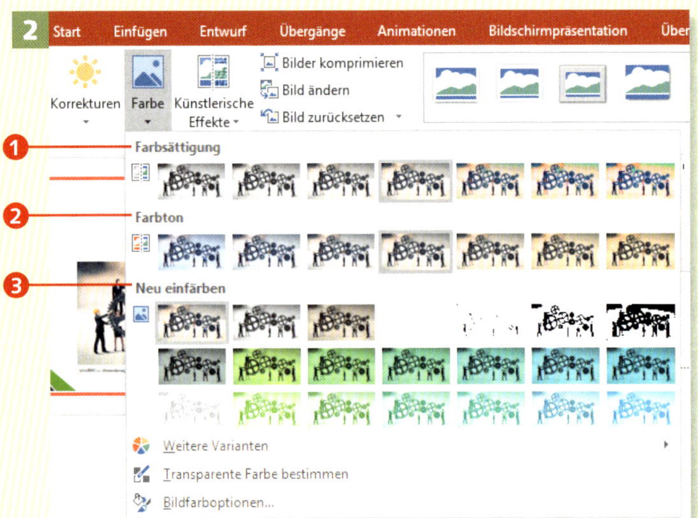

Schritt 2

PowerPoint zeigt Ihnen einen Katalog mit Ihrem Bild in 35 Farbvarianten, die zum gewählten Design passen. Die oberen Varianten unter **Farbsättigung** ❶ verändern die Farbintensität. Beim **Farbton** ❷ können Sie Blaustiche oder zu viel Rot-Orange im Bild ausgleichen. Mit den Varianten unter **Neu einfärben** ❸ dominiert eine Farbe bzw. Schwarz-Weiß das Bild.

Schritt 3

Durch Klicken wählen Sie eine Variante aus, z. B. **Grün, Akzentfarbe 2 hell**. So können Sie das Bild an den Folienhintergrund anpassen. Um die Farbänderung rückgängig zu machen, drücken Sie Strg + Z.

Schritt 4

Klicken Sie wieder auf **Farbe** und dann im unteren Teil des Menüs auf **Weitere Varianten**. Um eine Farbe auszuwählen, die z. B. exakt einer der Farben des aktiven Designs entspricht, klicken Sie auf **Pipette**.

4

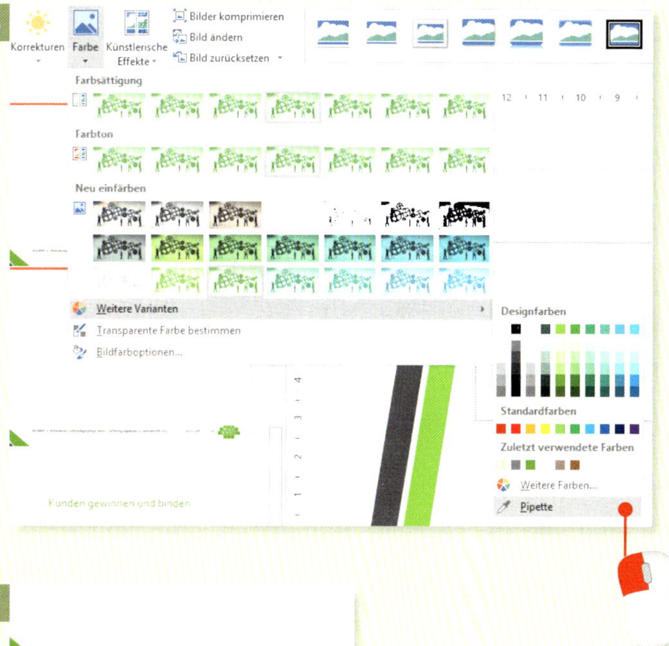

Schritt 5

Der Mauszeiger verwandelt sich in eine Pipette, neben der ein Quadrat die jeweils aufzunehmende Farbe anzeigt. Fahren Sie mit der Pipette über die Farben, bis Sie die gefunden haben, die Sie auch für Ihr Bild verwenden wollen. Achten Sie darauf, dass die Spitze der Pipette auf der Farbfläche ist. Auch die Farbe einer Linie können Sie so auswählen.

5

Schritt 6

Wenn Sie mit der Pipette die richtige Farbe gefunden haben, klicken Sie einmal. Ihr Bild nimmt sofort die gewählte Farbe an.

6

Text färben mit der Pipette

Über **Zeichentools/Format ▸ Texttools ▸ Pipette** können Sie Farben sehr präzise aufnehmen und so z. B. auch Text genau in der Farbe Ihres Logos einfärben.

Bilder neu einfärben (Forts.)

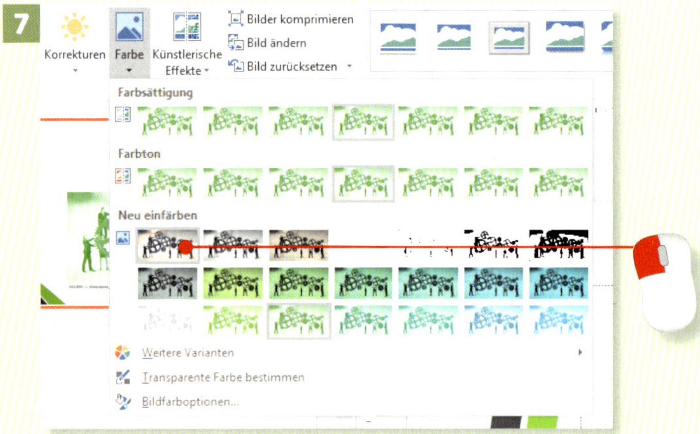

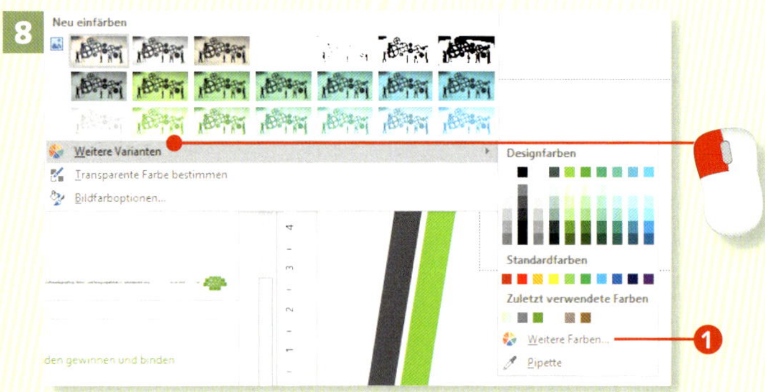

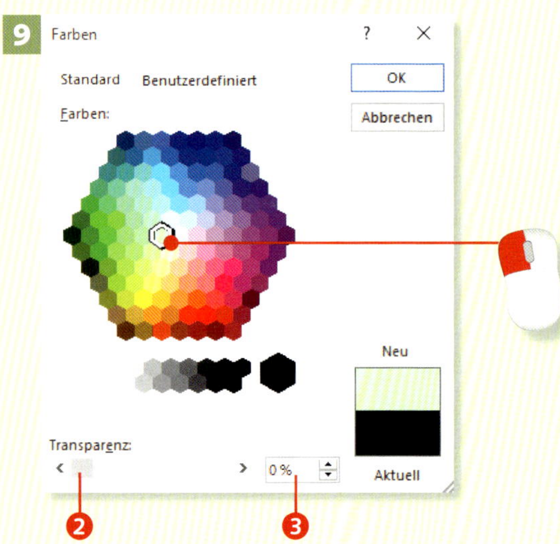

Schritt 7

Klicken Sie wieder auf **Farbe**. Um zum Ausgangsbild zurückzukehren, klicken Sie in der Kategorie **Neu einfärben** auf **Keine Neueinfärbung**.

Schritt 8

Um eine andere Farbe auszuwählen, klicken Sie im Menü unten auf **Weitere Varianten**. PowerPoint bietet Ihnen die zum Design passenden Farben sowie Standardfarben an. In beiden Fällen bekommt das Bild den per Klick ausgewählten Farbton.

Schritt 9

Wenn Sie auf **Weitere Farben** ❶ klicken, öffnet PowerPoint die Standardfarbenwabe. Klicken Sie die gewünschte Farbe an und dann auf **OK**. Das Bild erhält die neue Farbe.

Transparenz anwenden

In Schritt 9 sehen Sie die Wabe, aus der Sie eine Farbe auswählen können. Dort können Sie auch festlegen, wie transparent (durchsichtig) das neu gefärbte Bild sein soll. Schieben Sie den Regler **Transparenz** ❷ nach rechts, oder verändern Sie den Wert im Feld ❸.

Schritt 10

Feinabstimmungen nehmen Sie im Aufgabenbereich **Grafik formatieren** vor. Um ihn aufzurufen, klicken Sie mit rechts auf das Bild und dann auf **Grafik formatieren**.

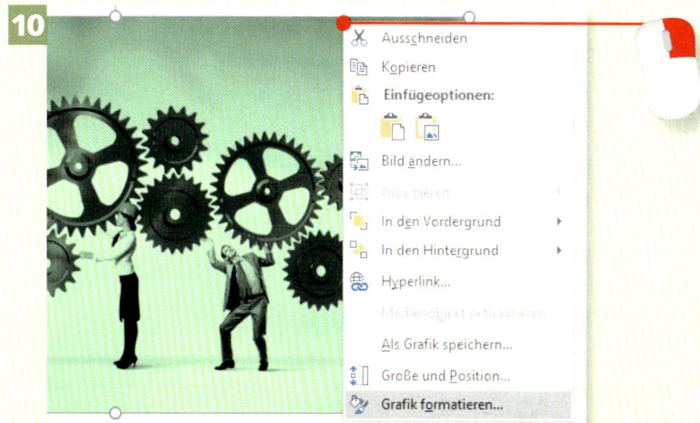

Schritt 11

Im Aufgabenbereich **Grafik formatieren** klicken Sie auf **Bild**. Dort ist die Kategorie **Bildfarbe** ❹ geöffnet. Hier legen Sie unter **Farbsättigung** fest, wie kräftig die Farben des Bilds sind. Mit **Farbton** werden Blau- und Rottöne im Bild geregelt. Per Klick auf die kleinen Pfeile an den Feldern **Sättigung** und **Temperatur** können Sie feinjustieren, wie die Farben wirken.

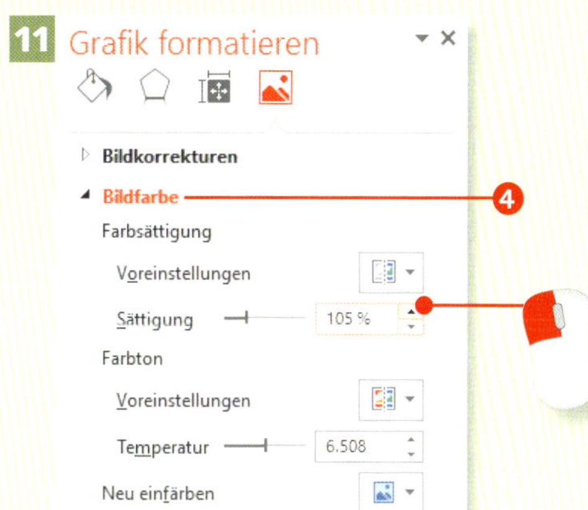

Schritt 12

Die Voreinstellungen bei **Farbsättigung**, **Farbton** und **Neu einfärben** bringen hier nichts Neues, da sie den Kategorien des Katalogs **Farbe** entsprechen (siehe Schritt 2).

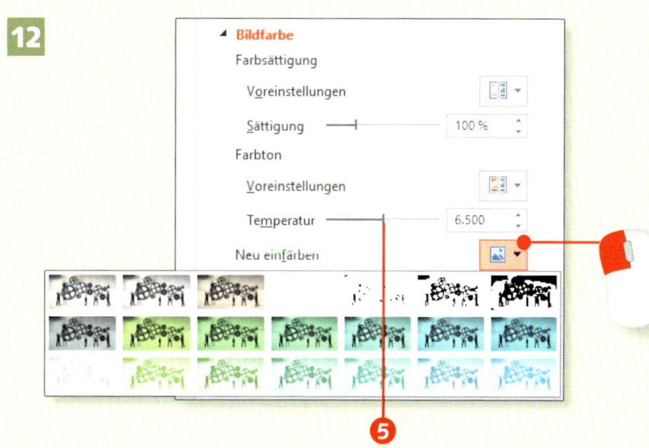

i

Farbtemperatur

Wenn Ihr Bild z. B. einen Blaustich hat, ziehen Sie den Regler **Temperatur** ❺ nach rechts und erhöhen so die Farbtemperatur. Der Blaustich wird vermindert. Bei zu viel Orange im Bild ziehen Sie den Regler nach links.

Transparenz nutzen

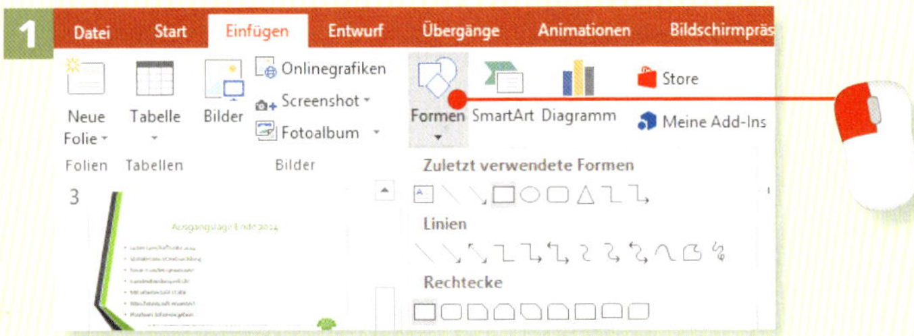

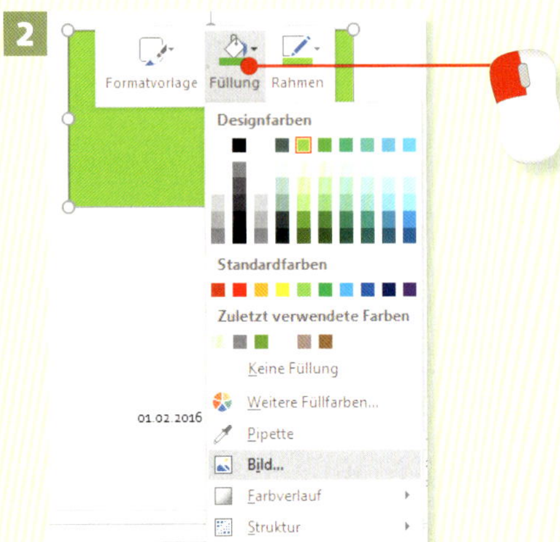

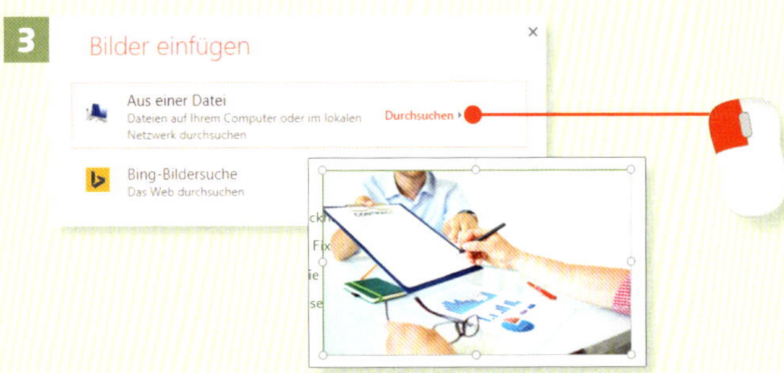

Sehr elegant ist auch die Möglichkeit, Formen und Bilder verblassen zu lassen, damit sie dezent im Hintergrund bleiben. Bilder können sogar hinter dem Text platziert werden. Text bleibt so trotz des Bilds leserlich.

Schritt 1

Fügen Sie über **Einfügen ▸ Formen** oder **Start ▸ Formen** eine Kastenform auf der Folie ein, auf der Sie ein Bild transparent machen wollen. Ziehen Sie die Form in der Größe auf, die das Bild später haben soll (siehe dazu den Abschnitt »Aussagekräftige Formen einfügen« auf Seite 148).

Schritt 2

Klicken Sie mit der rechten Maustaste auf die Form und im kleinen Teil des Kontextmenüs auf **Füllung**. Klicken Sie dann auf **Bild**.

Schritt 3

Im nächsten Fenster klicken Sie erst auf **Durchsuchen**, dann wählen Sie aus Ihren Dateien ein Bild aus. Lassen Sie die Form bzw. das Bild markiert.

Bilder als Grafik speichern

Damit Ihnen das bearbeitete Bild auch bei anderen Projekten zur Verfügung steht, klicken Sie mit der rechten Maustaste darauf und dann auf **Als Grafik speichern**. Im Fenster **Als Bild speichern** wählen Sie den passenden Ordner aus, vergeben einen aussagekräftigen Namen und klicken auf **Speichern**.

Schritt 4

Klicken Sie nun mit der rechten Maustaste auf das Bild und im Kontextmenü unten auf **Grafik formatieren**. Im gleichnamigen Aufgabenbereich rechts neben der Folie klicken Sie auf **Füllung und Linie ▸ Füllung** ❶.

Schritt 5

Erhöhen Sie den Wert im Feld **Transparenz**, indem Sie den Regler ❷ mit gedrückter Maustaste nach rechts schieben. Zur Feinabstimmung können Sie die kleinen Pfeile am Feld benutzen. Das Bild verblasst sofort: Je höher der Transparenzwert, desto durchsichtiger wirkt es.

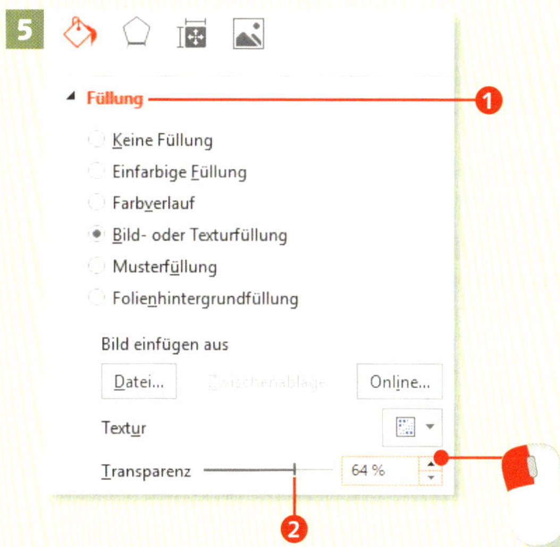

Schritt 6

Klicken Sie im Aufgabenbereich auf **Linie** ❸ und dann auf **Keine Linie**. Verschieben Sie das Bild mit gedrückter Maustaste an die gewünschte Stelle, und passen Sie, falls nötig, seine Größe an.

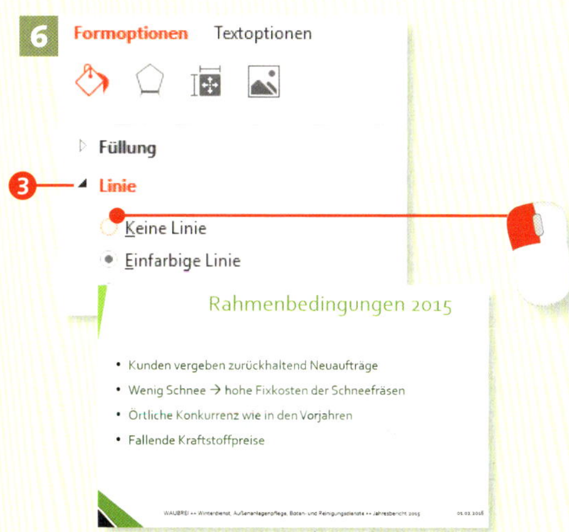

Bild und Text auf einer Folie

Ein zu buntes Bild können Sie mit dem Transparenzwert und den weiteren Einstellungen im Aufgabenbereich dämpfen.

Bilder und ClipArts mit Rahmen dekorieren

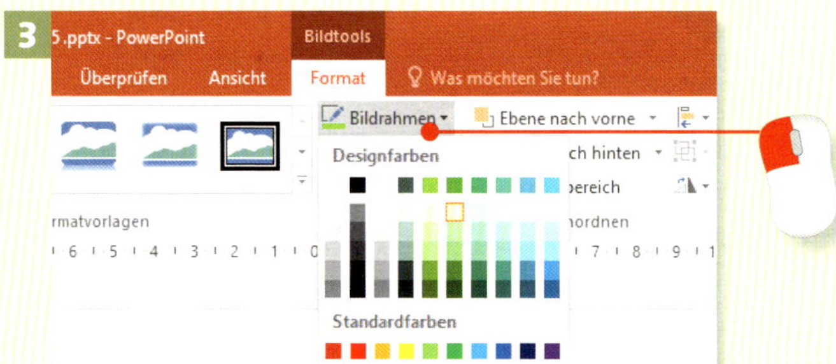

PowerPoint bietet verschiedene Möglichkeiten, Bilder und ClipArts mit Rahmen, Spiegelung und Drehungen zu betonen.

Schritt 1

Klicken Sie das Objekt an, das Sie mit einem Rahmen versehen möchten, und rufen Sie die Registerkarte **Bildtools/Format** 1 auf. In der Mitte sehen Sie die Gruppe **Bildformatvorlagen**. Klicken Sie auf den Pfeil **Weitere** rechts neben den Rahmenvarianten.

Schritt 2

PowerPoint öffnet den Katalog mit allen *Bildformaten*. Fahren Sie mit dem Mauszeiger über die Formate, um in der Livevorschau zu sehen, wie sich Ihr Bild verändert. Wählen Sie per Klick eine Variante aus, z. B. **Abgeschrägte Perspektive**.

Schritt 3

Natürlich können Sie hier auch noch weitere Einstellungen vornehmen, z. B. die Rahmenfarbe ändern. Klicken Sie dazu in der Gruppe **Bildformatvorlagen** auf **Bildrahmen**, und wählen Sie eine Farbe aus.

Schritt 4

Oder Sie ändern die Rahmendicke: Klicken Sie nicht auf eine Farbe, sondern auf den Eintrag **Stärke**. Sie bestimmen die Dicke des Rahmens, indem Sie dann auf eine der Optionen im Menü klicken.

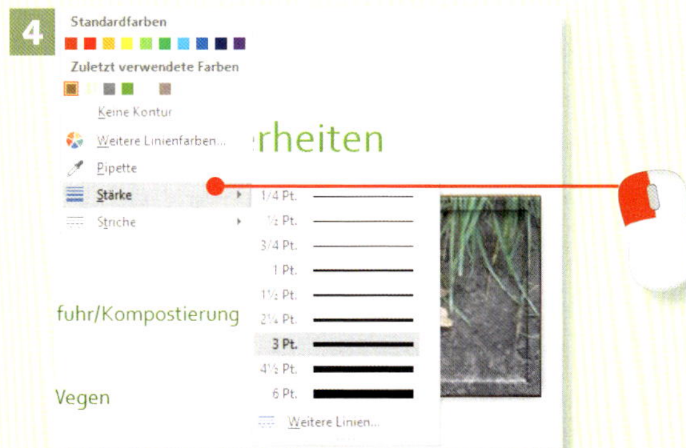

Schritt 5

Alle Einstellungen können Sie auch im Aufgabenbereich **Grafik formatieren** vornehmen. Sie rufen ihn durch einen Klick auf den Pfeil 2 rechts unten an der Gruppe **Bildformatvorlagen** auf. Wechseln Sie zur Kategorie **Füllung und Linie** 3 und dort zum Bereich **Linie** 4. Klicken Sie z. B. auf **Farbverlaufslinie** 5 und im Menü der Schaltfläche **Voreingestellte Farbverläufe** auf eine Variante.

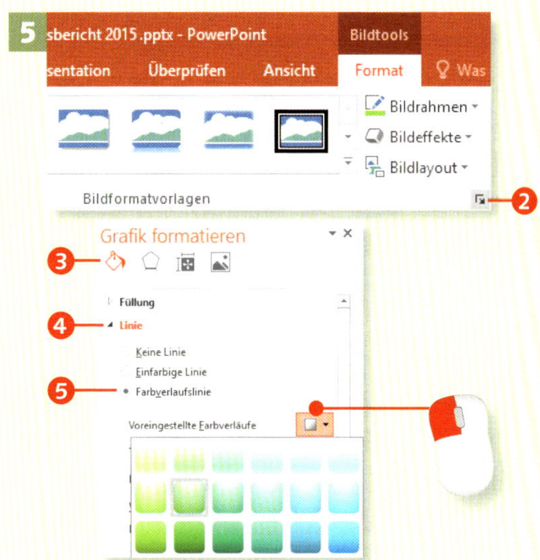

Schritt 6

Die Farbverläufe können Sie individuell anpassen (siehe dazu den Abschnitt »Hintergründe und Farben einzelner Folien ändern« auf Seite 64). Die Rahmendicke stellen Sie auch hier bei **Stärke** ein.

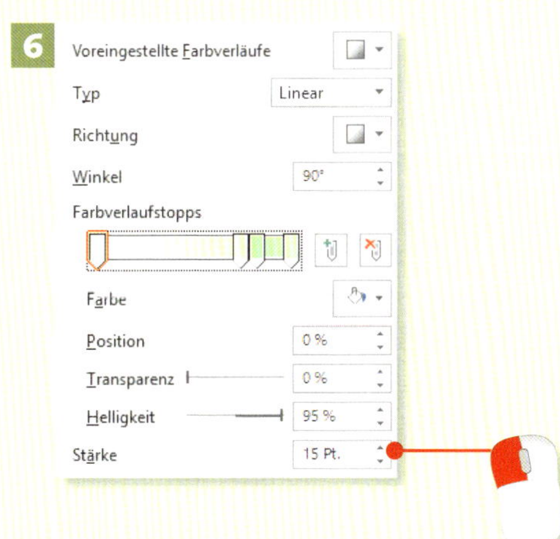

Kapitel 7
Zeichnen mit PowerPoint

PowerPoint hält über 160 Formen bereit – unsd zahlreiche Möglichkeiten, diese Formen durch Formatierung zu wertvollen Teilen Ihrer Präsentationen zu machen. In diesem Kapitel zeigen wir Ihnen, wie Sie Formen auf die Folie bekommen, damit zeichnen, sie mit Farbe füllen und zu 3D-Objekten machen.

Formen auf die Folie bringen

Formen in der richtigen Größe und Ausführung auf die Folie zu bringen ❶, lernen Sie schnell, und darüber hinaus erfahren Sie, wie Sie die Größe der Formen verändern und eine Form in eine andere verwandeln oder damit ganze Bilder »malen« können.

Formen mit Farbverläufen, Bildern oder ClipArts füllen

Den Aufgabenbereich **Form formatieren** ❷ werden Sie oft benutzen, um Ihre Formen mit Farbe, Farbverläufen oder Bildern zu füllen und sie damit zu einem echten Hingucker zu machen.

3D-Effekte verwenden

Zaubern Sie beispielsweise aus einfachen Kreisen glänzende Kugeln! Sie erfahren hier, welche Schritte dazu nötig sind und wie Sie die 3D-Effekte ❸ sinnvoll anwenden.

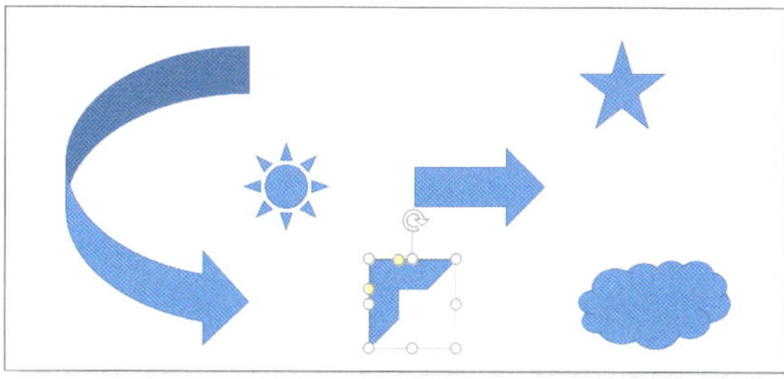

1 Zeichnen Sie Formen mit der passenden Größe und Gestaltung auf Ihre Folie.

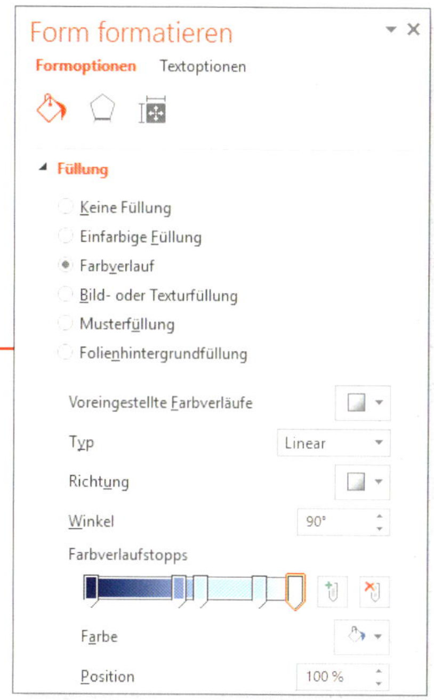

2 Füllen Sie Ihre Formen mit Farben oder Mustern – ganz einfach im Aufgabenbereich **Form formatieren**.

3 Nutzen Sie 3D-Effekte, um besonders ausdrucksstarke Elemente auf Ihre Folien zu bringen.

Aussagekräftige Formen einfügen

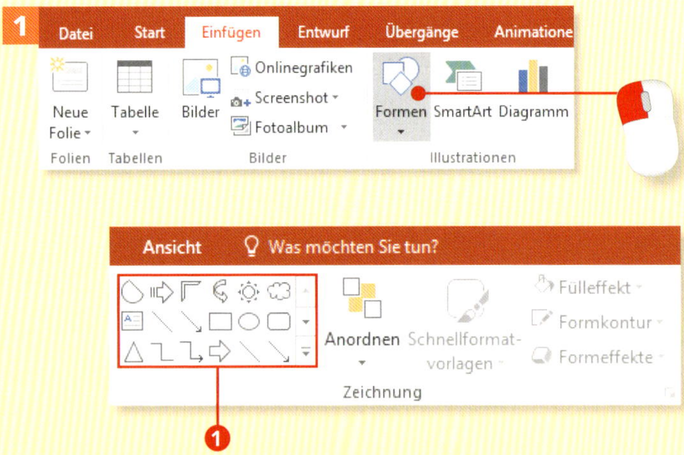

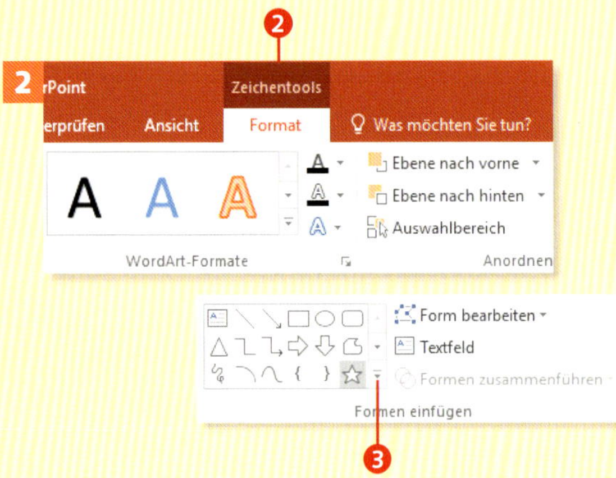

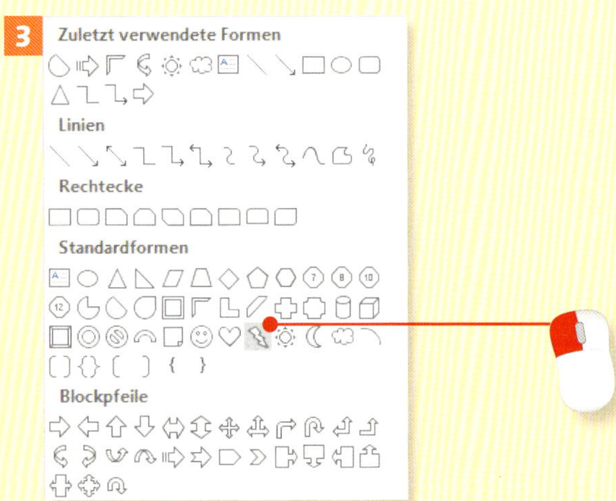

Rund 160 Formen stellt PowerPoint Ihnen zur Verfügung – Formen, die Sie schnell einfügen und formatieren (gestalten) können. Fangen Sie in diesem Kapitel mit dem Zeichnen an!

Schritt 1

Die Möglichkeit, Formen einzufügen, finden Sie an zwei Stellen im Menüband: zum einen unter **Einfügen ▸ Illustrationen ▸ Formen**, zum anderen unter **Start ▸ Zeichnung** 1.

Schritt 2

Sobald Sie auf einen Platzhalter (auf einen Textrahmen oder einen Bildplatzhalter) klicken, wird die Registerkarte **Zeichentools** 2 sichtbar. Auf dem untergeordneten Register **Format** gibt es ein drittes Mal den Katalog **Formen einfügen**, aus dem Sie eine Form wählen können.

Schritt 3

Klicken Sie auf den Pfeil rechts unten am Formenfeld 3, um den gesamten Katalog zu sehen. Die Formen sind in Kategorien eingeteilt, z. B. **Standardformen** oder **Blockpfeile**. Auch aus dem Katalog wählen Sie mit einem Klick.

Schritt 4

Wundern Sie sich nicht, wenn erst einmal nichts passiert. Sie müssen die Form noch *aufziehen*. Setzen Sie dazu den Mauszeiger auf die Folie, und ziehen Sie mit gedrückter Maustaste die Form auf die gewünschte Größe.

4

Schritt 5

Sie können stattdessen auch im Katalog auf die Form und dann auf die Folie klicken. PowerPoint fügt die Form dann in der Standardgröße ein. Formen haben eine Standardfarbe, die auf dem gewählten Design basiert (siehe Kapitel 3, »Das passende Layout in wenigen Schritten«, ab Seite 52).

5
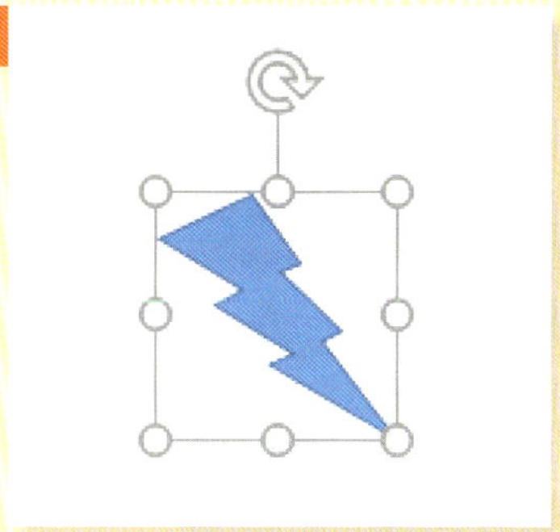

Schritt 6

Die Schritte 4 und 5 funktionieren natürlich mit allen Formen. Wenn Sie übrigens beim Anklicken der Formen im Katalog Strg gedrückt halten, setzt PowerPoint die Form sofort in der Standardgröße ein, und Sie sparen sich den Extraklick auf die Folie.

6
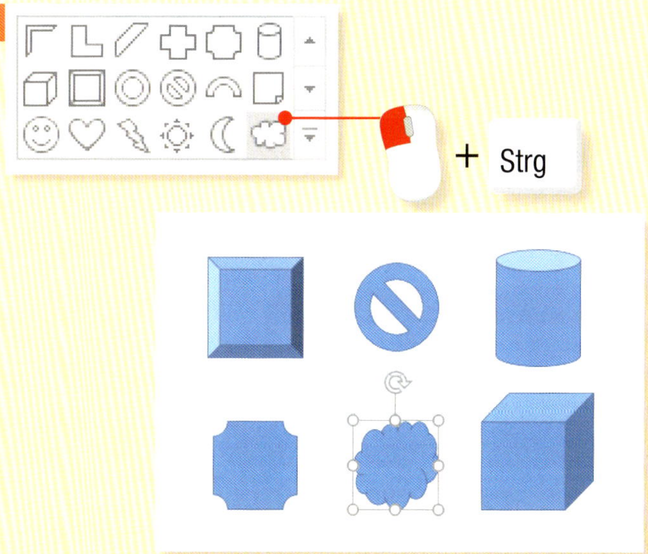

Aus Kreis mach Pfeil: Formen verändern

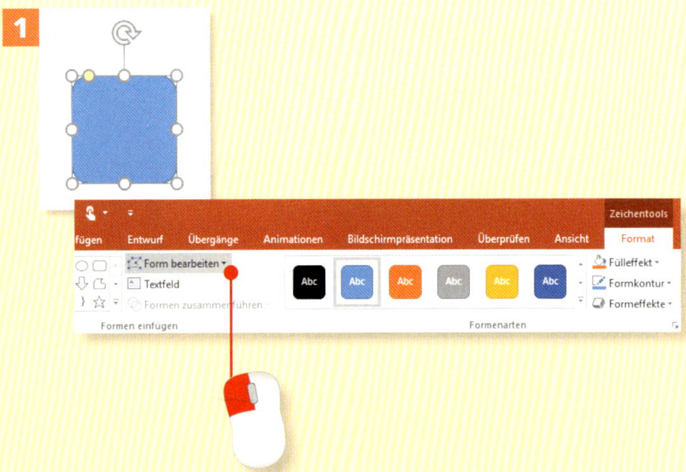

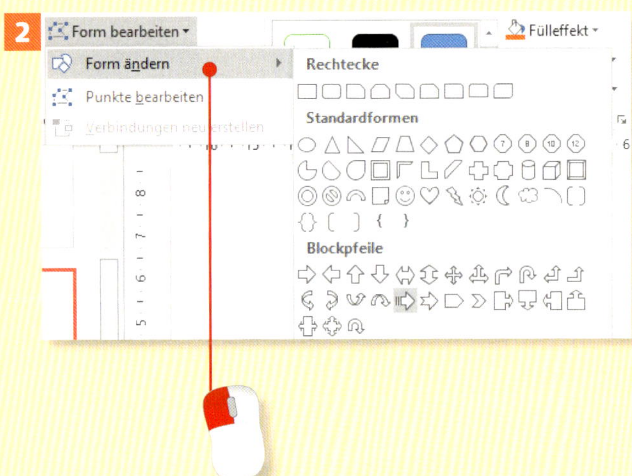

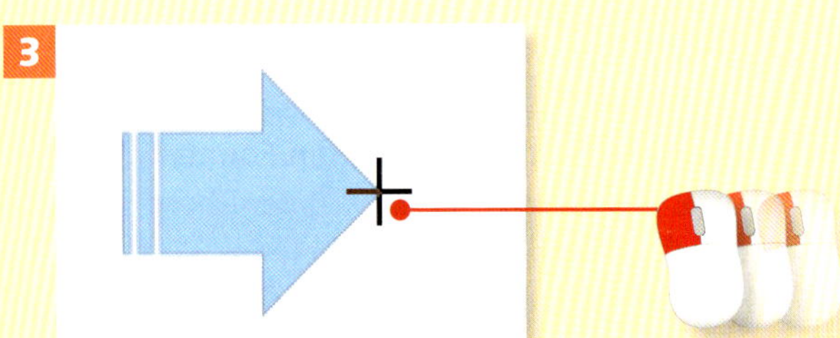

Das Rechteck würde sich als Pfeil doch besser machen, oder der Kreis sollte an einer Stelle lieber ein Quadrat sein? Mit PowerPoint ist das kein Problem.

Schritt 1

Markieren Sie die zu ändernde Form, indem Sie sie anklicken. Öffnen Sie die Registerkarte **Zeichentools/ Format**, und klicken Sie links in der Gruppe **Formen einfügen** auf **Form bearbeiten**.

Schritt 2

Im zugehörigen Menü klicken Sie auf die Option **Form ändern** und wählen eine neue Form aus dem Formenkatalog aus, z. B. **Gestreifter Pfeil nach rechts**.

Schritt 3

PowerPoint ändert die Form, behält aber die Größe des Felds bei. Das kann dazu führen, dass die neue Form in den Rahmen der alten Form »gequetscht« wird. Ziehen Sie sie dann an einem der Ziehpunkte in die Breite bzw. Höhe (siehe den Abschnitt »Die Größe einer Form anpassen« auf Seite 156).

Schritt 4

Formen lassen sich in PowerPoint weiter verändern, z. B. können Sie sie individuell verformen. Markieren Sie eine Form, und klicken Sie auf **Form bearbeiten ▸ Punkte bearbeiten**.

4

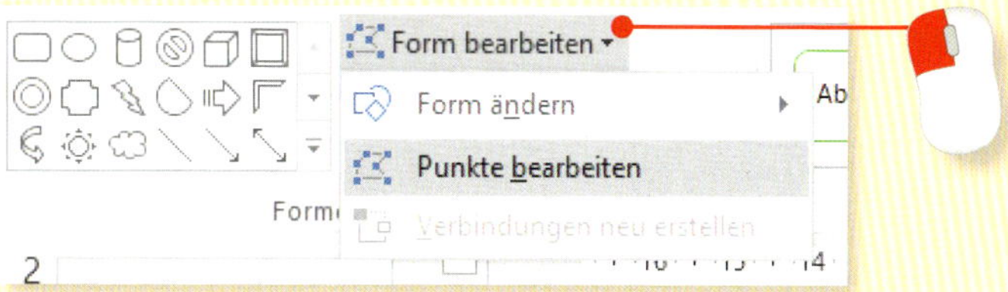

Schritt 5

An jedem Winkel Ihrer Form sehen Sie nun kleine Quadrate, mit deren Hilfe Sie die Form verändern können. Außerdem können Sie auch auf die roten Linien klicken, um dort einen neuen Punkt für die Verformung zu schaffen.

5

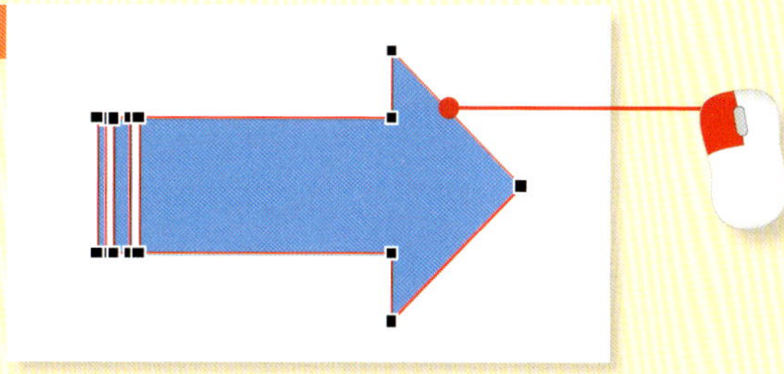

Schritt 6

Wenn Sie mit gedrückter Maustaste an einem Punkt ziehen, erhalten Sie eine individuelle Form, die Sie mit den in den folgenden Abschnitten beschriebenen Formatierungen zu einem echten Hingucker machen können.

6

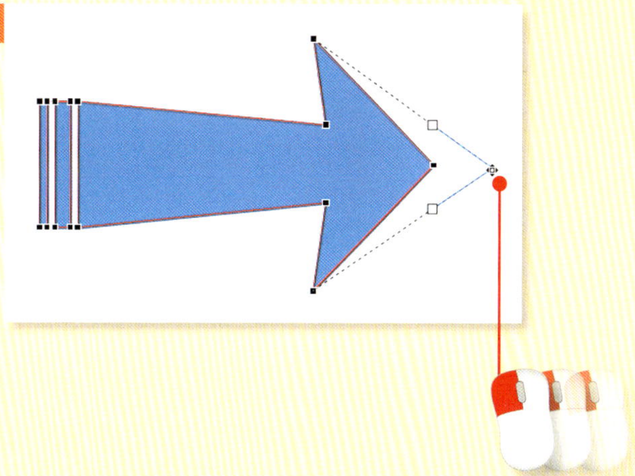

Die Linie will nicht so wie Sie?
Wenn Sie eine Aktion schnell rückgängig machen wollen, drücken Sie die Tasten [Strg] + [Z]. Drücken Sie [Z] aber nur kurz, sonst werden mehrere Aktionen rückgängig gemacht.

Aus Kreis mach Pfeil: Formen verändern (Forts.)

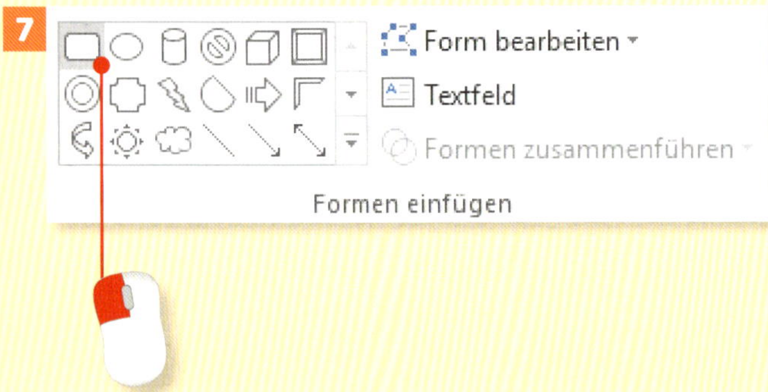

Schritt 7

Einige Formen bringen die Option zum Ändern der eigenen Gestaltung schon mit; zu erkennen ist das an einem gelben Punkt im Markierungsrahmen. Fügen Sie z. B. die Form **Abgerundetes Rechteck** in der Standardgröße ein.

Schritt 8

Die Form hat zusätzlich zu den Ziehpunkten den angesprochenen gelben Punkt. »Greifen« Sie diesen Punkt mit der Maus.

Schritt 9

Ziehen Sie den gelben Punkt nach außen; der Mauszeiger verwandelt sich in eine Pfeilspitze. Ziehen Sie so lange am gelben Punkt, bis aus dem abgerundeten Rechteck eine quadratische Form geworden ist.

Freihandformen

Nutzen Sie auch die Formen der Kategorie **Linien** in der Gruppe **Zeichnung**. Mit **Freihandform** können Sie z. B. Formen zeichnen (zum Abschluss doppelt klicken). Die Auswahl **Kurve** ermöglicht Ihnen das Zeichnen schön geschwungener Bögen; klicken Sie bei jeder Kurve einmal auf die Folie.

Schritt 10

Wenn Sie den gelben Punkt zur Mitte der Form ziehen, wird das abgerundete Rechteck zum Kreis.

10

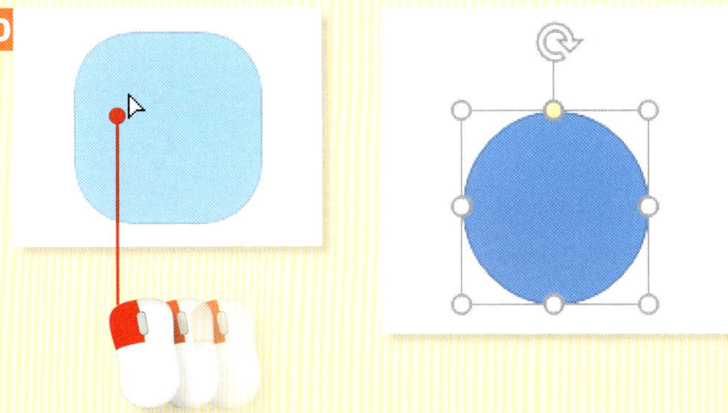

Schritt 11

Noch ein Beispiel: Fügen Sie aus dem Formenkatalog eine Sprechblase ein, z. B. **Wolkenförmige Legende** ❶. Am unteren Rand sehen Sie auch hier einen gelben Punkt; ziehen Sie daran.

11

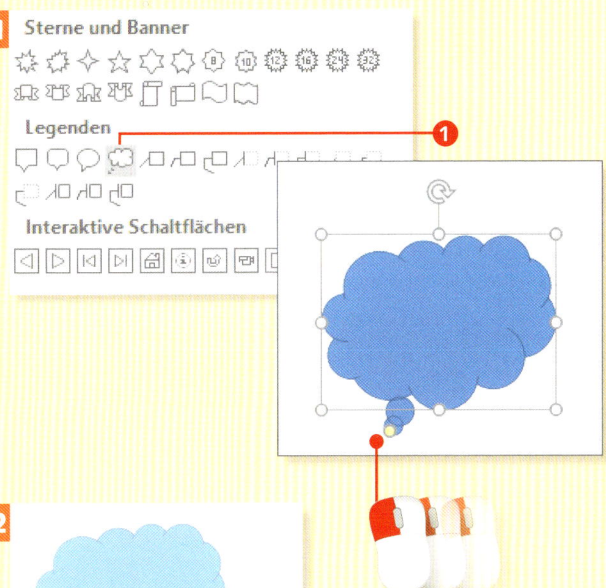

Schritt 12

Dadurch können Sie nicht nur die Länge des Hinweisstriches (hier in Punktform) verändern, sondern auch seine Richtung. Solange Sie an dem gelben Punkt ziehen, wird die Form blass dargestellt. Sobald Sie die Maustaste loslassen, hat die Form wieder die normale Farbe.

12

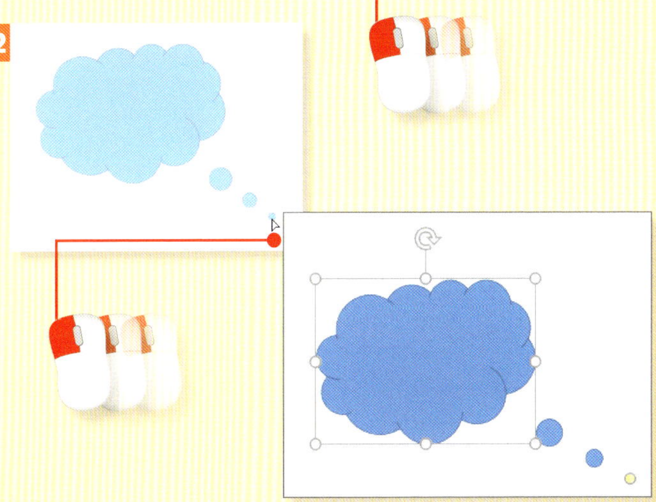

Formen spiegeln

Um z. B. ein Bild einmal normal und einmal spiegelverkehrt zu verwenden, klicken Sie es an und duplizieren es mit Strg + D. Klicken Sie dann bei **Bildtools/ Format ▸ Anordnen ▸ Drehen** auf **Horizontal spiegeln**. Für Formen nutzen Sie die Registerkarte **Zeichentools/Format**.

Die Größe einer Form anpassen

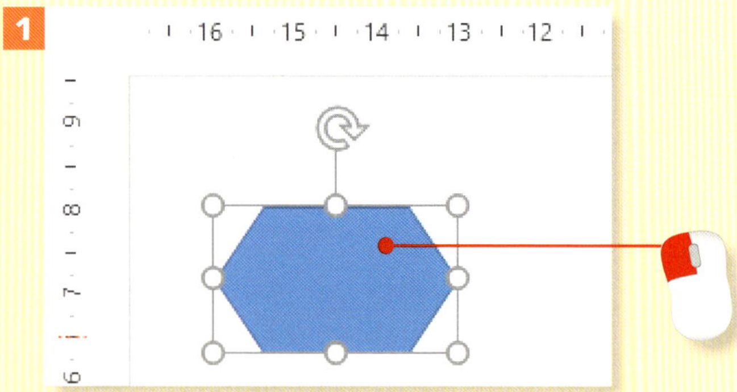

Sie haben sicher schon die kleinen Punkte an den Seiten und Ecken einer Form gesehen, wenn sie angeklickt war. Diese Ziehpunkte sind dazu da, die Größe oder auch die Proportionen einer Form zu verändern.

Schritt 1

Jede Form lässt sich natürlich vergrößern oder verkleinern. Markieren Sie eine Form, indem Sie sie anklicken, sodass die *Ziehpunkte* an den Ecken und Seiten der Form zu sehen sind.

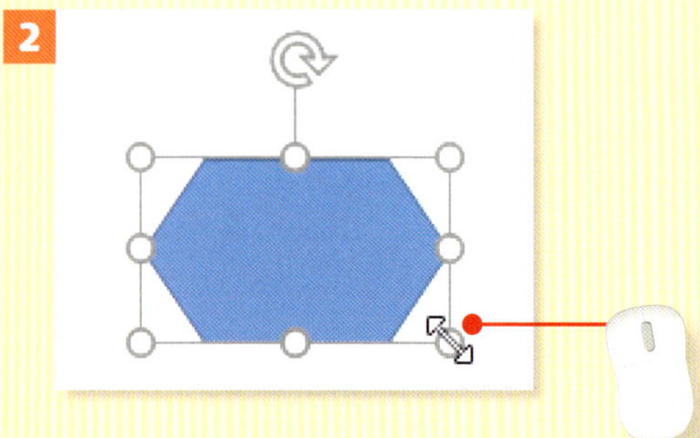

Schritt 2

Zeigen Sie mit dem Mauszeiger auf einen Ziehpunkt an einer Ecke. Der Mauszeiger wird zu einem Doppelpfeil.

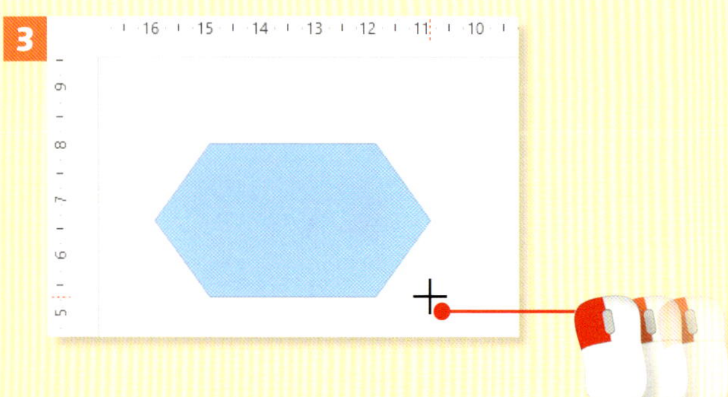

Schritt 3

Halten Sie die Maustaste gedrückt, während Sie den Ziehpunkt zum Vergrößern nach außen ziehen. Zum Verkleinern ziehen Sie den Punkt in Richtung Mitte der Form. Während des Ziehens sehen Sie eine Vorschau der neuen Größe.

Eckpunkte oder Seitenpunkte?

Die Punkte an den Ecken sorgen für proportionale Vergrößerung oder Verkleinerung, d.h., das Verhältnis von Breite zu Höhe bleibt gleich. Mit den seitlichen Punkten ändern Sie entweder Breite oder Höhe; das Verhältnis Breite zu Höhe ändert sich also.

Schritt 4

Auch Bilder lassen sich (bei geeigneter Auflösung) vergrößern. Nutzen Sie hierbei immer die Ziehpunkte an den Ecken, um die Proportionen der Bilder zu erhalten.

Schritt 5

Wenn Sie an einem Seitenpunkt ziehen, verzerren Sie das Bild. Das kann lustige Effekte bringen, ist aber nicht immer gewünscht. Klicken Sie in einem solchen Fall auf die **Rückgängig**-Schaltfläche ganz oben links, oder drücken Sie Strg + Z.

Schritt 6

Auch beim Ändern der Größe erhalten Sie eine Vorschau und sehen die intelligenten Führungslinien, mit deren Hilfe Sie das Bild an einer anderen Form ausrichten können.

Die Hilfslinien nutzen

Wenn Sie eine Form auf die gleiche Größe ziehen wollen wie eine andere auf Ihrer Folie, können Sie die intelligenten Führungslinien (siehe den Abschnitt »Objekte ausrichten« auf Seite 206) nutzen, um zu sehen, ob Sie die Form weit genug vergrößert haben. PowerPoint zeigt diese Führungslinien automatisch an.

Einen Farbverlauf nutzen

1

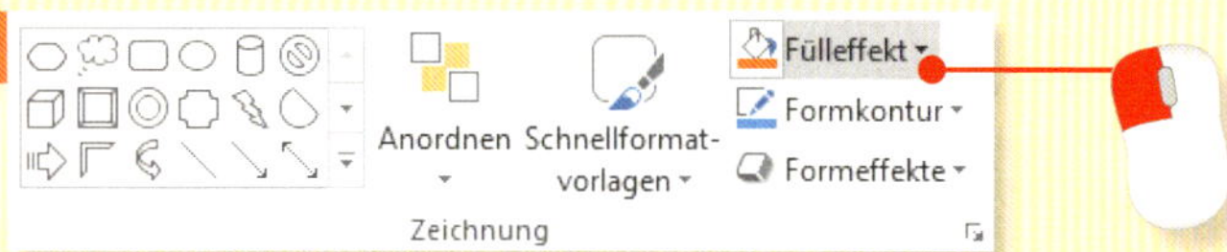

2

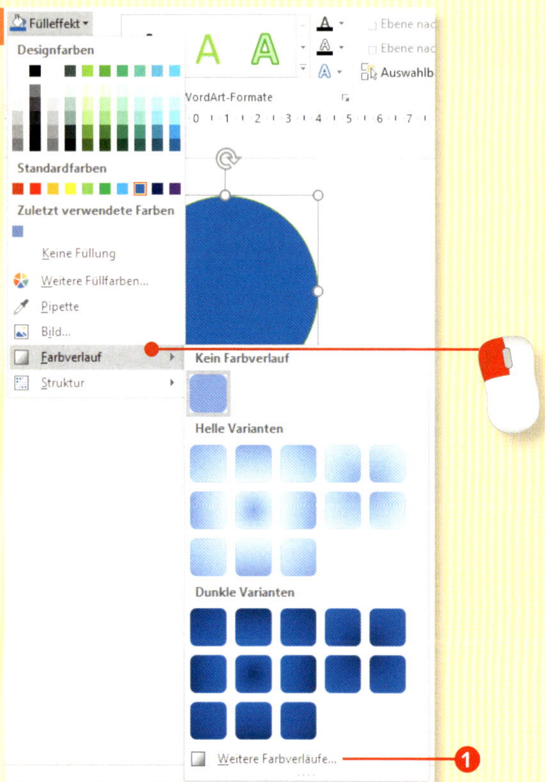

3

Wenn Farben ineinander übergehen (z. B. von Hell- nach Dunkelblau), nennt man das »Farbverlauf«. Diese Verläufe haben immer eine Richtung und können auch aus unterschiedlichen Farben bestehen. Sie merken schon: Es gibt hier viel zu entdecken.

Schritt 1

Markieren Sie eine Form, und klicken Sie auf der Registerkarte **Start** in der Gruppe **Zeichnung** auf **Fülleffekt**. (Sie erreichen diese Schaltfläche auch über **Zeichentools/Format ▸ Formenarten**.)

Schritt 2

Im Menü wählen Sie **Farbverlauf**. Passend zum Design wird Ihnen ein Katalog mit Farbverläufen angezeigt. Sie können sich die Varianten in der Livevorschau ansehen. Um andere Farben auswählen zu können, klicken Sie ganz unten im Menü auf **Weitere Farbverläufe** 1.

Schritt 3

Der Aufgabenbereich **Form formatieren** wird geöffnet, und die Kategorie **Füllung** ist direkt zu sehen. Aktivieren Sie die Option **Farbverlauf**.

Schritt 4

Sie können nun über die Schaltfläche **Voreingestellte Farbverläufe** die Verläufe aufrufen, die zum Design passen. Probieren Sie mithilfe der Livevorschau aus, wie die Verläufe bei Ihrer Form aussehen.

Schritt 5

Die Farben des gewählten Farbverlaufs sind jetzt im Bereich **Farbverlaufstopps** zu sehen. Je nach Verlauf gibt es mehr oder weniger Stopps (Pfeile auf der Farbskala). Die beiden äußeren Stopps zeigen, mit welcher Farbe der Farbverlauf beginnt 2 und in welche Farbe er übergeht 3. Die Stopps dazwischen verfeinern den Verlauf.

Schritt 6

Sie können die Farbe aller Stopps ändern. Klicken Sie einen Stopp an (der ausgewählte ist orange umrahmt). Dann klicken Sie auf die Schaltfläche **Farbe** und wählen etwas aus dem Katalog, z. B. **Dunkelblau**.

Den Aufgabenbereich öffnen

Sie rufen den Aufgabenbereich direkt auf, indem Sie mit rechts auf eine Form klicken. Im Kontextmenü wählen Sie **Form formatieren**.

4

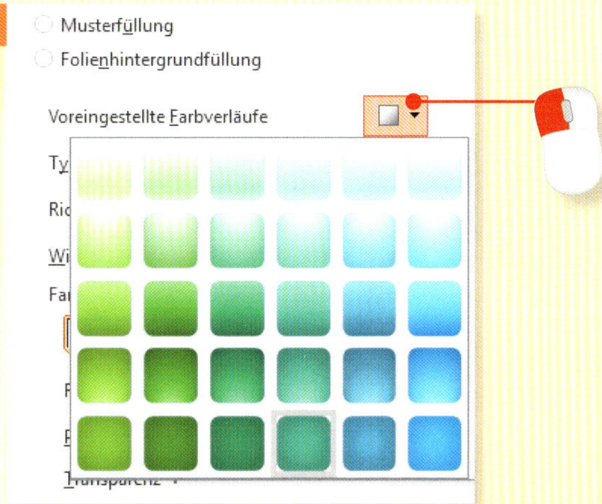

5

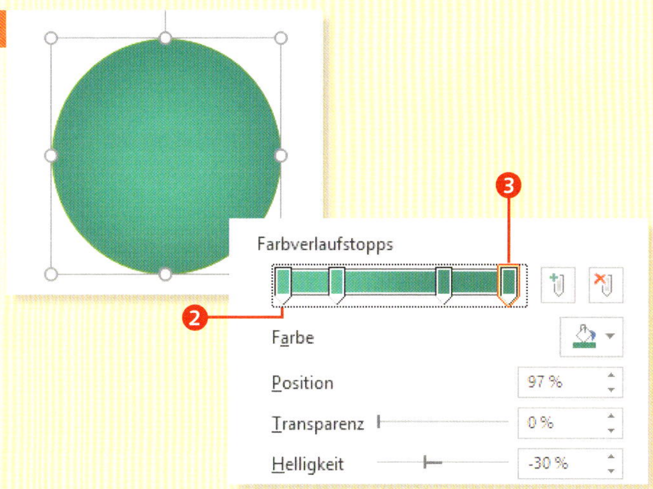

6

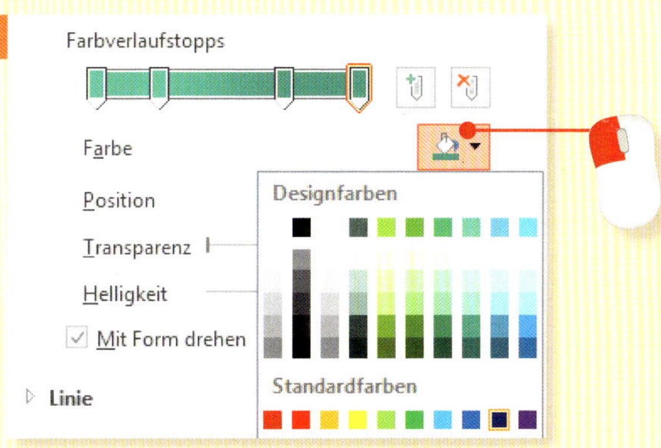

Farbe und Strichstärke der Rahmenlinien verändern

1

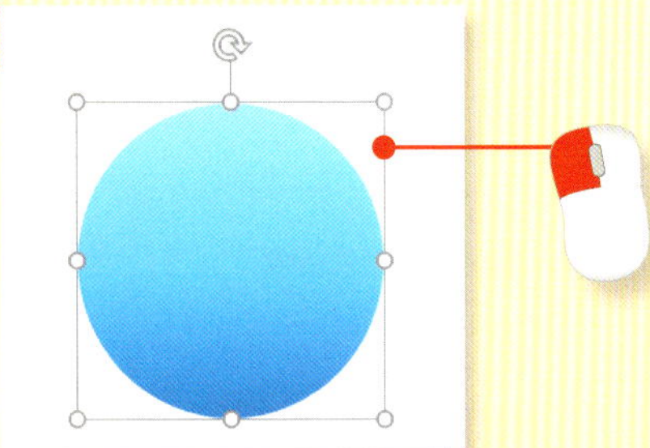

2

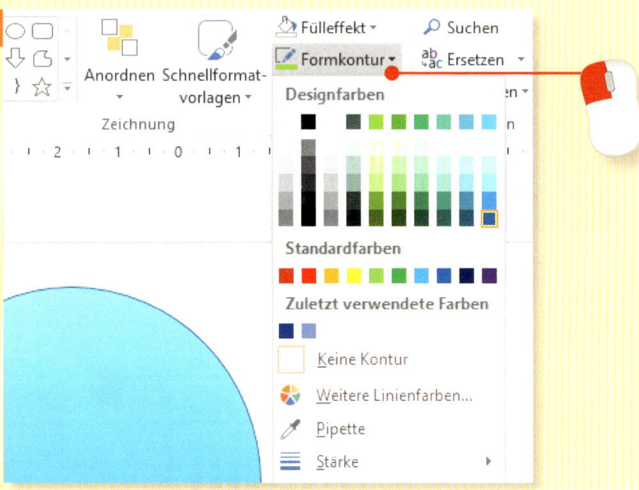

3

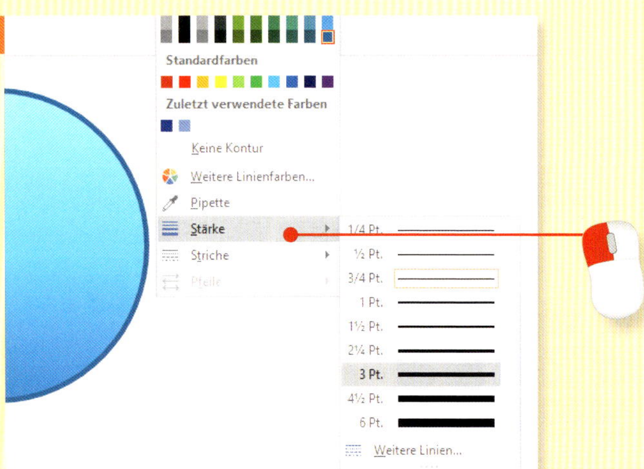

Alle Formen haben beim Einfügen einen Rahmen. Auch dieser Rahmen nutzt die Designfarben, hat eine bestimmte Breite und besteht aus einer durchgehenden Linie. All dies können Sie verändern.

Schritt 1

Fügen Sie eine neue Form ein, oder klicken Sie eine vorhandene Form an. Wenn Sie möchten, geben Sie ihr über **Start ▸ Zeichnung ▸ Schnellformatvorlage** ein besseres Aussehen. Je nach Variante verschwindet der Rahmen erst einmal.

Schritt 2

Klicken Sie auf der Registerkarte **Start** in der Gruppe **Zeichnung** auf **Formkontur**. (Sie können auch auf der Registerkarte **Zeichentools/ Format** in der Gruppe **Formenarten** auf **Formkontur** klicken.) Aus den Designfarben wählen Sie eine Farbe für die Rahmenlinie aus.

Schritt 3

Zur Änderung der Stärke (Dicke) der Rahmenlinie klicken Sie wieder auf **Formkontur** und im Menü auf **Stärke**. Eine Liste mit verschiedenen Stärken klappt auf. Wählen Sie einen Eintrag aus, z. B. **3 Pt**.

Schritt 4

Wollen Sie den Rahmen selbst verändern, klicken Sie auf **Formkontur ▸ Striche**. In der Livevorschau sehen Sie die Auswirkungen der Optionen. Für die Feineinstellungen klicken Sie auf **Weitere Linien** ❶.

Schritt 5

Der Aufgabenbereich **Form formatieren** wird in der Kategorie **Linie** geöffnet. Klicken Sie auf den unteren Pfeil am Feld **Stärke**, um den Wert zu verringern. Je niedriger die Zahl, desto dünner wird die Linie. Sie können auch direkt eine Zahl in das Feld eingeben.

Schritt 6

Über die Schaltfläche **Strichtyp** können Sie festlegen, ob die Linie gepunktet, gestrichelt oder durchgezogen sein soll. Hier gibt es keine Livevorschau, also klicken Sie direkt auf einen Typ, z. B. **Runder Punkt**.

Farbverlauf für die Linie

Die Rahmenfarbe können Sie im Aufgabenbereich **Form formatieren ▸ Formoptionen ▸ Linie** in einen Farbverlauf verwandeln. Klicken Sie auf **Farbverlaufslinie** ❷, und wählen Sie die Farben aus.

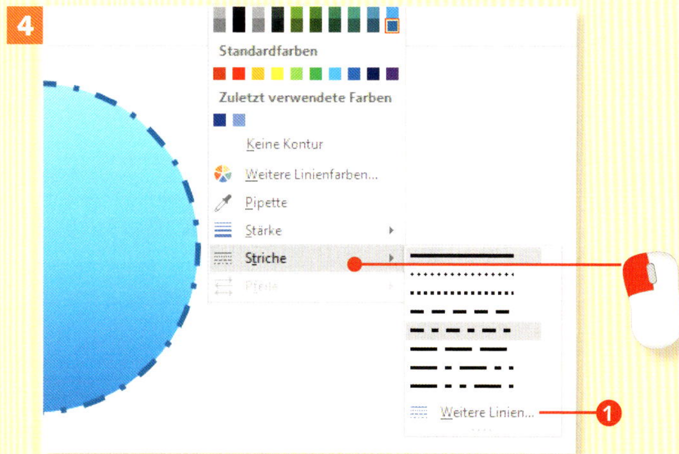

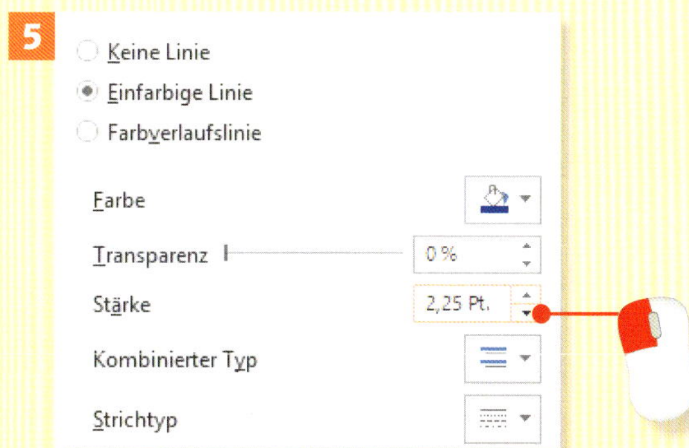

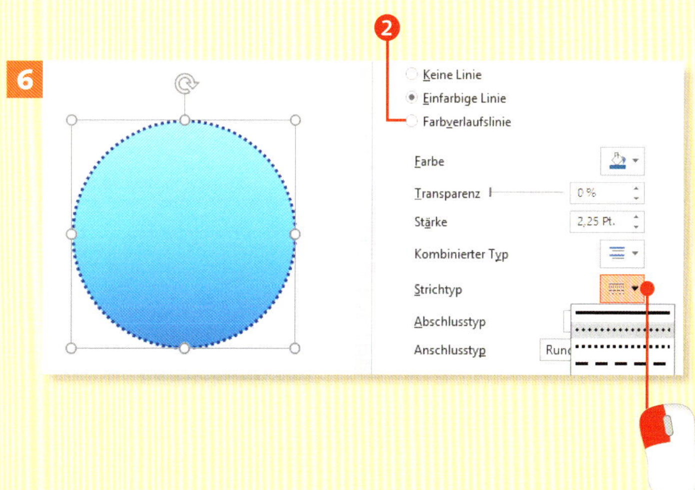

Formeffekt 3: 3D-Effekte

Ein weiterer starker Effekt ist die 3D-Drehung. Damit können Sie z. B. eine Kugel auf Ihre Folien zaubern.

1

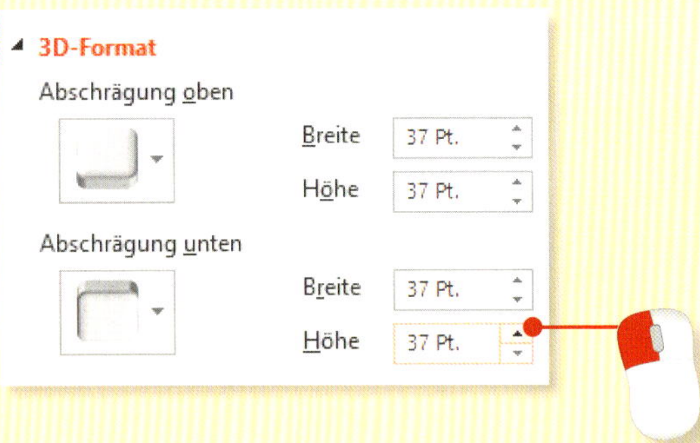

Schritt 1

Fügen Sie einen Kreis in der Standardgröße ein (siehe dazu den Abschnitt »Aussagekräftige Formen einfügen« auf Seite 148). Klicken Sie mit rechts auf den Kreis und dann auf **Form formatieren**. Im gleichnamigen Aufgabenbereich erhöhen Sie in der Kategorie **Effekte ▸ 3D-Format** bei **Abschrägung oben** bzw. **Abschrägung unten** alle Werte, im Beispiel auf »37 Pt.«.

2

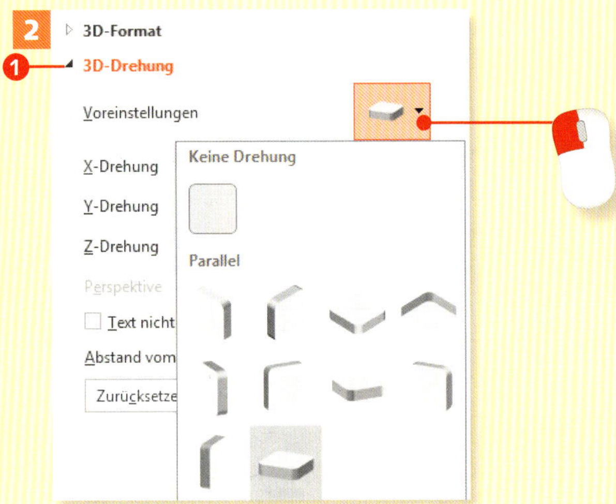

Schritt 2

Wechseln Sie zur Kategorie **3D-Drehung** ①. Klicken Sie auf die Schaltfläche **Voreinstellungen**, und wählen Sie im Bereich **Parallel** z. B. die Option **Von der Achse 2 nach oben**.

3

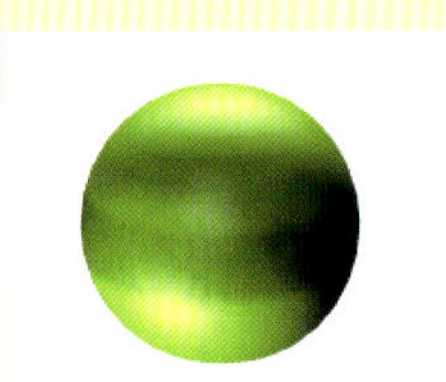

Schritt 3

Sie erhalten eine Kugel, die Sie z. B. für Schaubilder nutzen können (siehe Kapitel 9, »Objekte auf der Folie anordnen«, ab Seite 194). Die Lichtreflexe haben Sie durch die Drehung so verschoben, dass die Kugel sehr plastisch wirkt.

Die Kugel ist nicht rund?

Je nach Größe der Kugel müssen Sie andere Werte bei der 3D-Abschrägung eingeben (Schritt 1): Je kleiner die Kugel, desto kleiner muss auch der Wert sein.

Schritt 4

Setzen Sie jetzt einen Pfeil auf Ihre Folie, und klicken Sie im Aufgabenbereich in der Rubrik **3D-Drehung** auf die Schaltfläche **Voreinstellungen**. Im Menü wählen Sie z. B. **Perspektive rechts Stufe 3**.

Schritt 5

Nutzen Sie auch beim Pfeil den Schatten: Klicken Sie in der Rubrik **Schatten** auf **Voreinstellungen** und im Menü unten z. B. auf **Perspektivisch diagonal unten links** ❷. Ändern Sie hier die Größe nicht.

Schritt 6

Beschriften Sie den Pfeil. Auch der Text wird perspektivisch dargestellt; Sie können die Perspektive ❸ der Form noch anpassen. Soll der Text nicht mit angepasst werden, aktivieren Sie **Text nicht drehen** ❹. Schließen Sie den Aufgabenbereich, und speichern Sie Ihre Präsentation.

Text in Kugeln
Schrift wird auf Kugeln nicht schön dargestellt. Verzichten Sie, wenn Text auf die Kugel soll, auf die Drehung aus Schritt 2. Klicken Sie außerdem die Option **Text nicht drehen** (siehe Schritt 6) an.

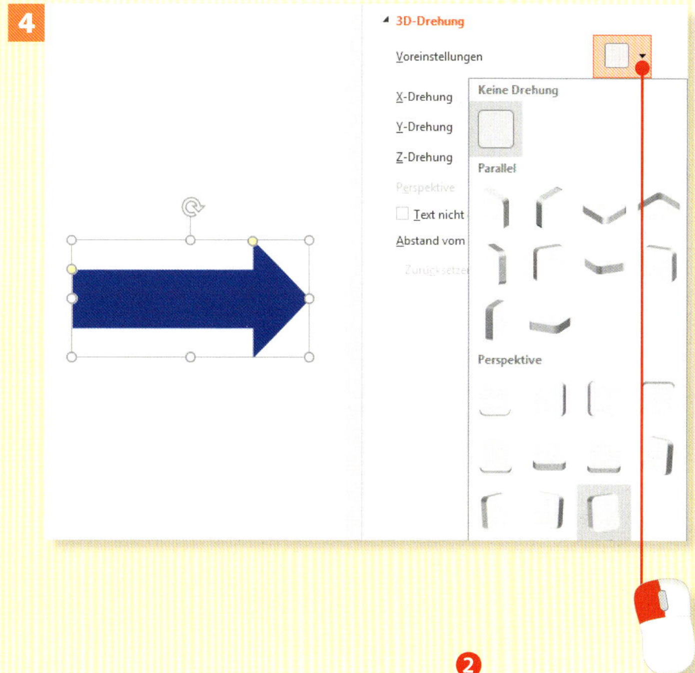

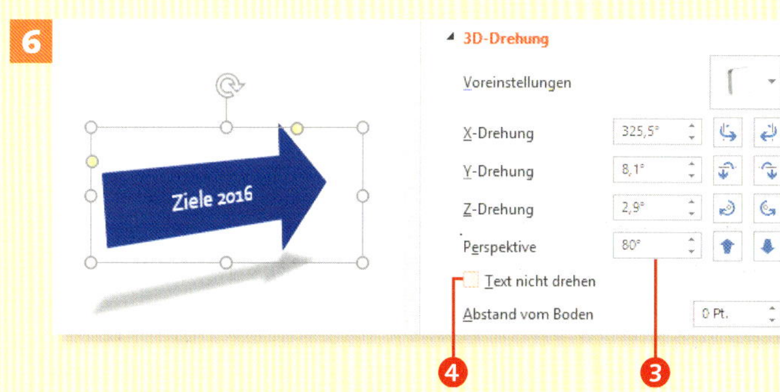

Kapitel 8
Schaubilder entwerfen mit SmartArt

Text wird in PowerPoint standardmäßig mit Aufzählungszeichen versehen, die Sie auch individuell gestalten können (wie in Kapitel 5, »Texte ansprechend gestalten«, ab Seite 86 beschrieben). Bei vielen Textfolien gibt es eine weitere Lösung, die Sie in diesem Kapitel kennenlernen werden: Wandeln Sie den Text in SmartArt-Grafiken um, sodass er zum Schaubild wird.

Text in SmartArt-Grafiken umwandeln
Aus einer Aufzählung lässt sich mit nur wenigen Klicks problemlos ein Schaubild machen ❶ . Wählen Sie aus den vielen Varianten von SmartArt-Grafiken eine aus, und passen Sie sie, wenn Sie möchten, weiter an.

SmartArt-Grafiken formatieren
Natürlich können Sie diese Schaubilder individuell aussehen lassen. Ändern Sie auf der Registerkarte **SmartArt-Tools** ❷ einzelne oder alle Farben, variieren Sie Schriftgröße und Rahmenlinien, wenden Sie 3D-Effekte an, nutzen Sie Texteffekte – kurz: Lernen Sie die vielen Möglichkeiten der SmartArt-Grafiken kennen.

Und umgekehrt: eine SmartArt-Grafik mit Text füllen
Wählen Sie erst eine SmartArt-Grafik aus, formatieren Sie sie, und geben Sie schließlich Ihren Text ein ❸. Auch das ist in wenigen Schritten auf der Folie umgesetzt. Sie können den Text dann genauso formatieren wie sonst auch, nämlich über die Registerkarte **Start**.

Wandeln Sie Ihren Text mit wenigen Klicks in eine SmartArt-Grafik um. ❶

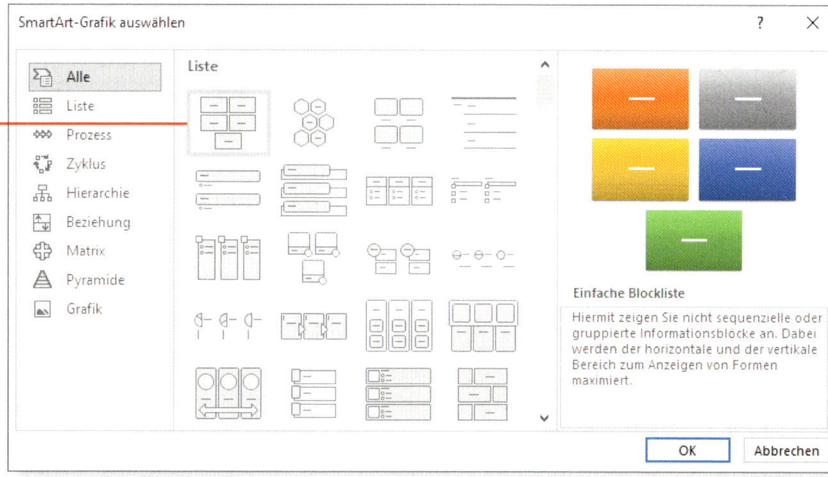

Formatieren Sie die SmartArt-Grafik ganz einfach nach Ihren Vorstellungen. ❷

Füllen Sie eine SmartArt-Grafik mit Text, nachdem Sie sie gestaltet haben. ❸

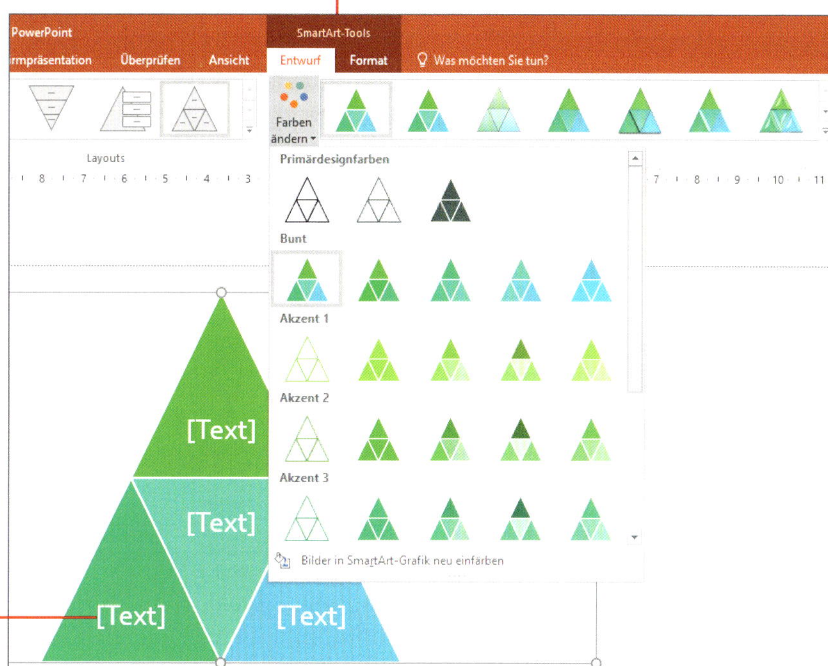

Aus Text eine SmartArt-Grafik entwerfen

Untereinander geschriebener Text sieht zwar ordentlich aus, doch nach 15 Folien wirkt auch das ermüdend. Sorgen Sie für Abwechslung, indem Sie Text mithilfe von SmartArt in ansprechende Grafiken umwandeln.

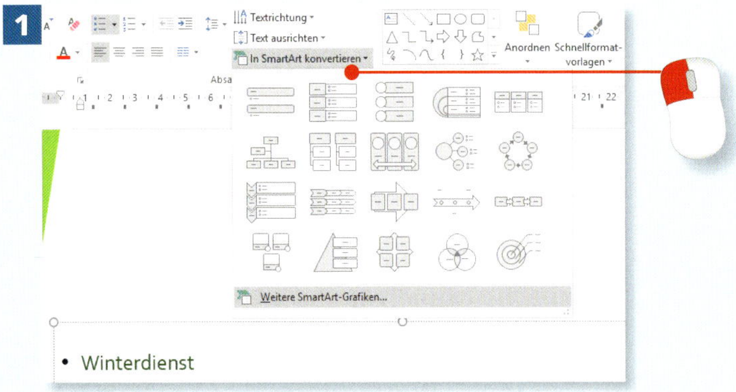

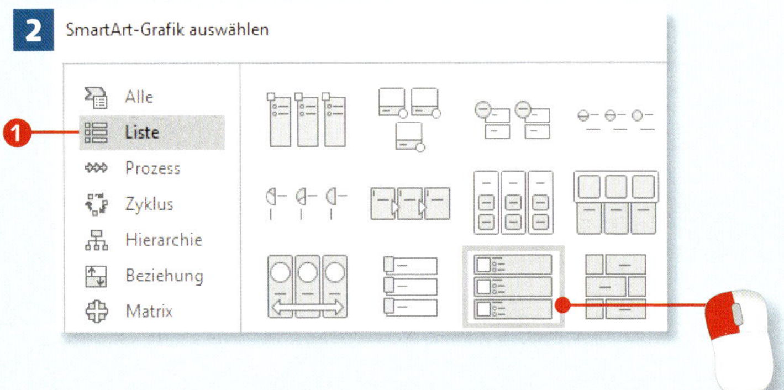

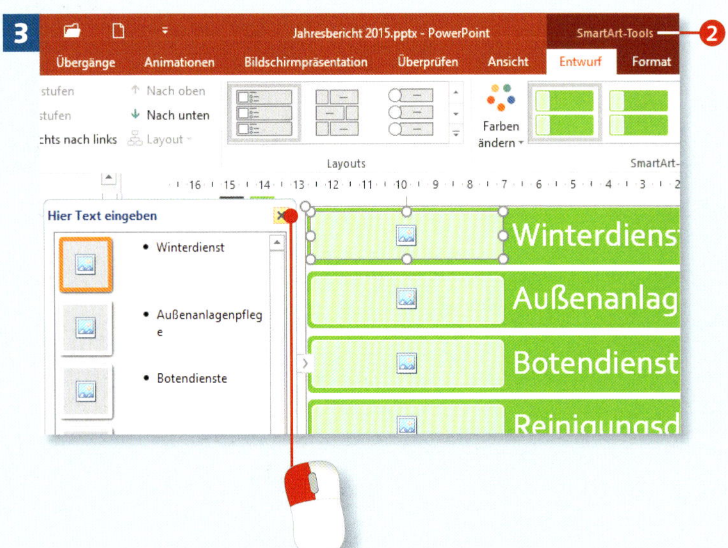

Schritt 1

Füllen Sie eine Folie mit Aufzählungspunkten, und lassen Sie den Textplatzhalter angeklickt. Klicken Sie dann auf der Registerkarte **Start** in der Gruppe **Absatz** auf **In SmartArt konvertieren**. Im Menü wählen Sie **Weitere SmartArt-Grafiken**, um den ganzen Katalog zu sehen.

Schritt 2

Im Dialogfenster **SmartArt-Grafik auswählen** suchen Sie sich in der Kategorie **Liste** ❶ eine Variante aus, z. B. **Vertikale Bildliste**, und klicken zur Bestätigung auf **OK**.

Schritt 3

Ihr Text verwandelt sich, ist aber immer noch nicht sehr »aufregend«. Über dem Menüband sehen Sie eine weitere Registerkarte: **SmartArt-Tools** ❷ mit den Registern **Entwurf** und **Format**. Schließen Sie den Textbereich links neben der SmartArt-Grafik; Sie benötigen ihn im Moment nicht.

Schritt 4

Klicken Sie auf der Registerkarte **Entwurf** in der Gruppe **SmartArt-Formatvorlagen** auf **Farben ändern**. PowerPoint zeigt immer die Farben an, die zum gewählten Design passen. Wählen Sie per Klick eine Farbkombination aus.

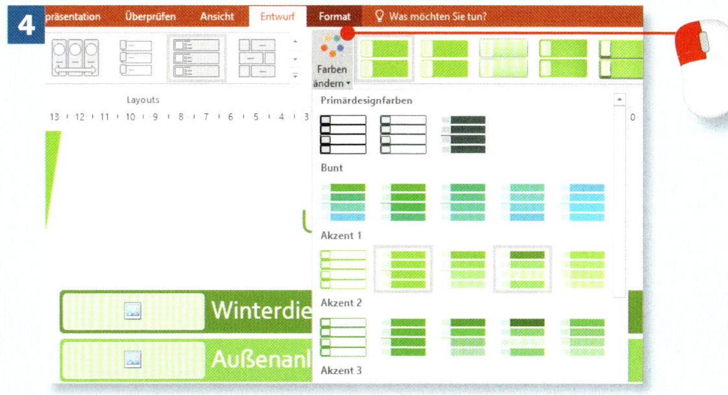

Schritt 5

Fügen Sie der SmartArt-Grafik einen Effekt hinzu: Klicken Sie auf den untersten Pfeil an der rechten unteren Ecke der Gruppe **SmartArt-Formatvorlagen**.

Schritt 6

Wenn Sie mit dem Mauszeiger über die Varianten im Menü fahren, sehen Sie in der Livevorschau, wie die jeweilige Vorlage Ihre SmartArt-Grafik verändert.

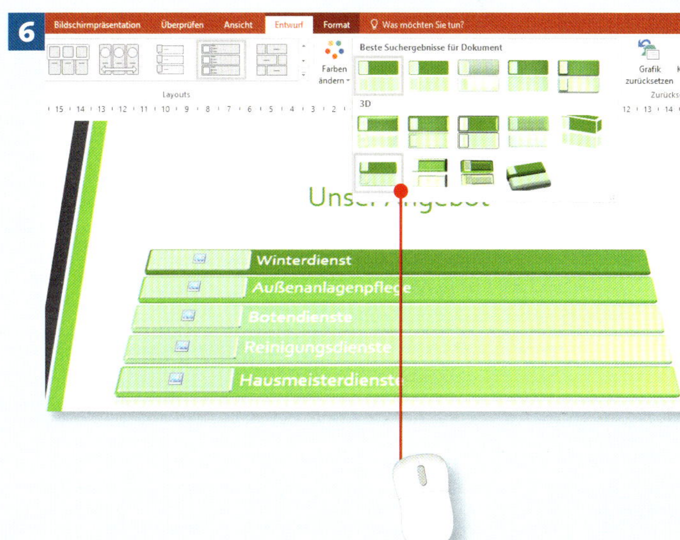

Anderes Menüband?

Je nach Bildschirmgröße sehen Sie die einzelnen Gruppen im Menüband nicht wie hier abgebildet. So können in der Gruppe **Absatz** z. B. statt der ganzen Bezeichnung nur die Symbole für **Textrichtung**, **Text ausrichten** und **In SmartArt konvertieren** zu sehen sein.

Aus Text eine SmartArt-Grafik entwerfen (Forts.)

7

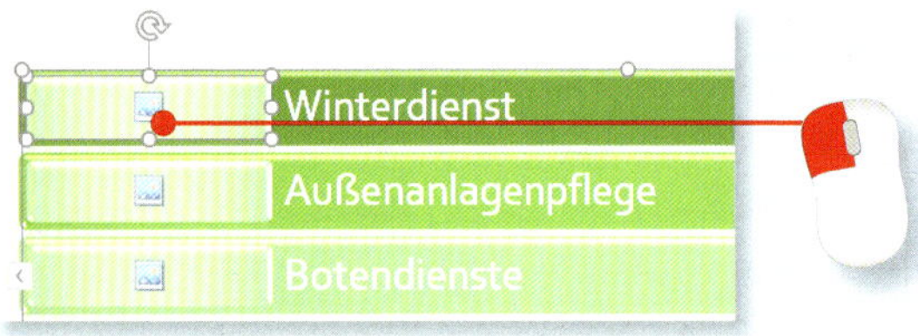

Schritt 7

Die im Beispiel gewählte SmartArt-Grafik bietet *Bildplatzhalter*. Mit Bildern verstärken Sie die Aussagekraft der Stichwörter auf der Folie. Um ein passendes Bild einzufügen, klicken Sie mittig auf den ersten Platzhalter, direkt auf die Bildminiatur.

8

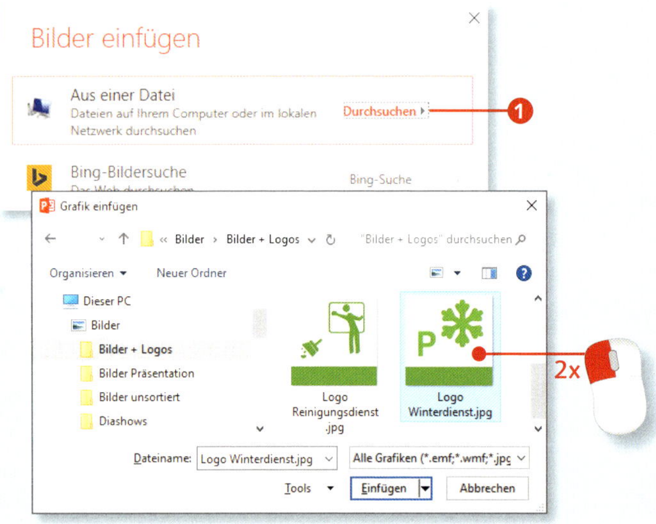

Schritt 8

Klicken Sie im Fenster **Bilder einfügen** auf **Durchsuchen** ❶. Dadurch öffnet sich das Dialogfenster **Grafik einfügen**, über das Sie ein Bild, das auf Ihrem Computer gespeichert ist, aussuchen können (siehe den Abschnitt »Grafiken (Bilder) einfügen« auf Seite 114). Wählen Sie per Doppelklick ein Bild im JPG-Format aus, und fügen Sie auch in die anderen Platzhalter Bilder ein.

9

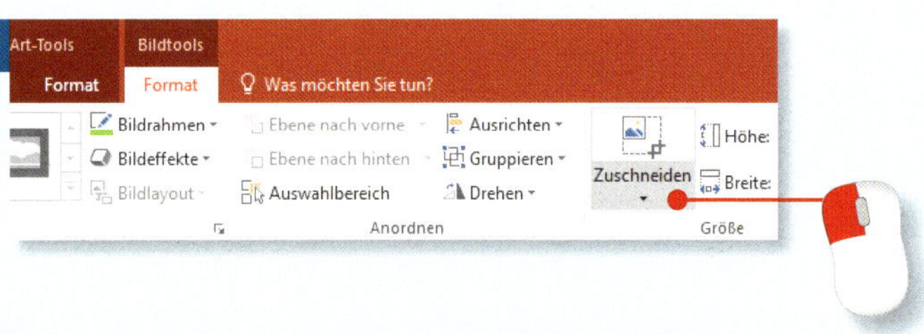

Schritt 9

Meist wird das Bild nicht direkt in den Platzhalter passen. Klicken Sie daher auf die Registerkarte **Bildtools/Format** und dort auf den Pfeil an der Schaltfläche **Zuschneiden**.

i

Doch lieber eine andere SmartArt-Grafik?
Um die aktuelle SmartArt-Grafik durch eine andere auszutauschen, rufen Sie über **SmartArt-Tools/Entwurf ▸ Layouts ▸ Weitere ▸ Weitere Layouts** das Dialogfenster **SmartArt-Grafik auswählen** auf und wählen per Klick eine neue aus.

Schritt 10

Im zugehörigen Menü wählen Sie **Einpassen**. Das Bild wird so verkleinert, dass es genau in den Platzhalter passt ❷. Auch dies wiederholen Sie für alle Bilder. Achtung: Das Einpassen funktioniert am besten bei Dateien mit der Endung *.jpg*. PNG-Grafiken z. B. werden nicht proportional verkleinert. Speichern Sie daher die Bilder vor dem Einfügen als JPG-Dateien.

10

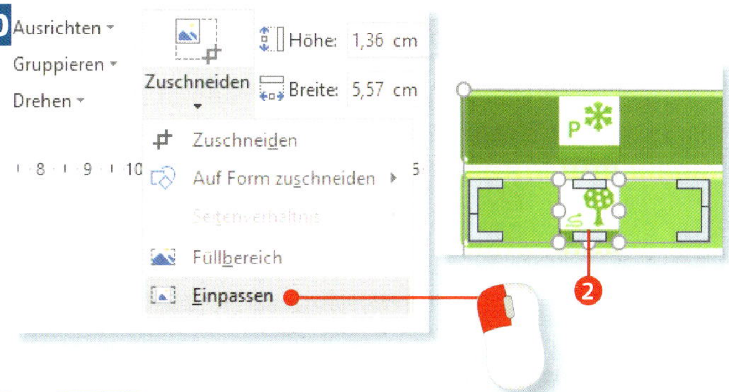

Schritt 11

Sie können Ihrer SmartArt-Grafik weiteren Text hinzufügen. Öffnen Sie den *Textbereich* links mit einem Klick auf das Steuerelement ❸. Setzen Sie den Cursor hinter den ersten Titel, und drücken Sie [↵] und dann sofort [⇥], um einen neuen Unterpunkt zu erzeugen. Geben Sie den Text ein.

11

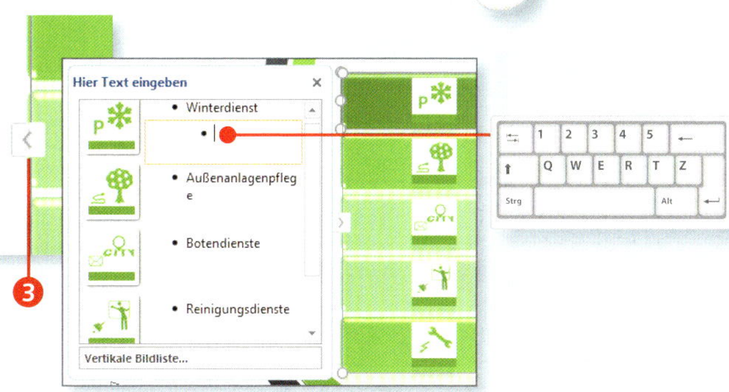

Schritt 12

Der Text erscheint dann auch in der Form ❹. Um zum Text der nächsten Form zu gelangen, können Sie ihn einfach im Textbereich anklicken oder den Cursor mithilfe der Pfeiltasten auf Ihrer Tastatur zur passenden Stelle im Textbereich bewegen.

12

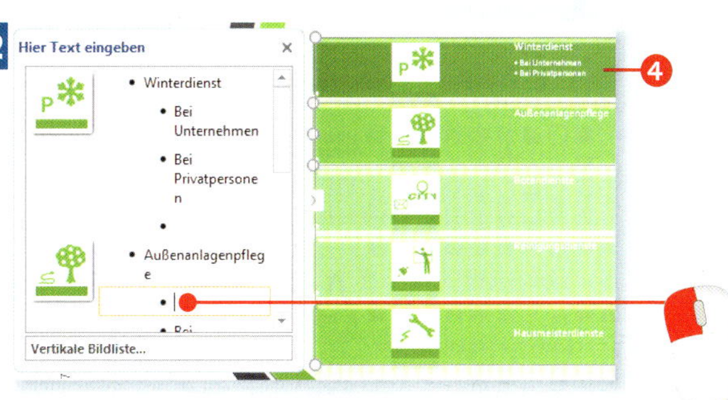

Vorsicht im Textbereich!

Denken Sie beim Anlegen des jeweils ersten Unterpunkts immer daran, gleichzeitig [⇥] zu drücken, sonst fügen Sie mit dem Drücken von [↵] eine neue Form ein. Den zweiten Unterpunkt können Sie dann ganz normal mit [↵] anlegen.

Eine SmartArt-Vorlage mit Inhalt füllen

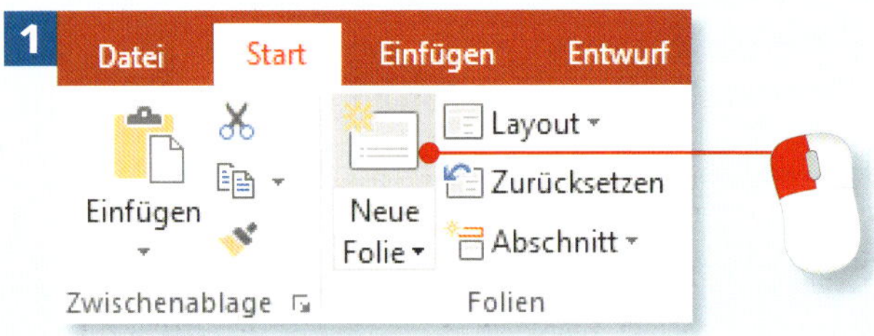

Bisher haben Sie vorhandenen Text in eine SmartArt-Grafik umgewandelt. Sie können aber auch genau umgekehrt vorgehen: Wählen Sie erst eine SmartArt-Grafik aus, und geben Sie dann Ihren Text ein.

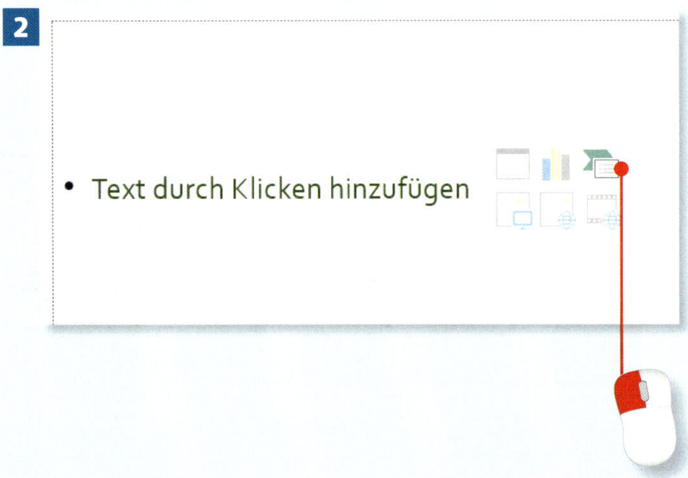

Schritt 1

Fügen Sie eine neue Folie ein, indem Sie auf der Registerkarte **Start** auf die Schaltfläche **Neue Folie** klicken.

Schritt 2

Auf der Folie finden Sie bei den Symbolen die Schaltfläche **Eine SmartArt-Grafik einfügen**; klicken Sie darauf.

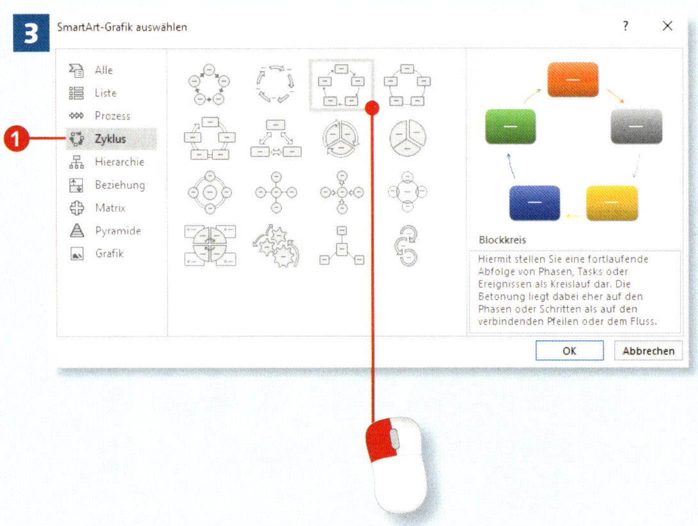

Schritt 3

Im Dialogfenster **SmartArt-Grafik auswählen** klicken Sie in der Rubrik **Zyklus** ❶ auf **Blockkreis**. Rechts erhalten Sie unter dem Vorschaubild Informationen zur angeklickten SmartArt-Grafik. Bestätigen Sie mit **OK**. Die Grafik wird passend zu den Designfarben eingefügt.

Schritt 4

Klicken Sie in der eingefügten SmartArt-Grafik auf ein Textfeld mit dem Platzhalter **[Text]**, und geben Sie dort eigenen Text ein. Füllen Sie auf diese Weise alle Formen mit Text. Die Schriftgröße wird automatisch angepasst, sobald Sie die nächste Form anklicken.

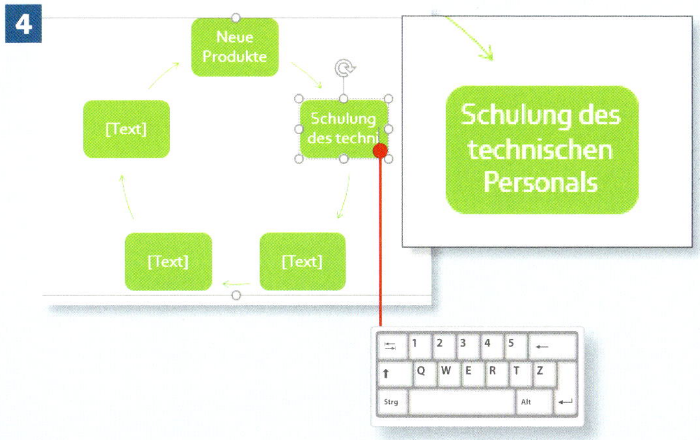

Schritt 5

Rufen Sie die Registerkarte **Smart-Art-Tools/Entwurf** auf. Klicken Sie auf **Farben ändern**, und wählen Sie eine Farbkombination aus dem Menü.

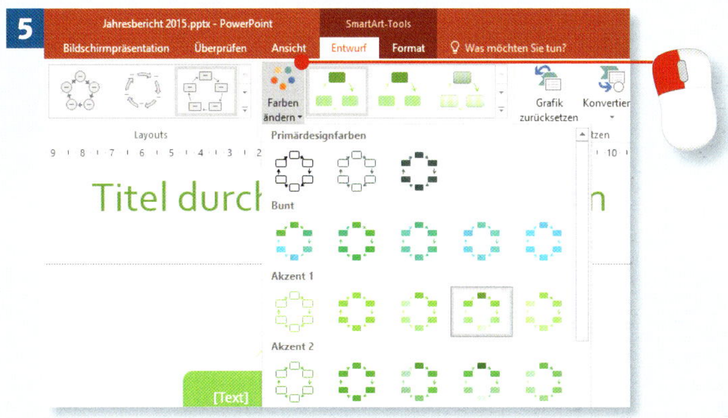

Schritt 6

Mit den Vorlagen in der Gruppe **SmartArt-Formatvorlagen** können Sie das Aussehen weiter anpassen. Klicken Sie hier z. B. auf **Subtiler Effekt**.

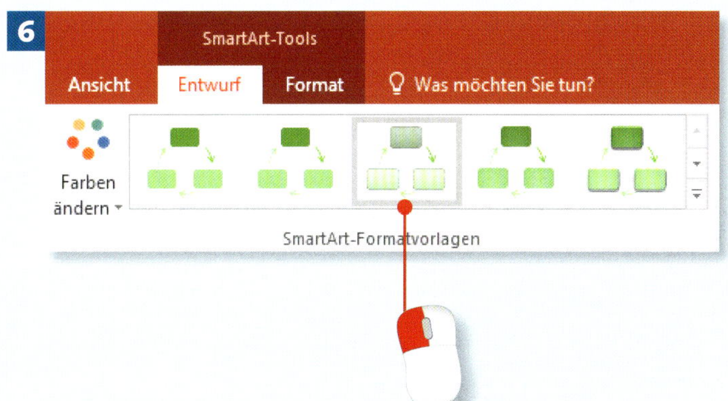

Reihenfolge von Text und Farbe
Sie können selbstverständlich auch erst die Farben und Effekte der Formen verändern, die Form also formatieren, und dann den Text eingeben. PowerPoint ist auch hier sehr flexibel.

Eine SmartArt-Vorlage mit Inhalt füllen (Forts.)

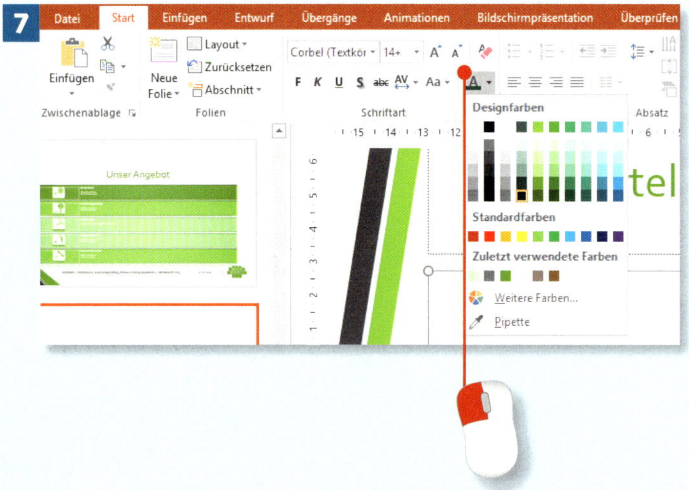

Schritt 7

Lassen Sie die SmartArt markiert, und klicken Sie auf die Registerkarte **Start**. In der Gruppe **Schriftart** können Sie Schriftart, -größe oder -farbe ändern. Nutzen Sie dabei die Livevorschau (indem Sie den Mauszeiger auf eine Option halten, ohne zu klicken).

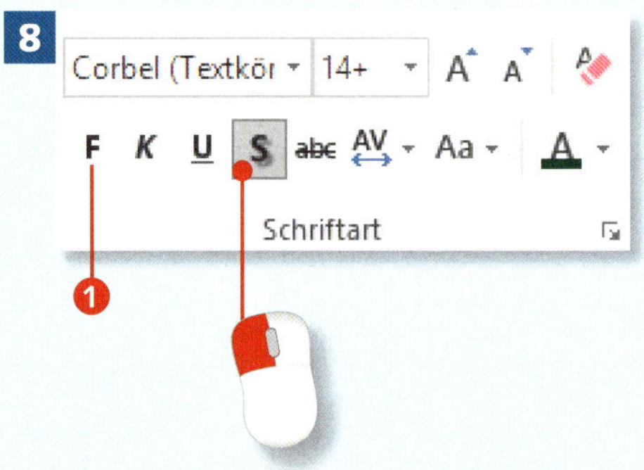

Schritt 8

Durch einen Klick auf die Schaltfläche **Textschatten** fügen Sie dem Text einen Schatten hinzu, um ihn noch etwas interessanter zu gestalten. Oder Sie formatieren den Text fett ❶. Achten Sie allerdings darauf, dass er gut lesbar bleibt.

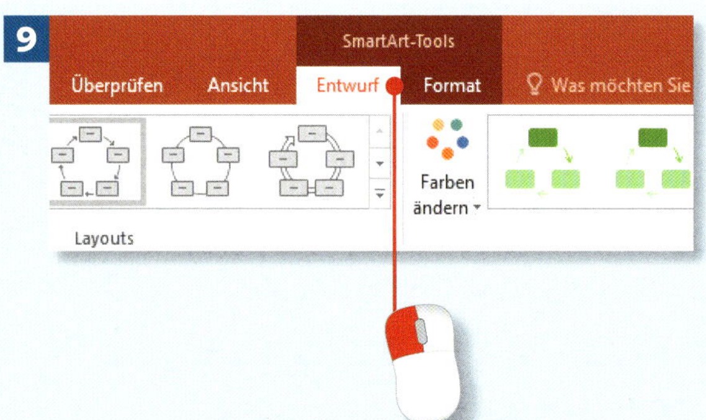

Schritt 9

Sie können Ihrer SmartArt-Grafik schließlich Bilder hinzufügen (siehe dazu den Abschnitt »Grafiken (Bilder) einfügen« auf Seite 114). Oder Sie erweitern sie um andere Formen, die dann als Textfelder dienen. Klicken Sie dazu die Form in Ihrer SmartArt-Grafik an, neben der Sie eine weitere Form einfügen wollen, und öffnen Sie die Registerkarte **SmartArt-Tools/Entwurf**.

Schritt 10

In der Gruppe **Grafik erstellen** klicken Sie auf den Pfeil an der Schaltfläche **Form hinzufügen**. Wählen Sie die Position der neuen Form aus. Wenn Sie direkt auf **Form hinzufügen** klicken, wird die neue Form automatisch *nach* der markierten Form positioniert.

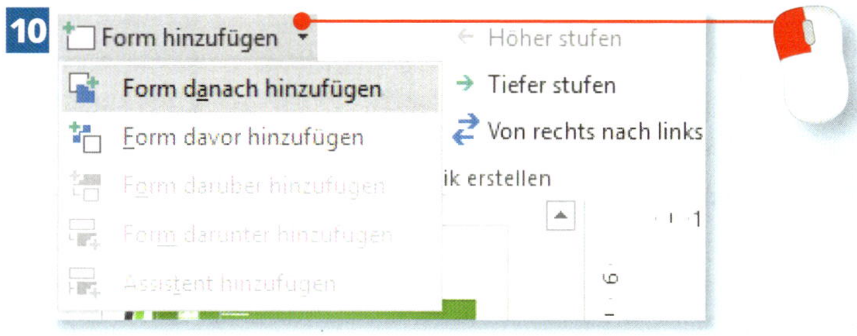

Schritt 11

Geben Sie auch in die neue Form Text ein, und ändern Sie ggf. Textgröße und -farbe. Weil durch das Einfügen der neuen Form die anderen Formen verkleinert werden, müssen Sie sie eventuell anpassen. Klicken Sie zum Vergrößern alle Formen mit gedrückter ⇧-Taste an, und ziehen Sie den seitlichen Ziehpunkt einer Form etwas nach außen.

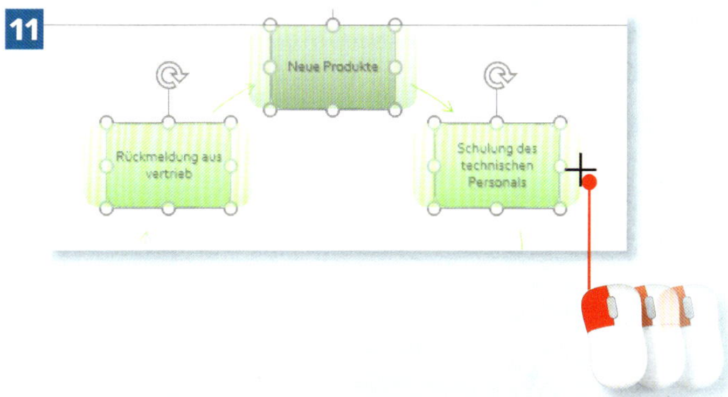

Schritt 12

Auch die Pfeile zwischen den Formen können Sie umgestalten. Klicken Sie auf einen Pfeil ❷. Sie verändern nur den angeklickten Pfeil, auch wenn ein Rahmen um alle Pfeile angezeigt wird. Wählen Sie auf der Registerkarte **SmartArt-Tools/Format** über **Formenarten ▸ Formkontur** einen passenden Strich aus. Wiederholen Sie das für die anderen Pfeile.

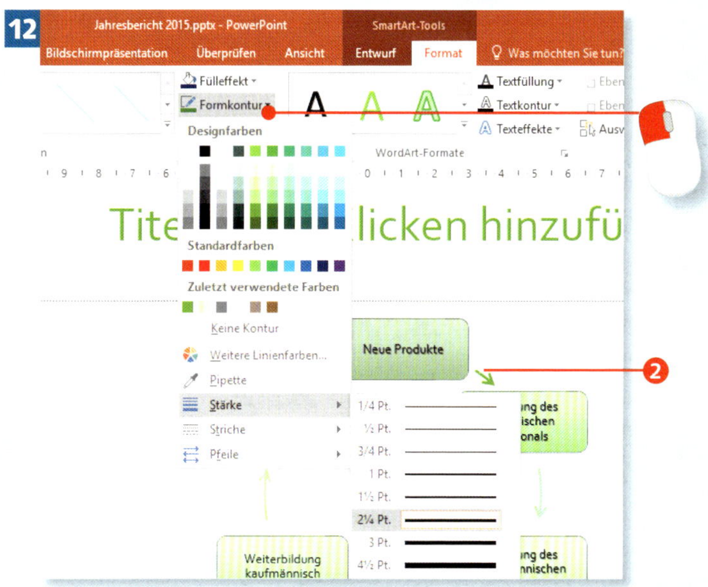

Organigramme formatieren

1

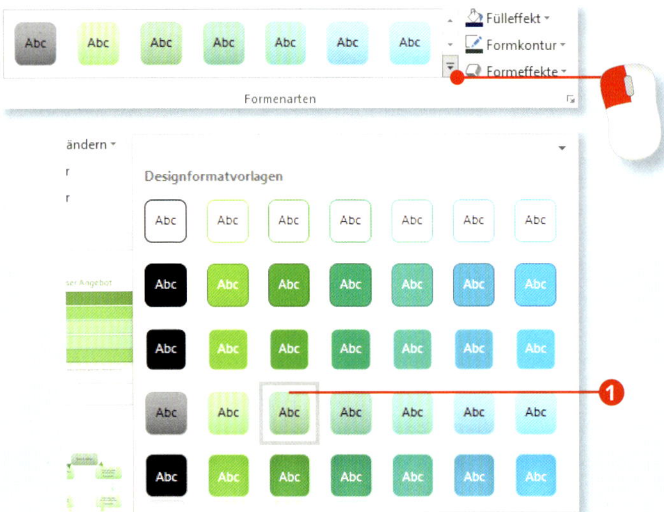

Mithilfe von farbigen Rahmen und Verbindungslinien verdeutlichen Sie z. B. die Zusammenhänge zwischen den Abteilungen einer Firma.

Schritt 1

Markieren Sie einige Formen Ihres Organigramms, die auf der gleichen Hierarchieebene sind. Klicken Sie dann auf der Registerkarte **SmartArt-Tools/Format** in der Gruppe **Formenarten** auf den unteren Pfeil. Wählen Sie ein Format aus, z. B. **Subtiler Effekt** ❶.

2

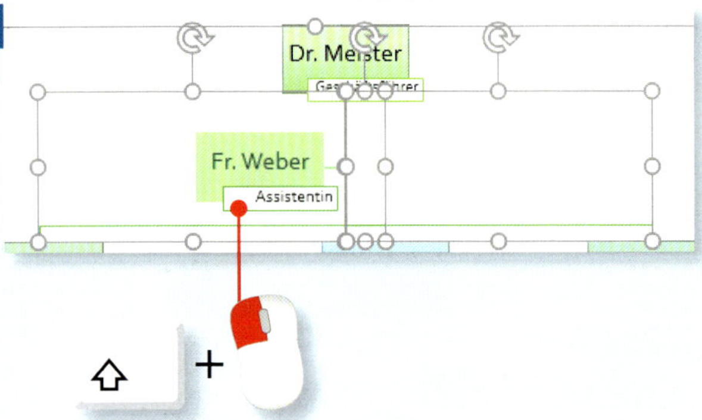

Schritt 2

Um eine Verbindungslinie neu zu färben, klicken Sie sie an. Um mehrere Linien auf einmal zu färben, halten Sie beim Anklicken ⇧ gedrückt. An den Rahmen mit Ziehpunkten erkennen Sie, welche Linien Sie erfasst haben.

3

Schritt 3

Wählen Sie in der Gruppe **Formenarten** aus dem Katalog der Linien-Grafikformate (der jetzt angezeigt wird, weil Sie eine Linie angeklickt haben) eine Variante aus. Möchten Sie eine andere Farbe verwenden, klicken Sie auf **Formkontur** ❷ und wählen eine neue Farbe aus.

Schritt 4

Um die Schriftgröße zu verändern, markieren Sie den betreffenden Text. Wechseln Sie zur Registerkarte **Start**, und klicken Sie auf **Schriftgrad vergrößern**. Sie können auch auf den Pfeil neben dem aktuellen Wert klicken ❸ und eine Größe aus der Liste auswählen.

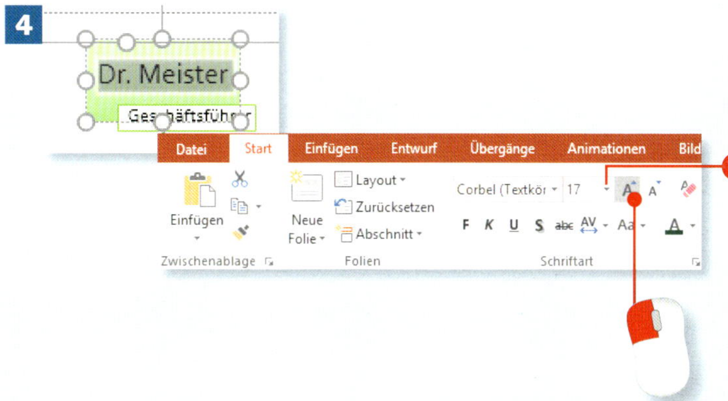

Schritt 5

Wollen Sie die Form selbst ändern, also statt eines Rechtecks ein Oval einfügen, klicken Sie die zu ändernden Formen an. Auf der Registerkarte **SmartArt-Tools/Format** klicken Sie in der Gruppe **Formen** auf **Form ändern**. Wählen Sie eine Form aus dem Katalog aus.

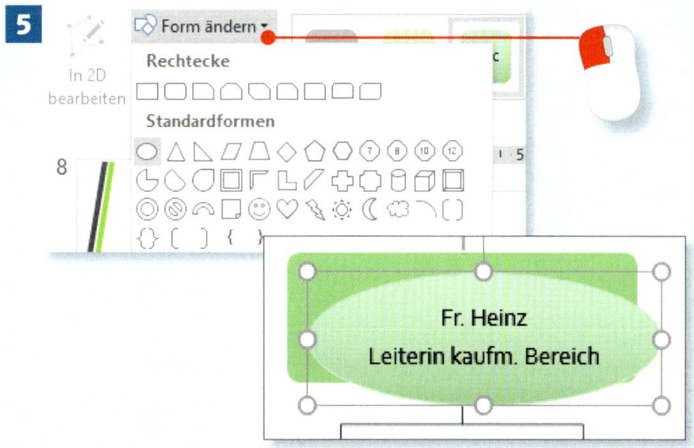

Schritt 6

Formatieren Sie Ihr Organigramm so, dass trotz vieler Einträge die Übersichtlichkeit nicht verloren geht. Nutzen Sie sowohl beim Entwurf als auch beim Layout die Livevorschau, um die Auswirkungen der Änderung schnell beurteilen zu können.

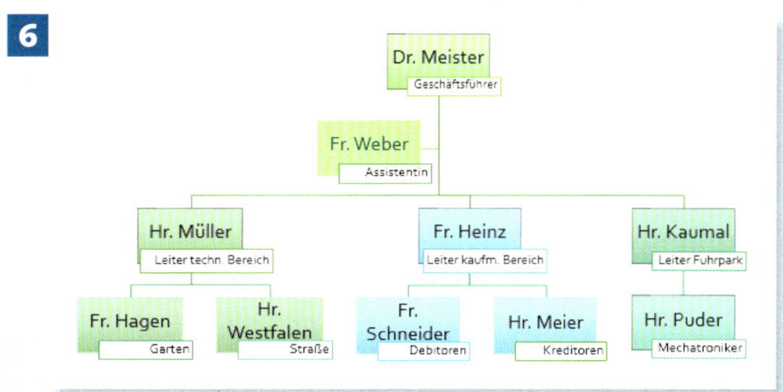

Formen löschen

Um eine Form wieder zu löschen, klicken Sie darauf, und drücken Sie dann Entf.

Kapitel 9
Objekte auf der Folie anordnen

In Kapitel 7, »Zeichnen mit PowerPoint«, ab Seite 146 haben Sie bereits erfahren, wie sich Formen in PowerPoint einfügen und formatieren lassen. In diesem Kapitel gehen wir einen Schritt weiter: Formen werden gruppiert, zu Schaubildern zusammengesetzt oder von Text umgeben.

Objekte gruppieren

Einzelne Formen lassen sich gruppieren ❶, sodass alle Teile auf einmal bearbeitet werden können und nicht mehr verrutschen. Die Gruppe lässt sich also leicht verschieben, kopieren, verkleinern, vergrößern oder färben.

Schaubilder gestalten

Gestalten Sie ganze Bilder mit PowerPoint, indem Sie sie aus den verfügbaren Standardformen zusammensetzen und dann gruppieren, färben etc. ❷.

Text harmonisch um Bilder herum anordnen

Mit etwas Kleinarbeit können Sie Ihren Text um Bilder oder andere Objekte herum anordnen ❸, um Lücken zu füllen und die Folie interessanter zu machen.

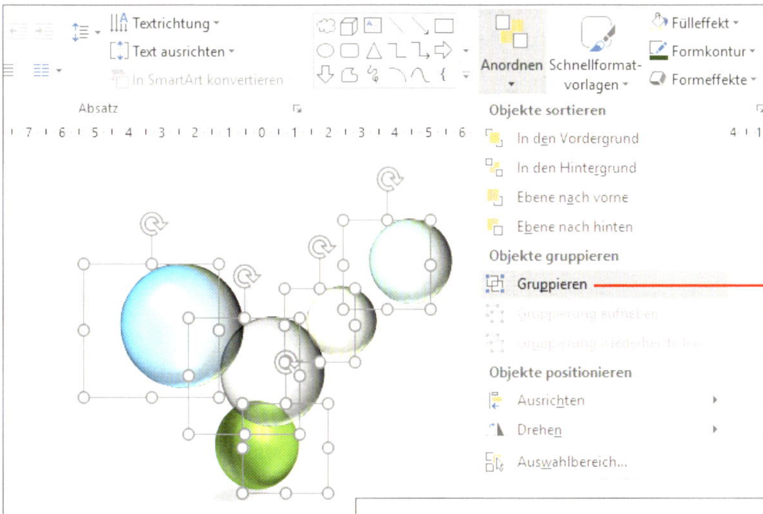

1 Setzen Sie einzelne Formen zu Gruppen zusammen, um sie leichter bearbeiten zu können.

2 Gestalten Sie plakative Schaubilder mit PowerPoint.

3 Lassen Sie Bilder oder Grafiken von Ihrem Text umfließen.

Die Position der Objekte verändern (Forts.)

7

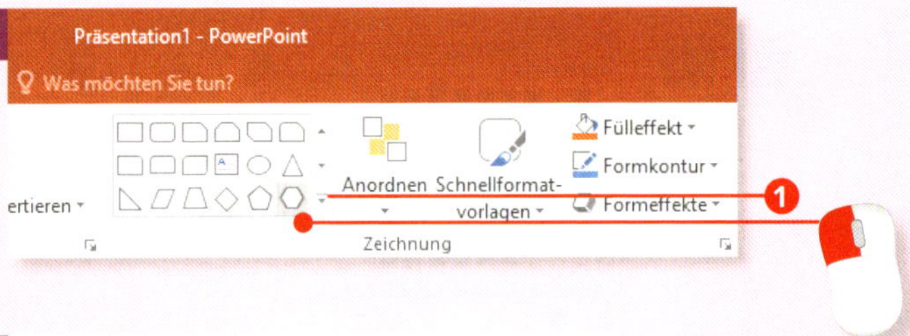

8

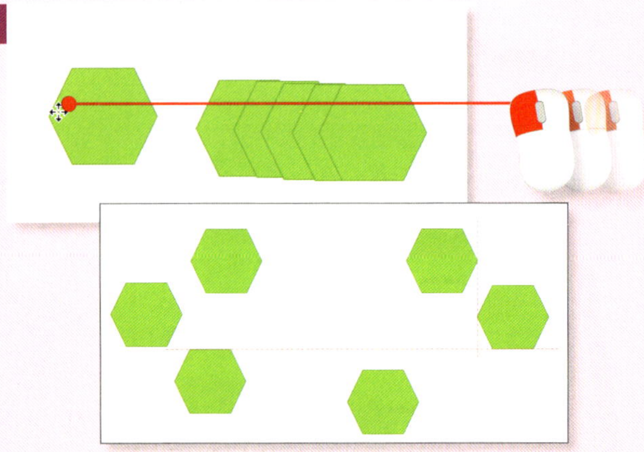

9

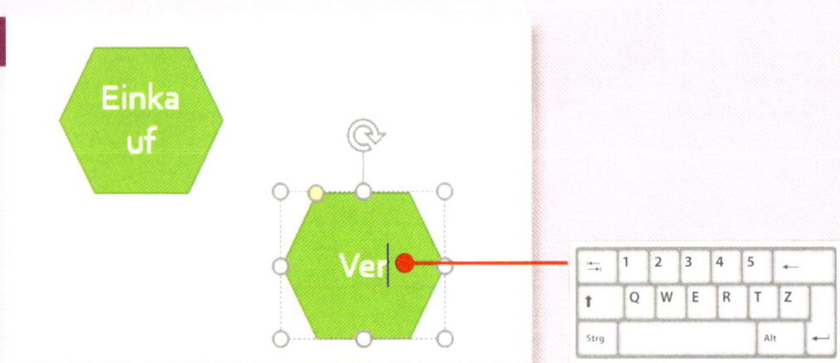

Schritt 7

In PowerPoint können Sie Formen zusammensetzen, wie eben gesehen, oder eingefügte Formen neu anordnen. Fügen Sie dazu auf einer neuen Folie über **Start ▸ Zeichnung** einige Sechsecke ein. (Wenn Sie die Form nicht sehen, wandern Sie per Klick auf den Pfeil ❶ durch den Katalog.)

Schritt 8

Sobald Sie den Vierfachpfeil auf einer Form sehen, können Sie sie greifen und mit gedrückter Maustaste verschieben. Klicken Sie jede Form an, und verschieben Sie die Formen separat, sodass sie einzeln sichtbar sind.

Schritt 9

Klicken Sie auf eine Form, und tippen Sie Text ein. Je mehr Text, desto kleiner die Schrift. Geben Sie in alle Formen Text ein. Damit der Text schön in die Form passt, können Sie das Textfeld über den Aufgabenbereich **Form formatieren ▸ Textoptionen ▸ Textfeld ▸ Rand** anpassen, die Schriftgröße verkleinern oder die Form vergrößern.

Ist der Text leserlich?

Text in Formen können Sie nach Belieben formatieren. Je nachdem, welches Farbdesign Sie gewählt haben, sollten Sie die Schriftfarbe anpassen, damit man den Text in der Form überhaupt sehen kann. Sie tun dies über **Start ▸ Schriftart ▸ Schriftfarbe**.

Schritt 10

Um alle Formen auf einmal größer zu ziehen, markieren Sie sie. Ziehen Sie dafür mit gedrückter Maustaste ein Rechteck von links oben nach rechts unten. Anhand der grauen Fläche sehen Sie, was Sie alles markiert haben.

10

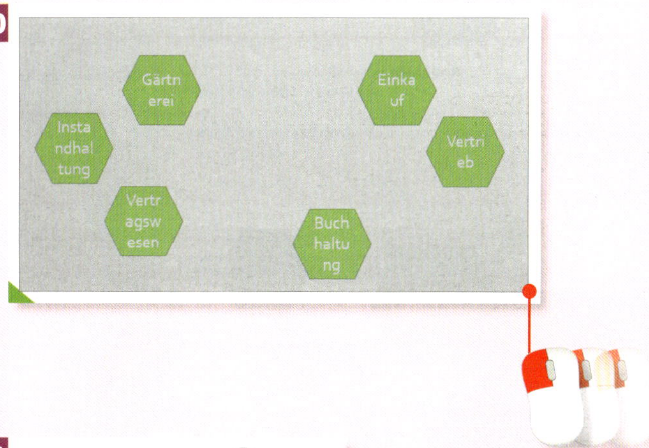

Schritt 11

Lassen Sie die Maustaste los. An allen Formen sind jetzt Ziehpunkte zu sehen. »Greifen« Sie einen Eckpunkt. Jede Aktion wirkt sich auch auf alle anderen markierten Formen aus. Halten Sie ⇧ gedrückt, während Sie die Form größer ziehen. Das sorgt dafür, dass ihre Proportionen erhalten bleiben.

11

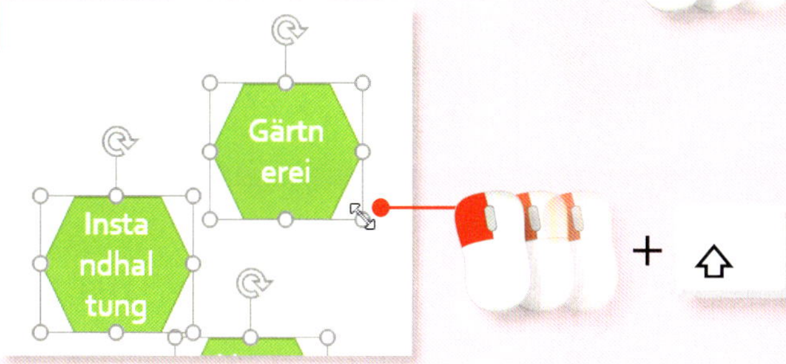

Schritt 12

Weil die Formen jetzt größer sind, überlappen sie sich teilweise. Welche Form vollständig zu sehen ist, können Sie bestimmen (siehe den Abschnitt »Die Reihenfolge von Objekten verändern« auf Seite 200), genauso wie Sie jede Form frei auf der Folie verschieben können. Auch die Größe lässt sich bei jeder Form einzeln ändern. Ordnen Sie Ihre Formen so an, dass Ihre Aussage deutlich wird.

12

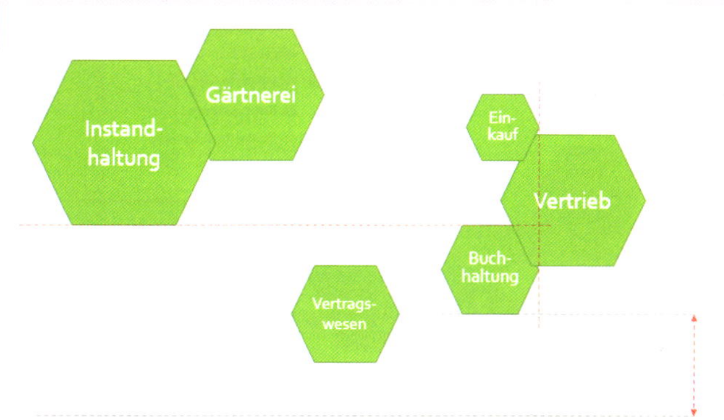

Objekte kopieren, einfügen und duplizieren

Bilder, ClipArts oder Formen brauchen Sie vielleicht nicht nur einmal, sondern mehrmals auf Ihren Folien. Dass das Kopieren, Einfügen und Duplizieren Ihnen ganz leichtfallen wird, sehen Sie hier.

1

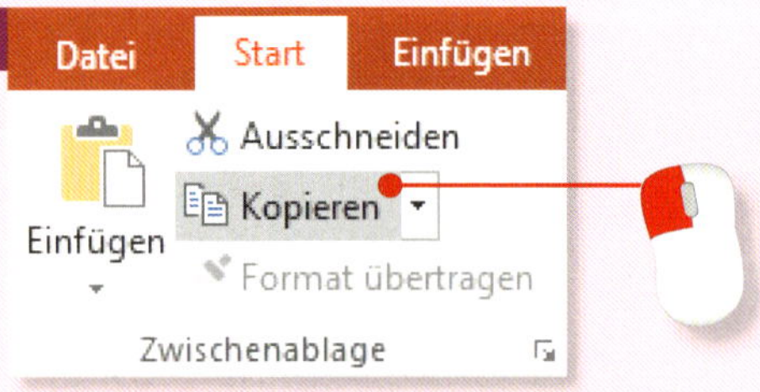

2

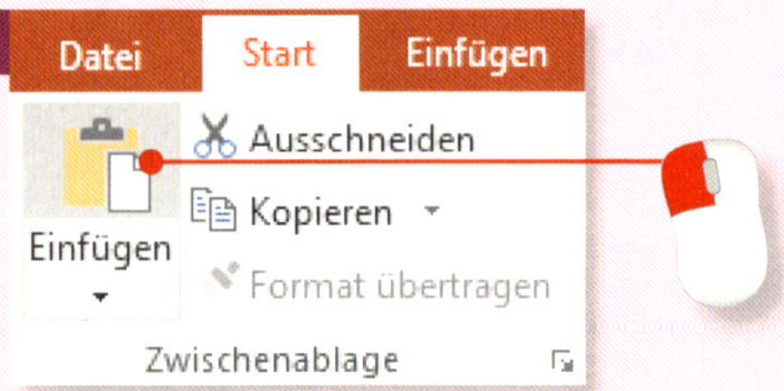

3

Schritt 1

Markieren Sie die Form, die Sie kopieren und wieder einfügen wollen, z. B. den Baum aus dem Abschnitt »Die Position der Objekte verändern« auf Seite 196. Klicken Sie auf der Registerkarte **Start** in der Gruppe **Zwischenablage** auf **Kopieren** (oder drücken Sie Strg + C).

Schritt 2

Wechseln Sie zu der Folie, auf der Sie das Objekt einfügen wollen, und klicken Sie auf **Start ▸ Zwischenablage ▸ Einfügen** (oder drücken Sie Strg + V).

Schritt 3

Nach dem Einfügen sehen Sie unten links oder rechts an der Form eine kleine Schaltfläche. Wenn Sie auf den Pfeil klicken, können Sie die Einfügeoptionen **Zieldesign verwenden** oder **Grafik** wählen.

Die richtige Einfügeoption wählen

Wenn Sie die Einfügeoption **Grafik** wählen, wandelt PowerPoint Ihr Bild in eine Grafik um. Diese können Sie nicht mehr mithilfe der Befehle der Registerkarte **Zeichentools** bearbeiten.

Schritt 4

Um einzelne Textteile zu kopieren, markieren Sie sie. Bei ganzen Textfeldern müssen Sie nur darauf achten, dass das Feld richtig markiert, also der Rahmen des Textfelds durchgezogen ist. Wählen Sie dann eine der Kopiermöglichkeiten, indem Sie im Kontextmenü auf **Kopieren** klicken.

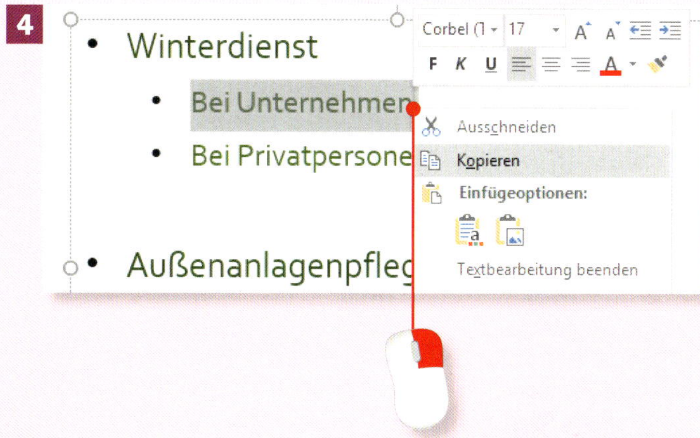

Schritt 5

Zum Einfügen klicken Sie auf **Start ▸ Zwischenablage ▸ Einfügen**, oder Sie drücken [Strg] + [V], oder Sie setzen einen Rechtsklick auf die Folie und wählen dann eine Einfügeoption. Ihr Text wird entsprechend eingefügt, wieder mit der kleinen Schaltfläche ❶ für die Einfügeoptionen (siehe Schritt 3).

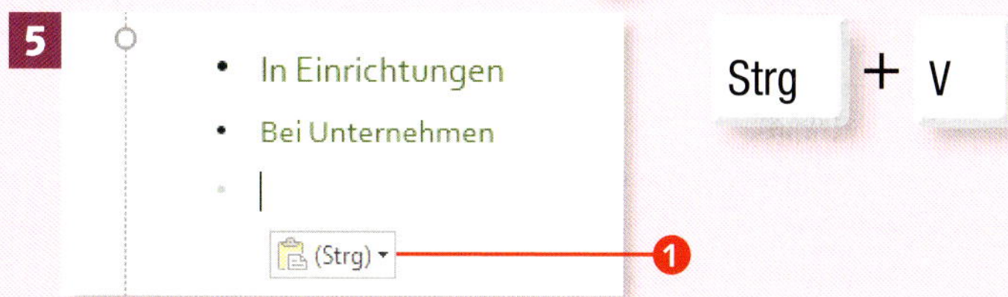

Schritt 6

Um ein Objekt mit allem Drum und Dran zu verdoppeln, markieren Sie es und klicken auf der Registerkarte **Start** auf den Pfeil an der Schaltfläche **Kopieren**. Mit **Duplizieren** wird das Objekt ein zweites Mal auf der Folie eingefügt. Haben Sie zwei Objekte markiert, werden beide dupliziert etc. Auch [Strg] + [D] dupliziert markierte Formen.

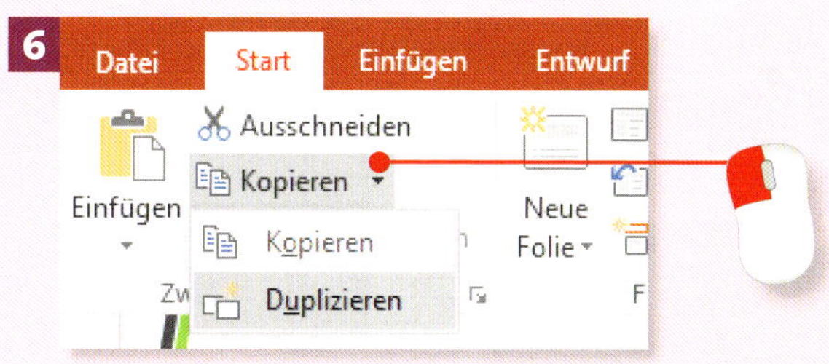

Ganz einfach ein Textfeld markieren

Um das Textfeld, in dem der Cursor steht, komplett zu markieren, drücken Sie einmal [Esc] ganz links oben auf Ihrer Tastatur. Die gestrichelte Linie, die anzeigt, dass das Feld eingabebereit ist, wird zum durchgezogenen Rahmen, der anzeigt, dass das gesamte Feld markiert ist. Um den Cursor gar nicht erst ins Textfeld zu setzen, halten Sie beim Klick auf das Feld [Strg] gedrückt.

Text um Bilder herum anordnen (Forts.)

7

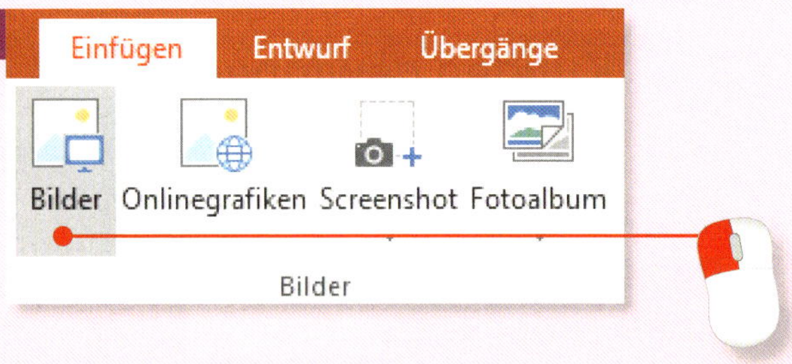

8

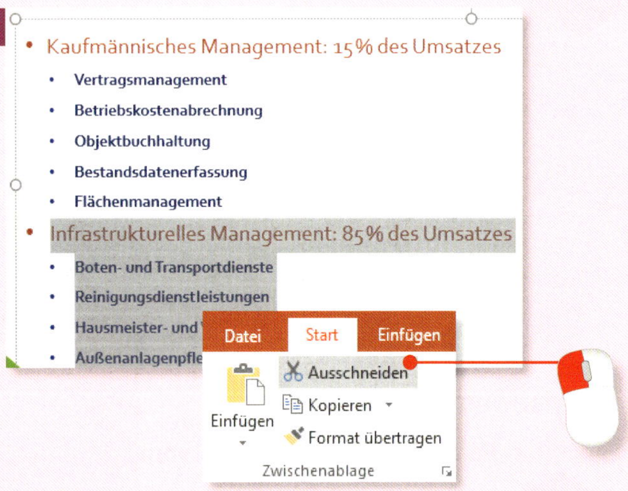

9

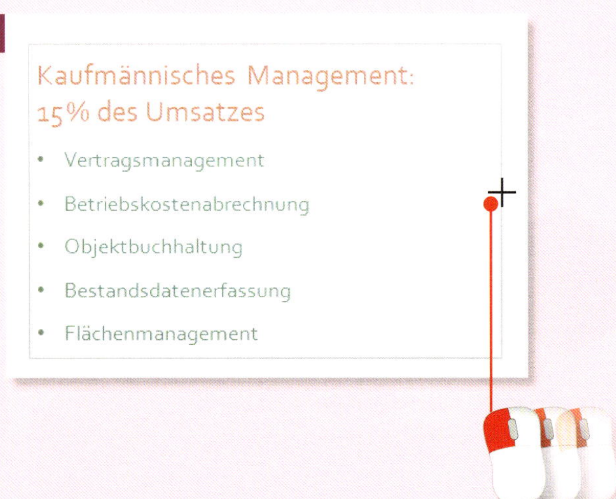

Schritt 7

Zweites Beispiel: Ein Bild oder ein ClipArt soll zwischen zwei Textblöcken stehen. Fügen Sie also zunächst ein Bild oder ein gespeichertes ClipArt über **Einfügen ▸ Bilder** bzw. **Einfügen ▸ Onlinegrafiken** ein (siehe Kapitel 6, »Fotos und ClipArts einfügen«, ab Seite 112).

Schritt 8

Markieren Sie den Text des unteren Textblocks, und schneiden Sie ihn aus. Klicken Sie dazu entweder auf der Registerkarte **Start** in der Gruppe **Zwischenablage** auf **Ausschneiden**, oder drücken Sie Strg + X. Der Text wird von der Folie genommen und in der *Zwischenablage* gespeichert.

Schritt 9

Klicken Sie den Rahmen des Textblocks an, und verkleinern Sie ihn. Ziehen Sie dazu den mittleren Ziehpunkt an der rechten Seite nach links.

Eher umständlich

Wenn Ihr Bild im Fließtext erscheinen soll, müssen Sie den Text, der das Bild überlappt, durch Einfügen von Leerzeichen neben das Bild rücken.

Schritt 10

Klicken Sie mit der rechten Maustaste auf eine leere Stelle der Folie, und wählen Sie die Einfügeoption **Ursprüngliche Formatierung beibehalten** aus dem Kontextmenü. Der Text des unteren Blocks wird in ein neues Textfeld in der Mitte Ihrer Folie eingefügt.

10

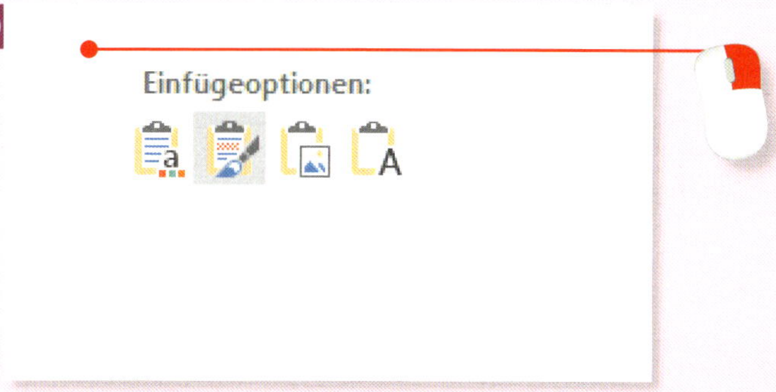

Schritt 11

Ziehen Sie das in Schritt 10 eingefügte Textfeld nach rechts, und verschieben Sie das Bild zwischen die beiden Textfelder. Trennen Sie (wenn nötig) einzelne Wörter, damit der Text nicht in das Bild hineinreicht. Wenn der Text trotz Trennstrich nicht in die nächste Zeile umbrochen wird, fügen Sie einen weichen Zeilenumbruch ein (siehe den Kasten »Vorsicht beim Trennen« auf Seite 209). Richten Sie den Text im rechten Textfeld ggf. rechtsbündig aus.

11

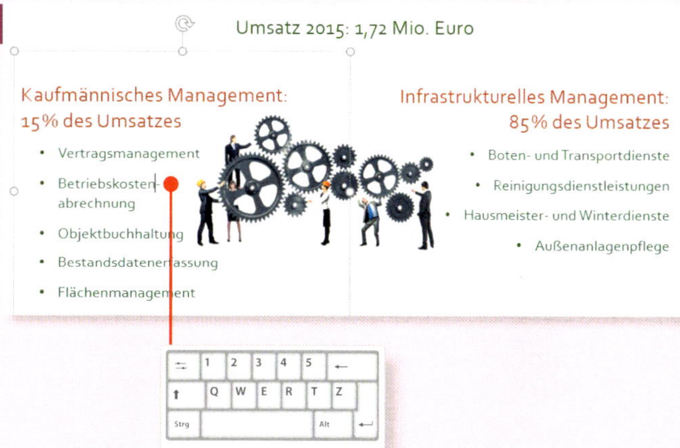

Schritt 12

Richten Sie schließlich die Textfelder so aus, dass die jeweils oberste Zeile auf einer Linie ist. Sie können dazu die intelligenten Führungslinien nutzen.

12

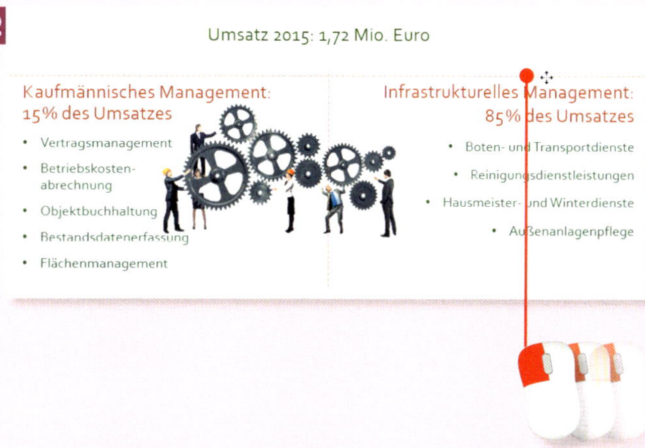

Kapitel 10
Tabellen und Diagramme einfügen

Manche Informationen lassen sich am besten kurz und bündig in einer Tabelle wiedergeben. Auch Diagramme wandeln schwierige Sachverhalte in verständliche Schaubilder um. In diesem Kapitel erfahren Sie, wie Sie Tabellen und Diagramme anlegen, erweitern, formatieren und ändern.

Tabellen anlegen

Eine Tabelle kann ganz leicht angelegt und mit Text gefüllt werden. Hier erfahren Sie außerdem, wie Sie die Tabelle etwas schicker gestalten können ❶ – auch wenn Tabellen zugegebenermaßen nicht zu den Highlights von PowerPoint gehören.

Diagramme entwerfen

Wählen Sie aus den verschiedenen Diagrammtypen den passenden aus. PowerPoint greift beim Eingeben und Ändern der Diagrammdaten auf Excel zurück ❷, aber keine Sorge: Was jetzt kompliziert klingen mag, beherrschen Sie mithilfe unserer Anleitung schnell.

Excel-Tabellen in PowerPoint einbinden

Bieten Sie Ihrem Publikum eine leicht verständliche Auswertung von komplizierten oder umfangreichen Daten. Fügen Sie dazu einfach fertige Excel-Diagramme ❸ auf Ihrer Folie ein.

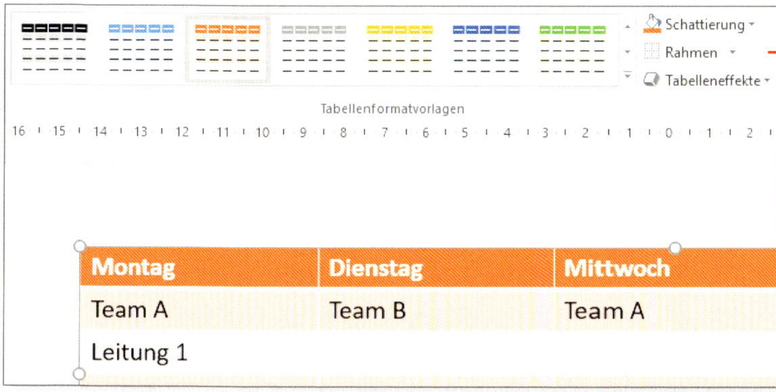

1 Zeichnen Sie eine Tabelle auf Ihre Folie, und gestalten Sie sie mit den Vorlagen, die PowerPoint Ihnen bietet.

2 Geben Sie die Diagrammdaten in ein Excel-Blatt ein, das PowerPoint automatisch für Sie öffnet.

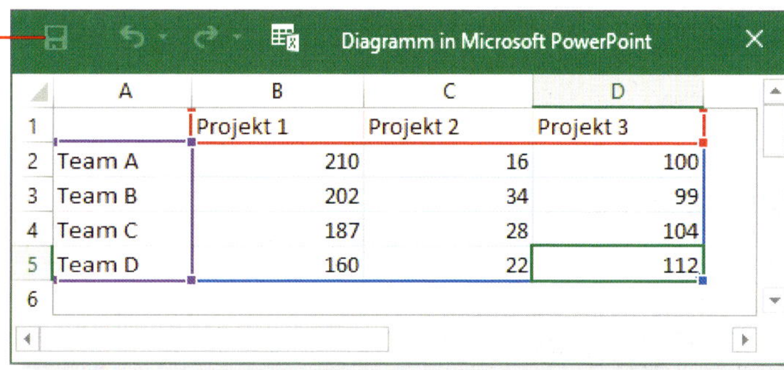

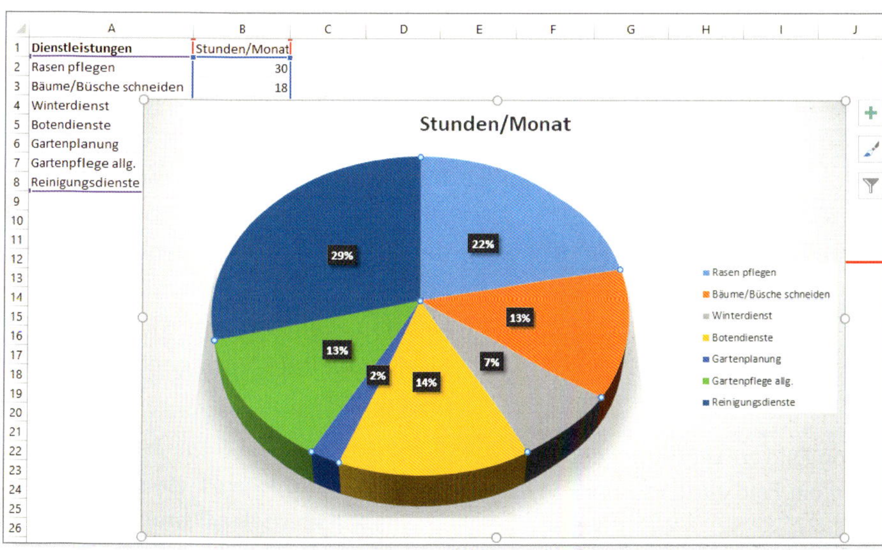

3 Nutzen Sie den Funktionsumfang von Excel auch für Ihre PowerPoint-Präsentation.

Kapitel 11
Audio- und Videodateien einbinden

PowerPoint-Präsentationen lassen sich mit Musik und Filmen zu einem multimedialen Erlebnis ausweiten. Vorsichtig eingesetzt, sind solche Mediadateien eine sinnvolle Ergänzung Ihrer Folien. In diesem Kapitel lesen Sie, wie Sie Musik und Filme einfügen, bearbeiten und abspielen (wie Sie Musik bei selbst ablaufenden Präsentationen einbinden, erfahren Sie im Abschnitt »Musik sinnvoll einsetzen« auf Seite 272).

Musik einspielen

Musik und Klänge können Sie gut zur Steigerung der Aufmerksamkeit nutzen. Sie lassen sich einfach einfügen und so formatieren, dass sie zum Gesamtbild der Präsentation passen ❶.

Videos aus verschiedenen Quellen einbinden

Sie können Videos in vielen Formaten und aus verschiedenen Quellen in Ihre Präsentation einfügen. Auch Videos lassen sich bearbeiten ❷ und Ihrer Präsentation anpassen.

Musiktitel bearbeiten

Ist Ihnen ein Musikstück zu lang, kürzen Sie es einfach. Für einen sanften Übergang lassen Sie die Musik langsam ein- oder ausklingen ❸.

1. Fügen Sie Musik ein, und integrieren Sie das Audiosymbol ins Gesamtbild.

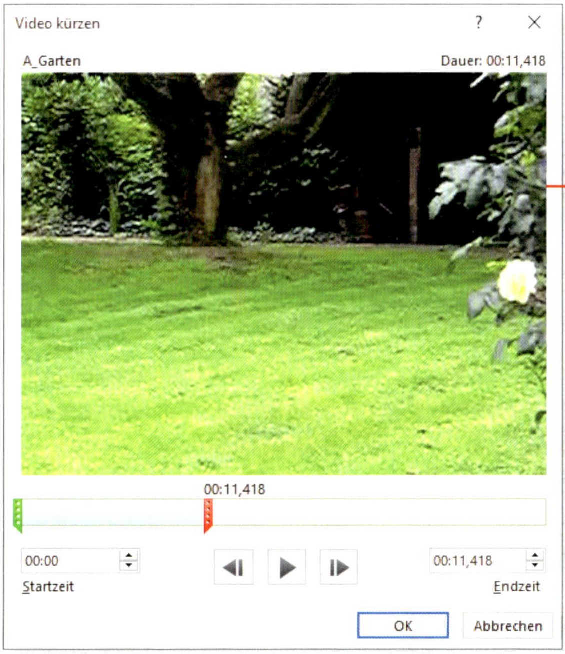

2. Bearbeiten Sie Ihre Filme: Kürzen oder neu einfärben sind nur zwei Möglichkeiten.

3. Passen Sie die Musik an Ihre Präsentation an.

Kapitel 12
Animationen

7

Mit Animationen können Sie Ihrer Präsentation zusätzlichen Glanz verleihen. Lassen Sie Objekte erscheinen und verschwinden oder auf Animationspfaden »wandeln«. Aber: Animationen können Ihre Präsentation ruinieren, wenn sie übertrieben verwendet werden. Lesen Sie in diesem Kapitel, wie Sie Animationen effektvoll einsetzen.

8

Texte, Bilder & Co. auf der Folie erscheinen lassen

ClipArts, SmartArts, Texte, Bilder – all diese Objekte können animiert werden. Ihr Erscheinen auf der Folie wird »Eintritt« oder »Eingang« genannt. Lernen Sie die verschiedenen Eingangseffekte ❶ kennen.

Objekte bewegen

Sparsam verwendet, können Sie mit diesem Effekt punkten: Lassen Sie Objekte einem Animationspfad ❷ über die Folie folgen. PowerPoint bietet Ihnen sowohl fertige Pfade als auch die Möglichkeit, einen eigenen Pfad zu zeichnen.

9

Texte oder Objekte wieder verschwinden lassen

Objekte erscheinen, Objekte verschwinden – fast schon wie Zauberei! Mit den Effekten für den »Ausgang« ❸ verlassen Texte & Co. die Folie wieder.

Wählen Sie aus zahlreichen Eingangseffekten den passenden aus. ❶

Bringen Sie mit Animationspfaden Bewegung auf die Folie. ❷

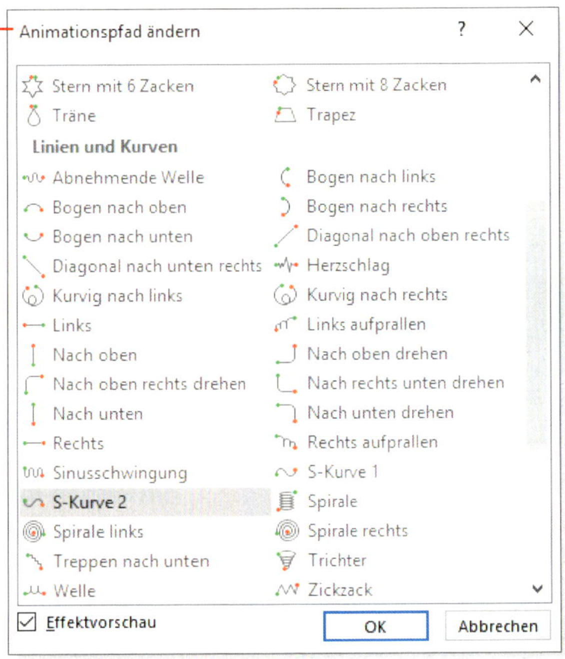

Mit Ausgangseffekten gestalten Sie einen gelungenen Abgang. ❸

Kapitel 13
Folienübergänge gestalten

Eine Folie folgt auf eine andere Folie, so funktionieren Präsentationen. Diesen Übergang von einer Folie zur anderen können Sie in PowerPoint 2016 mithilfe zahlreicher Effekte interessant gestalten.

Einen Übergang auswählen

Sie mögen den Effekt **Wischen**? Oder doch lieber **Galerie**? Lernen Sie die verschiedenen Übergänge kennen, und suchen Sie sich einen passenden aus ❶.

Anzeigedauer für die Folien einstellen

Bestimmen Sie auf die Sekunde genau, wie lange eine Folie zu sehen sein soll; legen Sie fest, wie lang der Folienübergang dauern wird und ob diese Einstellungen für alle Folien ❷ gelten.

Präsentationen mit Musik untermalen

Bei bestimmten Präsentationen ist es sinnvoll, Texte und Bilder mit Musik zu unterlegen, z. B. bei einer selbst ablaufenden Präsentation ohne gesprochenen Kommentar. Sie kann entweder durchlaufen ❸ oder bestimmten Folien und Animationen zugeordnet werden. In diesem Kapitel lernen Sie zwei Wege zum Einfügen von Musik kennen.

❶ Von einer Folie zur nächsten: Setzen Sie elegante oder spektakuläre Übergänge ein.

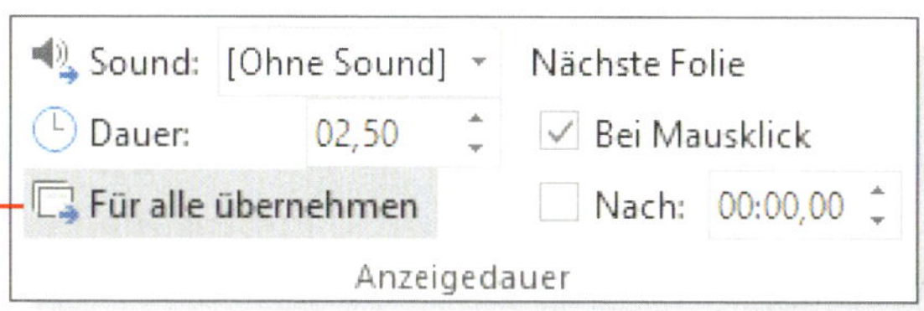

❷ Mit einem Klick legen Sie die gleichen Einstellungen für alle Folien fest.

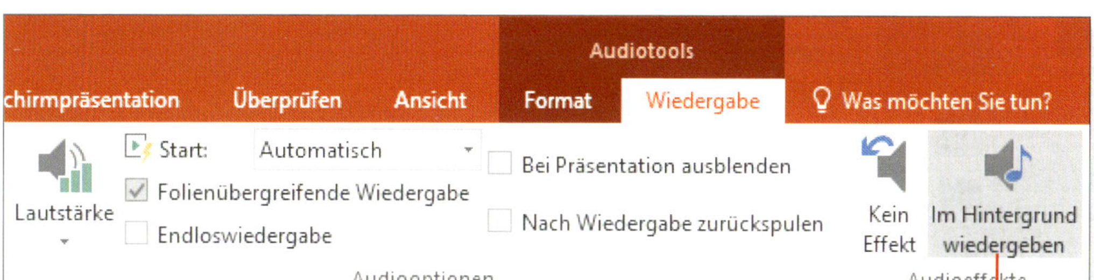

❸ Spielen Sie mit dem Folienübergang Musik ab – oder lassen Sie sie während der gesamten Präsentation laufen.

Kapitel 14
Gekonnt präsentieren

Ob Vortrag durch einen Redner, selbst ablaufend an einem Messestand oder im Internet: Alle Präsentationstypen haben ihre besonderen Einstellungen, die Sie hier kennenlernen. Sie erfahren auch, wie Sie Ihre Präsentation testen und worauf Sie beim Präsentieren achten sollten, damit Ihr Publikum Ihnen gern folgt.

Die Präsentation einrichten
Mit oder ohne Redner, mit oder ohne Sound? Bestimmte Optionen ❶ im Dialogfenster **Bildschirmpräsentation einrichten** müssen aktiviert sein, damit die Präsentation richtig abläuft.

Testen, testen, testen!
Wenn Sie einen Vortrag zu Ihrer Präsentation halten, sollten Sie ihn vorher üben. Beim Probelauf ❷ können Sie Ihre Präsentation noch weiter verbessern. Lassen Sie sich z. B. nicht von den vielen Animationseffekten von PowerPoint 2016 in Versuchung führen.

Stolpersteine umgehen: Technik und Animation
Lesen Sie, wie Sie einen Beamer anschließen ❸ und welche Fehler Sie bei der Präsentation vermeiden können. Nutzen Sie beim Präsentieren die Referentenansicht für mehr Kontrolle und zum Hervorheben wichtiger Folienelemente.

Legen Sie fest, ob die Präsentation durch einen Redner gehalten wird oder automatisch selbst abläuft. **1**

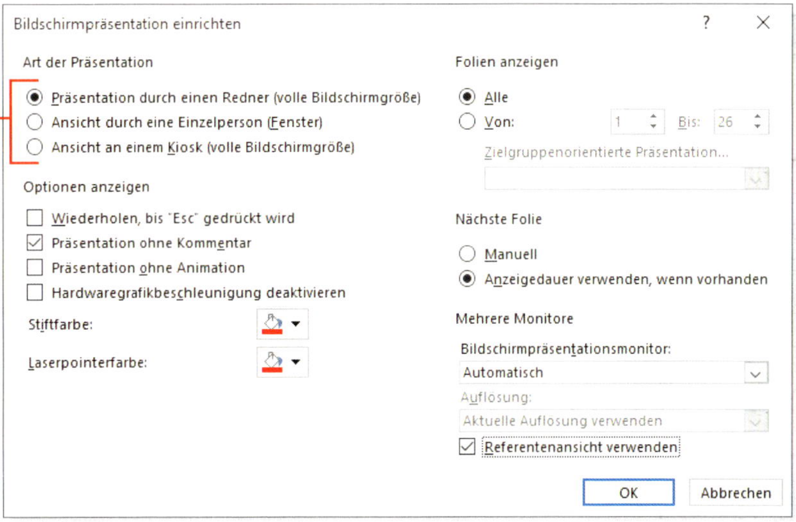

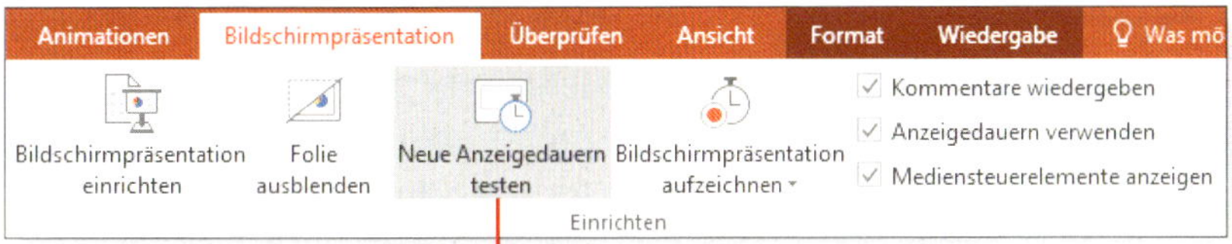

2 Testen Sie Folienübergänge, Animationen und natürlich auch, wie lange Sie für Ihren Vortrag pro Folie brauchen.

3 Welcher Stecker gehört in welches Gerät? Zum Glück ist das Verbinden von Computer und Beamer mit den neueren Geräten leicht.

Probelauf und Feinabstimmung

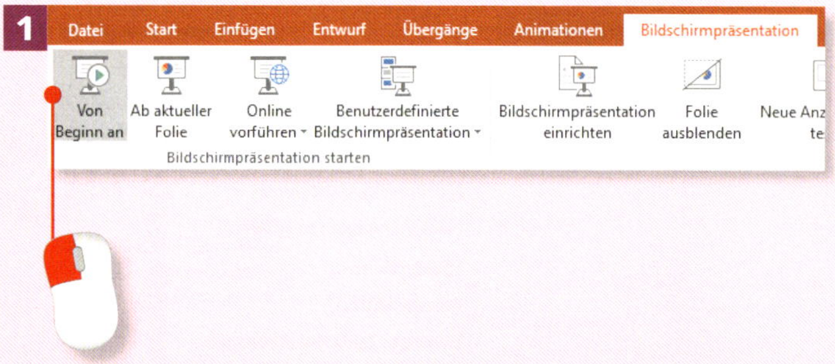

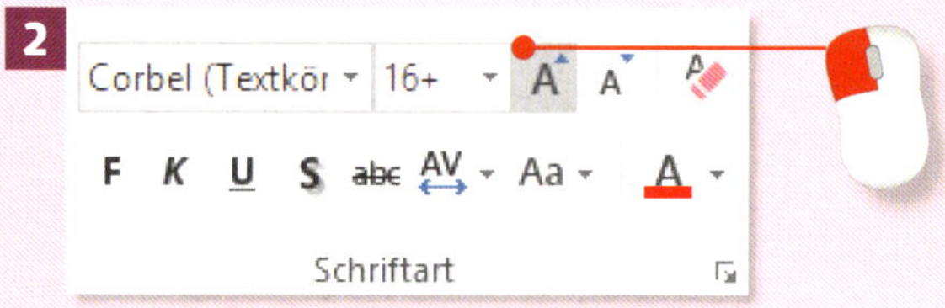

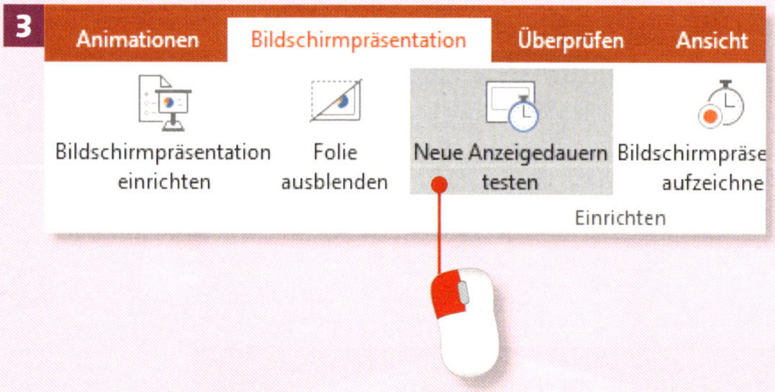

Wenn Sie Ihre Präsentation vortragen, muss alles sitzen. Eine selbst ablaufende Präsentation sollte nicht wegen technischer Fehler hängenbleiben. Nehmen Sie sich Zeit fürs Testen!

Schritt 1

Lassen Sie Ihre komplette Präsentation ablaufen. Drücken Sie dazu F5, oder klicken Sie auf der Registerkarte **Bildschirmpräsentation** auf **Von Beginn an**. Üben Sie ggf. Ihren Text dazu. So bekommen Sie ein Gefühl dafür, wie lange Sie für eine Folie brauchen.

Schritt 2

Stimmen alle Übergänge? Klappen die Animationen? Werden alle Filme richtig abgespielt? Sind Schriftarten und -größen einheitlich? Wenn nicht, ändern Sie die Gestaltung Ihrer Folien noch einmal.

Schritt 3

Sie können die Anzeigedauer auch mit der Schaltfläche **Neue Anzeigedauern testen** überprüfen. Dies funktioniert für alle Präsentationen; bei selbst ablaufenden Präsentationen können Sie die Anzeigedauern sogar direkt speichern.

PPSX- bzw. PPSM-Dateien

Eine Präsentation mit der Dateiendung *.ppsx* oder *.ppsm* startet beim Aufrufen sofort als Bildschirmpräsentation, d.h., Sie müssen nicht erst den Umweg über die Registerkarte gehen.

Schritt 4

Die Bildschirmpräsentation startet im Probelauf, links oben wird eine Stoppuhr eingeblendet. Sie zählt die Dauer der Anzeige jeder Folie mit ❶ und speichert sie. Außerdem wird die Gesamtzeit ❷ angezeigt.

4

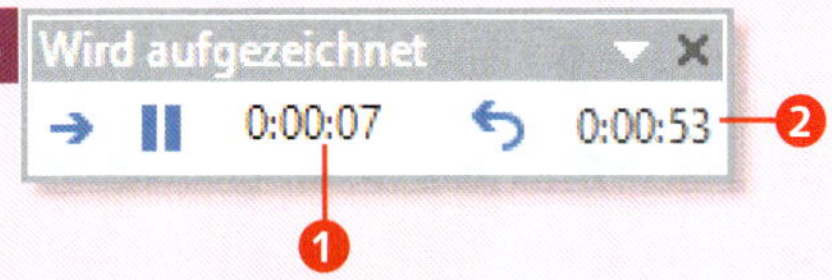

Schritt 5

Bei Präsentationen mit voreingestellter Anzeigedauer werden Ihre bisherigen Einstellungen überschrieben; dafür können Sie hier aber auch für jede Folie individuell bestimmen, wie lange sie sichtbar sein soll. Klicken Sie auf **Weiter**, um die nächste Animation zu starten bzw. die nächste Folie zu zeigen – in *Ihrem* Tempo.

5

Schritt 6

Nach der letzten Folie schließen Sie die Präsentation, indem Sie [Esc] drücken. PowerPoint meldet die Gesamtlänge und fragt (bei selbst ablaufenden Präsentationen), ob die neuen Anzeigedauern gespeichert und verwendet werden sollen. Klicken Sie auf **Ja**.

6

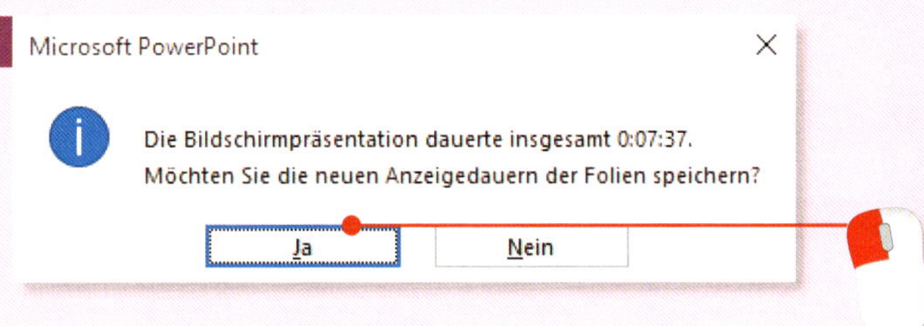

Zeitlicher Rahmen

Auch wenn die Option **Neue Anzeigedauern testen** heißt: Mit ihr legen Sie individuelle Anzeigedauern für jede einzelne Folie fest. Nutzen Sie diese hilfreiche Funktion vor allem bei selbst ablaufenden Präsentationen, und testen Sie, wie lange man zum Lesen einer Folie jeweils benötigt. Überschreitet die Gesamtlänge den zeitlichen Rahmen, ändern Sie die Anzeigedauer einzeln auf der Registerkarte **Übergänge**.

Beamer, Notebook, Kabel

1

2

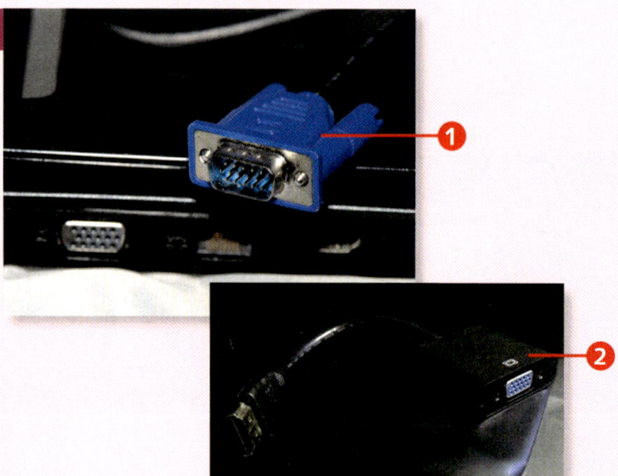

3

In welcher Reihenfolge einschalten und verbinden?
Beachten Sie beim Einschalten und Verbinden die Betriebsanleitung des Beamers: Manche Geräte müssen erst mit dem Notebook verbunden werden, bevor dieses eingeschaltet wird.

Ohne Technik keine PowerPoint-Präsentation! Machen Sie sich mit den notwendigen Geräten und Kabeln vertraut.

Schritt 1

Vor der Präsentation prüfen Sie, ob alle Geräte (Notebook, Beamer) und Kabel da sind und – bei fremden Computern – ob PowerPoint installiert ist. Wenn Sie eine Leinwand benötigen, sollte sie fürs Publikum gut sichtbar aufgebaut sein. Schalten Sie Beamer und Computer ein; die Geräte sind noch nicht verbunden.

Schritt 2

Wenn beide Geräte betriebsbereit sind, verbinden Sie sie mit dem VGA-Kabel ❶. Bei neueren Notebooks benötigen Sie ein HDMI-Kabel oder einen HDMI-Adapter ❷. Der Computer hat an der Seite oder der Rückseite einen passenden Anschluss. Stecken Sie das Kabel in die Buchse.

Schritt 3

Das andere Ende des Kabels stecken Sie in die entsprechende Buchse am Beamer ❸. Schrauben Sie es an beiden Geräten fest; dazu nutzen Sie die blau ummantelten Schrauben.

Schritt 4

PowerPoint 2016 erkennt den Beamer und zeigt automatisch das gleiche Bild wie auf dem Computer (hier mit Referentenansicht). Wenn nicht, drücken Sie [⊞] + [P], um die Optionen für die Bildschirmanzeige zu öffnen, und wählen **Duplizieren**.

4

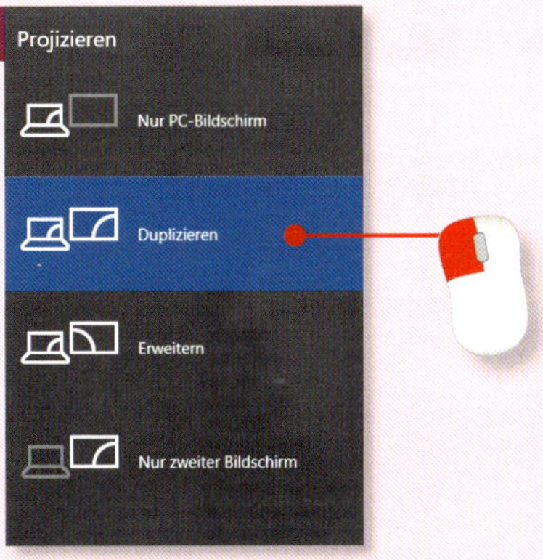

Schritt 5

Klicken Sie auf **Erweitern**, wenn Sie eine andere Ansicht nutzen möchten als die, die Sie dem Publikum zeigen. Sie können dann aber besser die Referentenansicht einschalten, falls sie nicht ohnehin automatisch aktiviert wurde (siehe den Abschnitt »Die Referentenansicht sinnvoll nutzen« auf Seite 286).

5

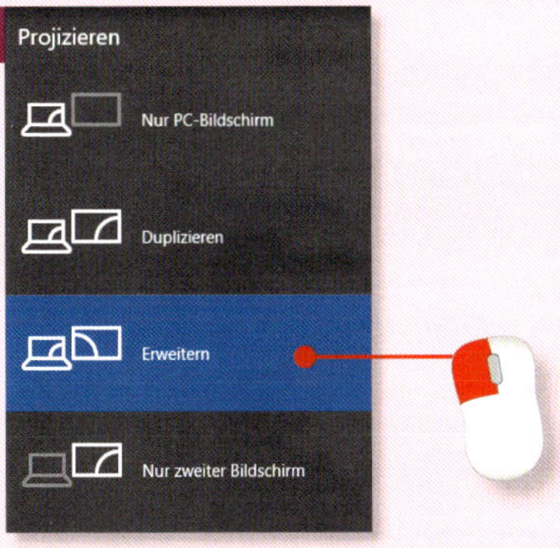

Schritt 6

Öffnen Sie mit [Alt] + [F5] die Präsentation in der Referentenansicht, und zeigen Sie Ihrem Publikum zunächst eine Vorschaufolie (siehe Schritt 12 auf Seite 285). Die *automatische Erweiterung* in PowerPoint sorgt in der Regel dafür, dass Ihre Präsentation in allen Situationen richtig angezeigt wird, auch wenn Sie sie auf einen zweiten Monitor projizieren.

6

Kapitel 15
Präsentationen drucken und weitergeben

PowerPoint-Präsentationen können Sie nicht nur für Ihren Vortrag benutzen, sondern Sie können sie auch im Internet mit anderen bearbeiten und sie online zeigen, sie auf Ihrer Website einbinden oder auf DVD brennen. Je nach Dateigröße lassen sich Präsentationen auch per E-Mail verschicken. In diesem Kapitel erfahren Sie, was die Vor- und Nachteile der einzelnen Wege sind und wie Sie sie nutzen.

Die Präsentation drucken

Drucken Sie die Präsentation mit Notizen für sich ❶, mit Platz zum Schreiben für Ihr Publikum oder als reine Textübersicht – PowerPoint bietet für jeden dieser Zwecke das richtige Druckformat.

Im Internet zusammenarbeiten

Unabhängig von Zeit und Ort können Sie gemeinsam an einer Präsentation arbeiten, Änderungen kommentieren ❷ und speichern.

Die Präsentation verfilmen

Machen Sie ein Video ❸ aus Ihrer Präsentation – so ist sie immer wieder vorzeigbar und unabhängig von Ort, Raum, Zeit und dem Vortragenden.

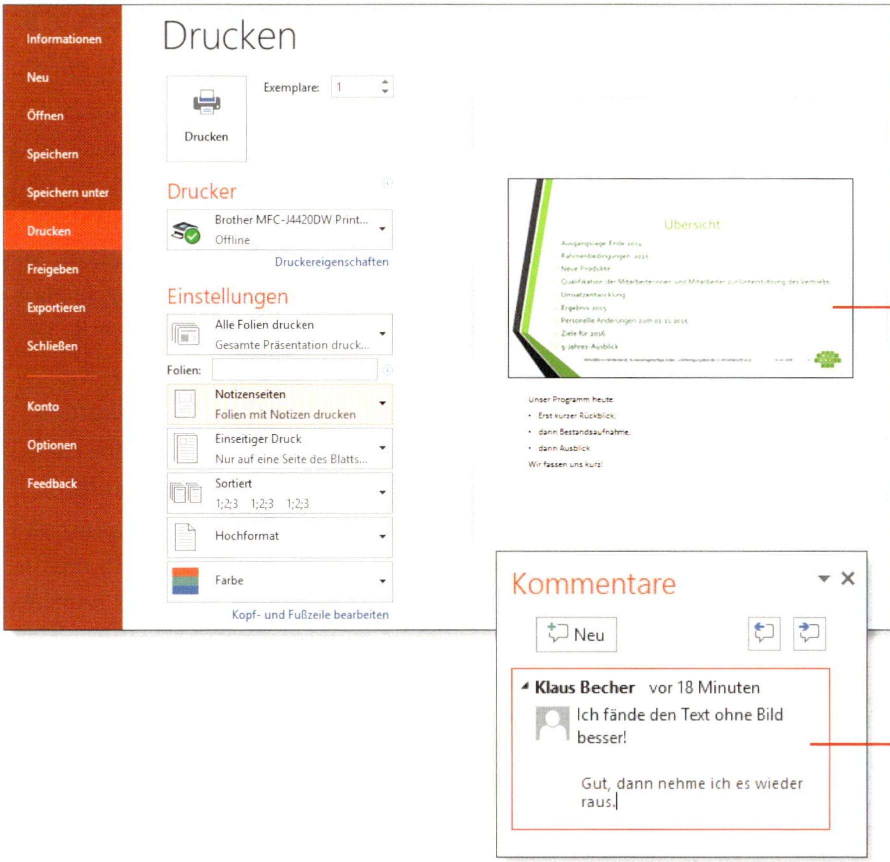

1 Drucken Sie Ihre Präsentation inklusive Ihrer Notizen aus.

2 Sie können ganz einfach zusammen mit Ihren Kollegen an einer Präsentation arbeiten und ihre Arbeit z. B. kommentieren.

3 Eine gut vorbereitete Präsentation lässt sich in wenigen Schritten zu einem Video machen.

Den Onlinespeicher OneDrive nutzen

Ihre Präsentation ist fertig vorbereitet und soll Ihnen auch auf anderen Computern zur Verfügung stehen? Kein Problem; speichern Sie sie einfach auf OneDrive, und bearbeiten Sie sie online.

Schritt 1

Stellen Sie sicher, dass Sie über ein OneDrive-Konto verfügen (siehe dazu den Kasten »Microsoft-Konto«). Klicken Sie auf **Datei ▸ Speichern unter ▸ OneDrive – Persönlich**.

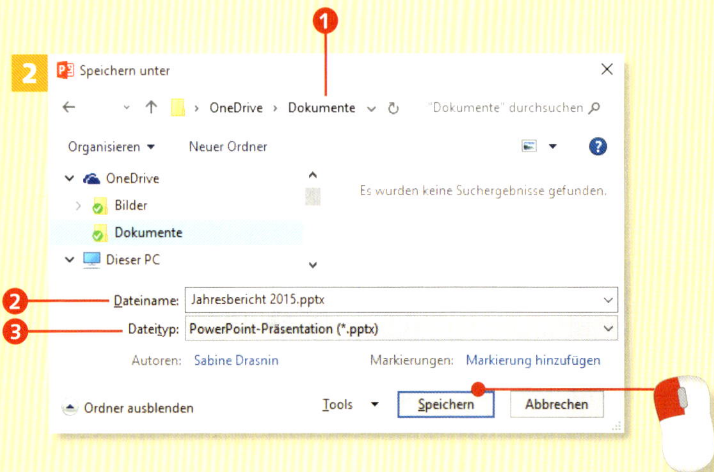

Schritt 2

Im Dialogfenster **Speichern unter** wählen Sie den passenden Ordner, hier also **Dokumente** ❶. Ändern Sie, falls nötig, die Angaben in den Feldern **Dateiname** ❷ und **Dateityp** ❸. Klicken Sie dann auf **Speichern**.

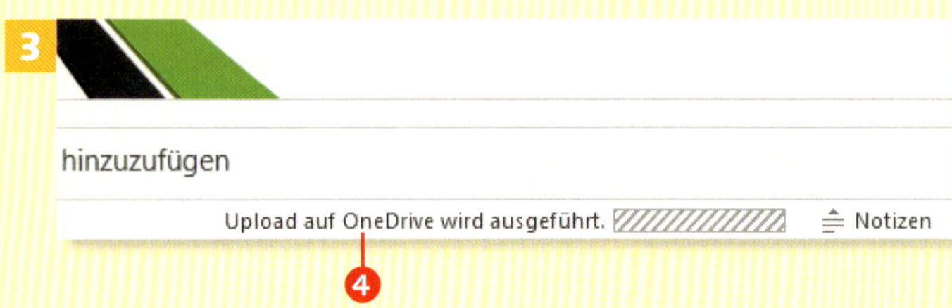

Schritt 3

Das Dialogfenster wird geschlossen, und Sie kehren zur PowerPoint-Ansicht zurück. Unten in der Statusleiste sehen Sie die Meldung **Upload auf OneDrive wird ausgeführt** ❹.

Microsoft-Konto

Zum Einrichten eines kostenlosen OneDrive-Kontos müssen Sie über ein Microsoft-Konto verfügen.

Schritt 4

Öffnen Sie Ihr OneDrive-Konto über Ihr E-Mail-Konto oder direkt über die Adresse *https://onedrive.live.com/about/de-de*. Wechseln Sie zum Speicherort der Präsentation, hier also **Dokumente**.

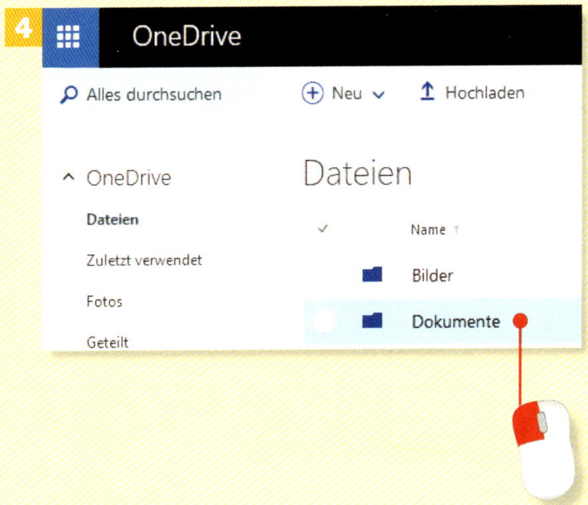

Schritt 5

Mit einem Klick auf den Dateinamen öffnen Sie die Präsentation in der PowerPoint Web App. Hier können Sie die Präsentation direkt bearbeiten; klicken Sie dazu auf **Präsentation bearbeiten ▸ In PowerPoint bearbeiten**.

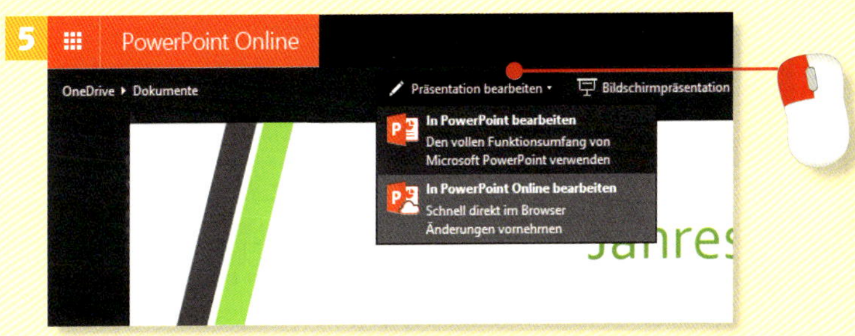

Schritt 6

Die Web App stellt Ihnen fast die gleichen Möglichkeiten wie PowerPoint auf Ihrem Computer zur Verfügung. Animationen und Übergänge werden aber nur eingeschränkt angeboten, der Folienmaster gar nicht. Zum Beenden klicken Sie oben rechts auf **Abmelden**. Sie brauchen Ihre Änderungen nicht zu speichern; die Web App sichert sie automatisch.

Kommentare einfügen

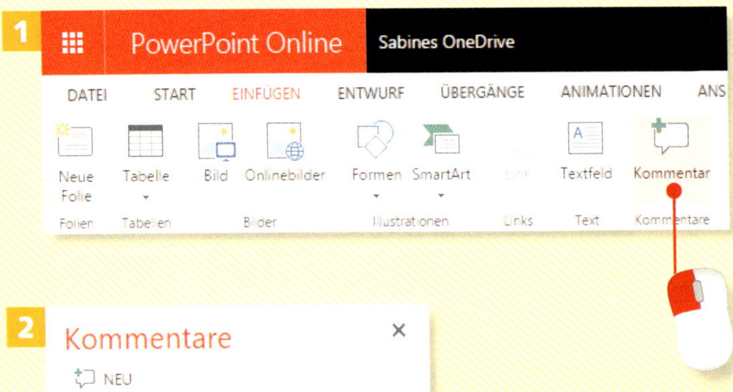

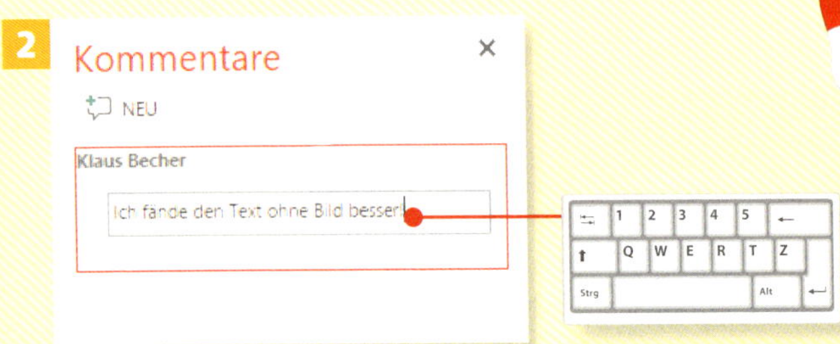

Sie können gemeinsam an einer Präsentation arbeiten und sich z. B. dabei Nachrichten senden. Alle Nutzer können auch Kommentare zur Präsentation hinzufügen.

Schritt 1

Rufen Sie über OneDrive Ihre Präsentation und die Folie auf, die Sie kommentieren wollen, und klicken Sie auf die zu kommentierende Stelle. Klicken Sie dann auf der Registerkarte **Einfügen** auf **Kommentar**.

Schritt 2

Rechts neben der Folie wird der *Kommentarbereich* geöffnet. Schreiben Sie Ihren Kommentar in das vorgesehene Textfeld. Genauso können die anderen Nutzer der OneDrive-Präsentation einen Kommentar schreiben.

Schritt 3

Solch ein »fremder« Kommentar wird Ihnen in Ihrer Präsentation mit einer Kommentarblase ❶ oben links angezeigt. Rufen Sie den Kommentar entweder mit einem Klick auf die Blase auf, oder öffnen Sie den Kommentarbereich über **Überprüfen ▸ Kommentare ▸ Kommentare anzeigen**.

Kommentare in der Web App

Wenn Sie online mit der Web App arbeiten, lassen sich die Kommentare nicht direkt an die Textstelle setzen, zu der sie gehören sollen, sondern nur an den Textrahmen. Verschieben Sie nach dem Schreiben die Kommentarblase mit gedrückter Maustaste an die gewünschte Stelle. Um Kommentare in der Web App anzeigen zu lassen, klicken Sie entweder auf die Kommentarblase oder auf der Registerkarte **Ansicht** auf **Kommentare anzeigen**.

Schritt 4

Geben Sie eine Antwort unter dem ersten Kommentar ein. Drücken Sie [↵], um den Kommentar »abzuschicken«. Er wird automatisch gespeichert.

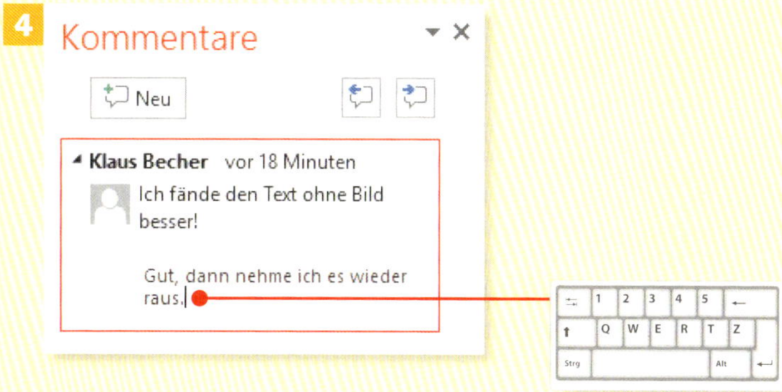

Schritt 5

Auf der Folie erscheint eine doppelte Kommentarblase. Wird sie angeklickt, sind die Kommentare rechts im Kommentarbereich mit Eingabedatum zu lesen. So kann jeder sehen, wer wann welchen Kommentar geschrieben hat.

Schritt 6

Um einen Kommentar zu löschen, klicken Sie im Kommentarbereich auf das Kreuz am Kommentar. Alternativ klicken Sie die Blase an und drücken dann [Entf].

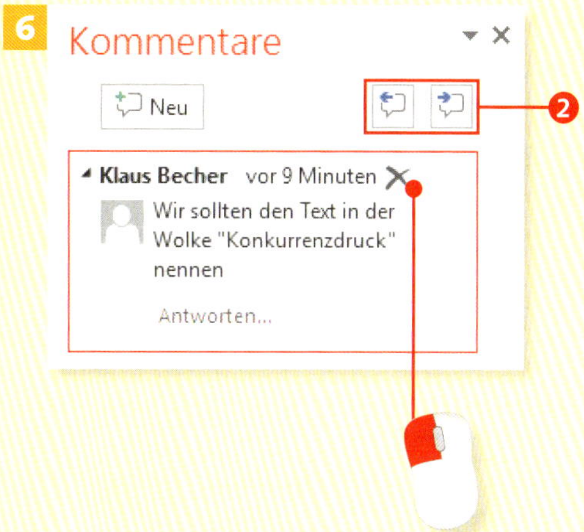

Kommentare auf anderen Folien

Im Aufgabenbereich **Kommentare** sehen Sie die Kommentare zur aktiven Folie. Wenn Sie zu einem Kommentar auf einer früheren oder späteren Folie wechseln wollen, klicken Sie auf das Symbol mit dem Pfeil nach links bzw. rechts ❷.

Die Präsentation als PDF-Datei speichern

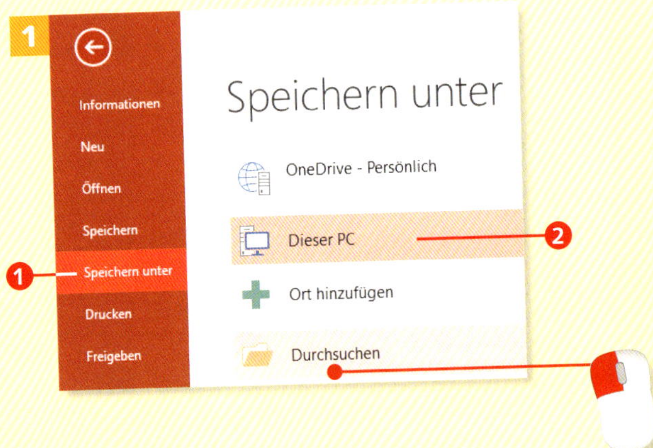

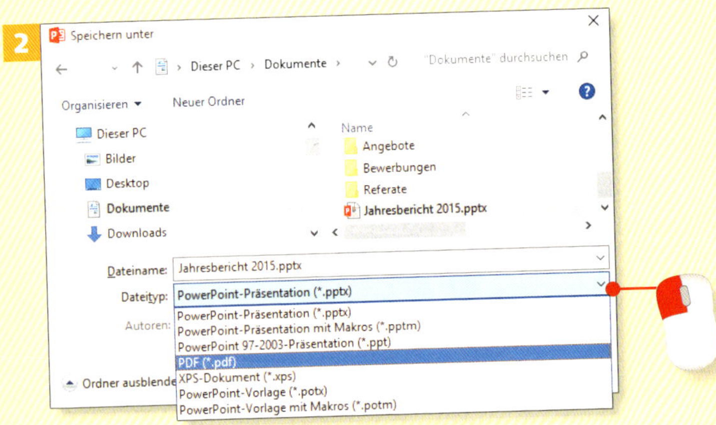

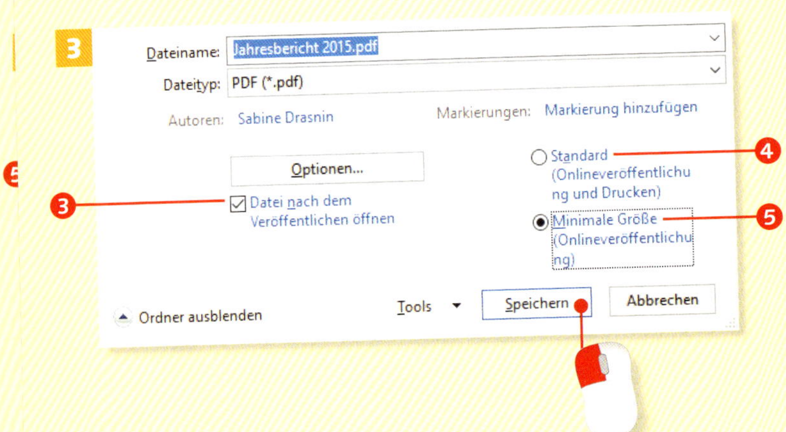

Um den Inhalt und den Bearbeitungsstand Ihrer Präsentation zu fixieren, können Sie eine PDF-Datei daraus machen.

Schritt 1

Überprüfen Sie Ihre Präsentation noch einmal auf Fehler. Bedenken Sie, dass alles Bewegliche (Animationen und Übergänge) beim Speichern als PDF verloren geht. Klicken Sie dann auf **Datei ▸ Speichern unter** 1 **▸ Dieser PC** 2 **▸ Durchsuchen**.

Schritt 2

Im Dialogfenster **Speichern unter** wählen Sie im Feld **Dateityp** die Option **PDF (*.pdf)**.

Schritt 3

Unter der Zeile **Dateityp** zeigt PowerPoint Ihnen jetzt weitere Möglichkeiten. Lassen Sie das Häkchen bei **Datei nach dem Veröffentlichen öffnen** 3 stehen (die PDF wird dann nach dem Klick auf **Speichern** sofort geöffnet). Wenn die PDF auch ausgedruckt werden soll, wählen Sie **Standard** 4. Für eine Veröffentlichung z. B. auf Ihrer Internetseite oder den Mailversand wählen Sie **Minimale Größe** 5. Klicken Sie dann auf **Speichern**.

Schritt 4

PowerPoint blendet kurz die Meldung **Präsentation wird veröffentlicht** ein, dann wird die PDF-Datei im PDF-Reader geöffnet. Wenn Sie zufrieden sind, schließen Sie den Reader über das Schließkreuz.

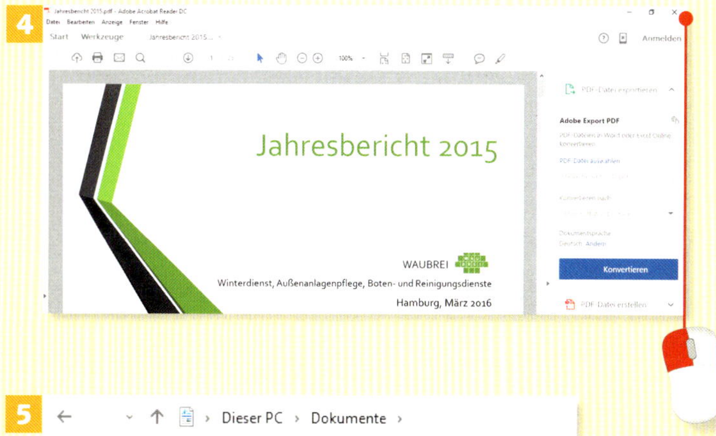

Schritt 5

Die PDF-Datei ist wesentlich kleiner als die ursprüngliche Präsentation **6**: Im Beispiel hat die PowerPoint-Datei über 50 MB (mit Filmen), die PDF-Datei nur noch 2 MB (nun ohne Filme). Sie können sie daher problemlos als E-Mail-Anhang versenden.

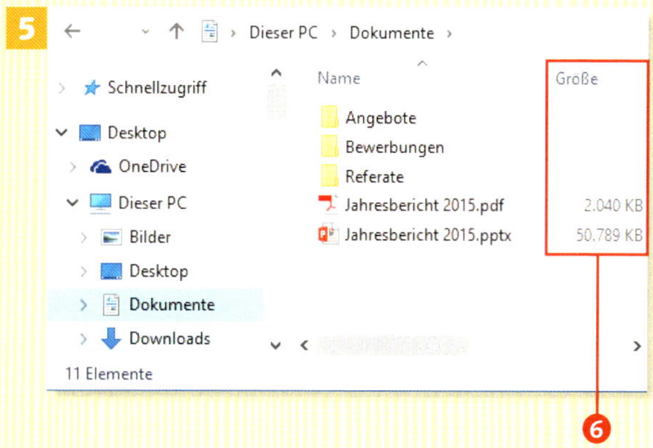

Schritt 6

Speichern Sie natürlich auch die ursprüngliche PowerPoint-Datei! Wenn Sie etwas daran ändern wollen, müssen Sie diese Änderung in der PowerPoint-Datei vornehmen und sie erneut als PDF speichern. PowerPoint kann PDF-Dateien nicht öffnen.

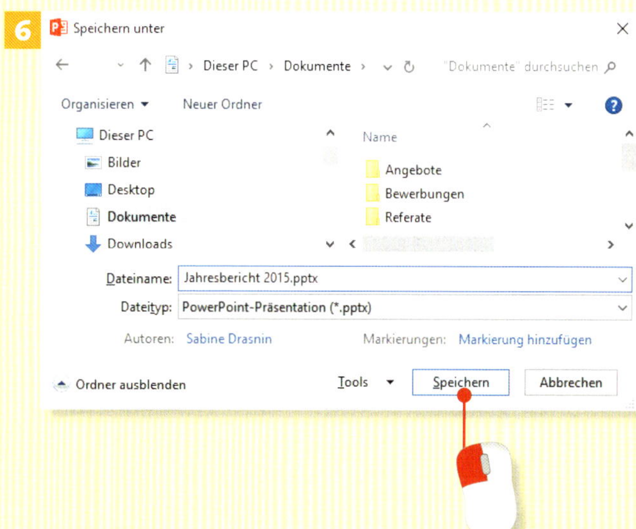

PDF-Datei erstellen

Ein zweiter Weg: Klicken Sie auf **Datei ▸ Exportieren ▸ PDF/XPS-Dokument erstellen**. Gehen Sie dann vor, wie ab Schritt 3 beschrieben.

Ein Video aus der Präsentation machen

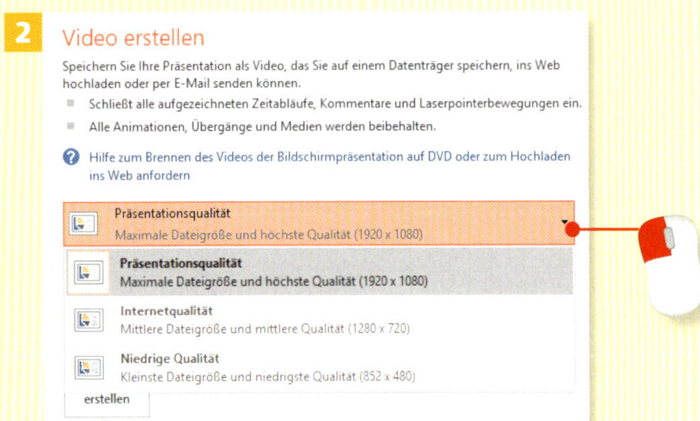

Sie können sogar aus der Präsentation einen Film machen und ihn später abspielen oder ins Internet stellen.

Schritt 1

Öffnen Sie die fertige Präsentation. Wählen Sie **Datei ▸ Exportieren** **1**, und klicken Sie auf **Video erstellen**.

Schritt 2

Legen Sie fest, welche (technische) Qualität Ihr Video haben soll: Soll es für Beamer-Präsentationen und HD-Anzeigen optimiert sein, belassen Sie es bei **Präsentationsqualität**. Wenn Sie das Video auf DVD brennen oder im Internet zeigen wollen, klicken Sie auf die zweite Option. Mit **Niedrige Qualität** ist die Auflösung für Tablets und Smartphones geeignet, aber nicht für größere Bildschirme.

Schritt 3

Wenn Sie Zeitabläufe aufgezeichnet haben (siehe den Abschnitt »Probelauf und Feinabstimmung« auf Seite 282), können sie in das Video übernommen werden, ebenso gesprochene und aufgenommene Kommentare. Wünschen Sie die Übernahme nicht, wählen Sie **Aufgezeichnete Zeitabläufe und Kommentare nicht verwenden**.

Schritt 4

Legen Sie die Anzeigedauer je Folie fest. Der Standard ist fünf Sekunden; um dies zu ändern, nutzen Sie die Pfeile am Feld **Sekunden**. Klicken Sie schließlich auf **Video erstellen** ❷.

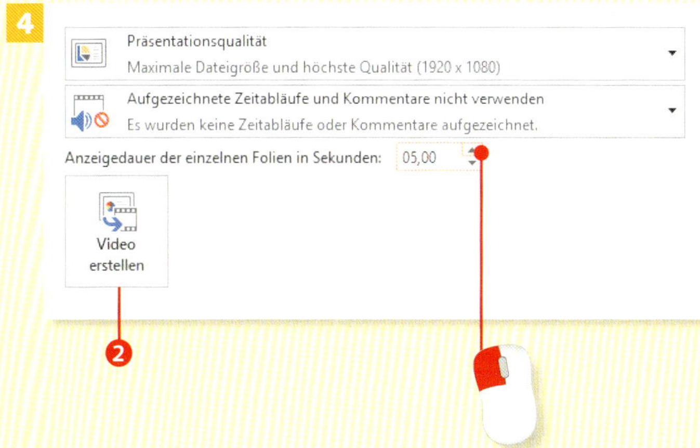

Schritt 5

Das Dialogfenster **Speichern unter** öffnet sich. Wählen Sie den Speicherort aus ❸, und klicken Sie auf **Speichern**. Den Dateityp **mp4** ❹ gibt PowerPoint automatisch vor; Dateien dieses Typs können von den meisten Playern wiedergegeben werden.

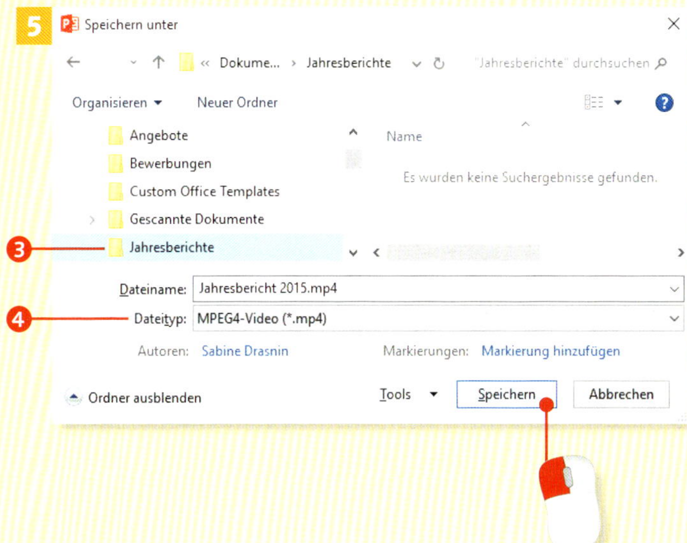

Schritt 6

Sie können weiterarbeiten, während das Video erstellt wird. Unten sehen Sie den Fortschrittsbalken ❺. Wenn er verschwunden ist, ist auch der Film fertig. Je nach gewählter Qualität (siehe Schritt 1) variiert die Zeit, die das Erstellen des Videos braucht. Das spiegelt sich auch bei den Dateigrößen ❻ wider: hohe Qualität = große Datei = lange Aufnahmedauer. Um die »Verfilmung« abzubrechen, klicken Sie auf das Schließkreuz.

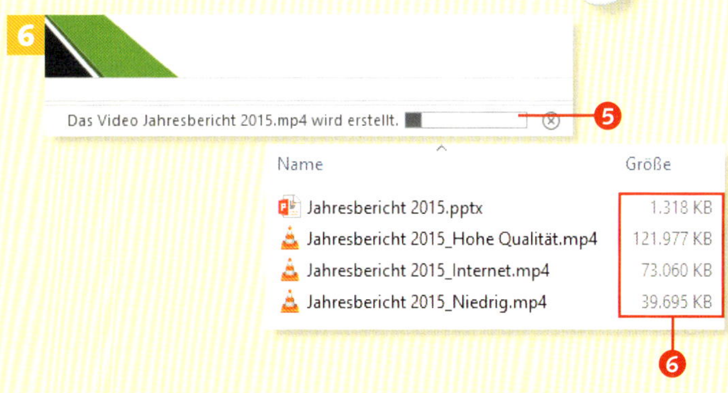

Glossar

Aufgabenbereich

Markieren Sie ein Objekt, z. B. eine Form, klicken Sie mit der rechten Maustaste auf das Objekt und unten im Kontextmenü auf **Form formatieren**. Sofort öffnet sich der Aufgabenbereich für Formatierungen mit genau den Optionen, die Sie beim markierten Objekt nutzen können. Kommentare und die intelligente Suche nutzen einen eigenen Aufgabenbereich.

Bildlaufleiste

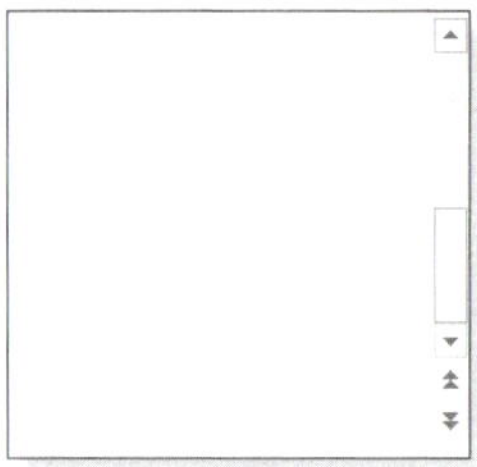

Auch wenn Ihre Präsentation mehr als eine Folie hat, wird im Folienbereich nur eine Folie angezeigt. Am rechten Rand sehen Sie dann die Bildlaufleiste, mit deren Hilfe Sie die anderen Folien erreichen. Verschieben Sie den Schiebebalken (*Scrollbalken*) einfach mit gedrückter Maustaste, oder klicken Sie auf einen der Pfeile.

Bildschirmpräsentation

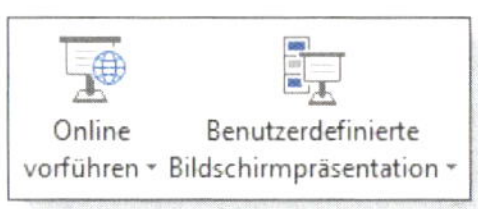

Ihre fertige PowerPoint-Präsentation können Sie am Bildschirm (oder mit einem Beamer auf einer Leinwand) zeigen. Bei einer solchen Bildschirmpräsentation füllt PowerPoint den ganzen Bildschirm mit einer Folie.

Diagramm

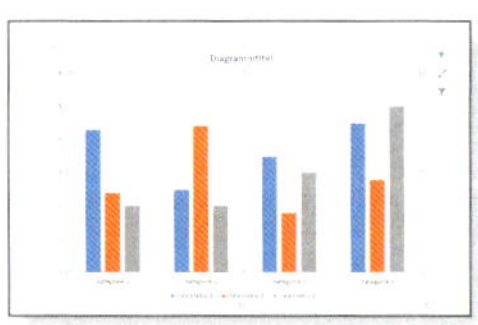

Ein Diagramm verwandelt Zahlen und Daten in eine Grafik. Dadurch werden Zusammenhänge und Entwicklungen oder Anteile auf einen Blick erkennbar. Diagramme sollten aber nicht zu kompliziert sein, denn dann helfen sie nicht mehr bei der Verdeutlichung von bestimmten Sachverhalten. PowerPoint bietet verschiedene Diagrammtypen wie Torten-, Säulen-, Balken- oder Liniendiagramme an.

Glossar

Dialogfenster

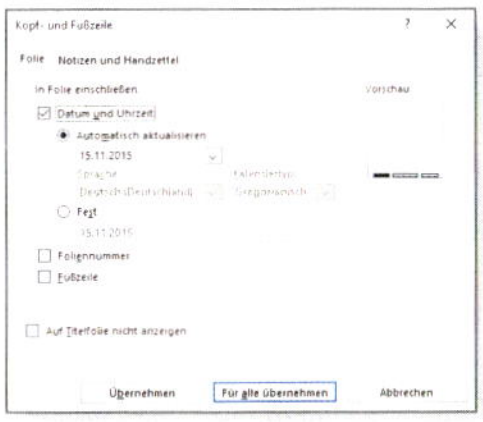

In Dialogfenstern werden Ihnen Auswahlmöglichkeiten geboten. Das können ganz einfache Fenster sein wie z. B. **Datei speichern? – Ja/Nein/Abbrechen** oder solch komplexe Fenster wie **Kopf- und Fußzeile**. Bei den meisten Dialogfenstern sind Sie aufgefordert, eine Eingabe zu machen bzw. sie zu bestätigen oder abzulehnen.

Doppelklick

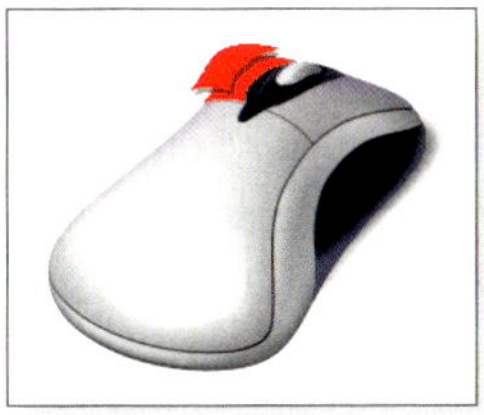

Einen Doppelklick machen Sie, wenn Sie zweimal hintereinander schnell mit der linken Maustaste klicken.

Drag & Drop

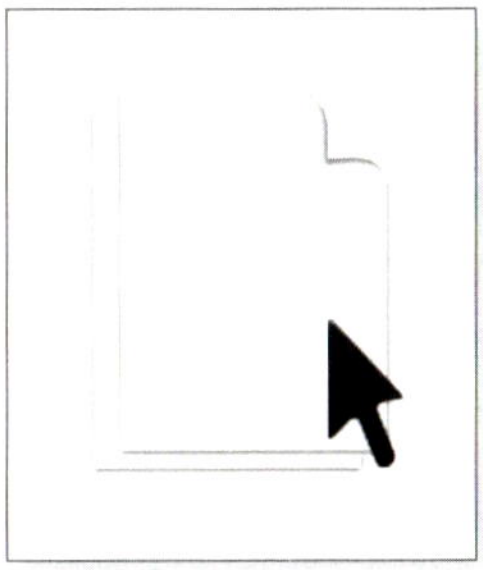

Klicken Sie eine markierte Textstelle oder ein Objekt an, halten Sie die Maustaste gedrückt, und ziehen Sie das Objekt an eine andere Stelle auf der Folie. Wenn der Text oder das Objekt richtig positioniert ist, lassen Sie die Maustaste wieder los. Diesen kompletten Vorgang nennt man *Drag & Drop*.

Folienbereich

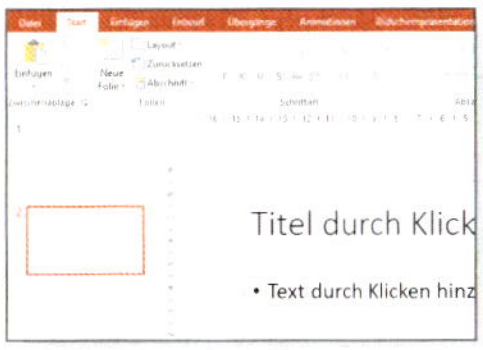

Der Folienbereich (auch *Folienfenster* genannt) ist der mittlere Bereich im Programmfenster, in dem Sie Ihre Folien bearbeiten. Die aktuelle Folie wird dort groß angezeigt.

Folienlayout

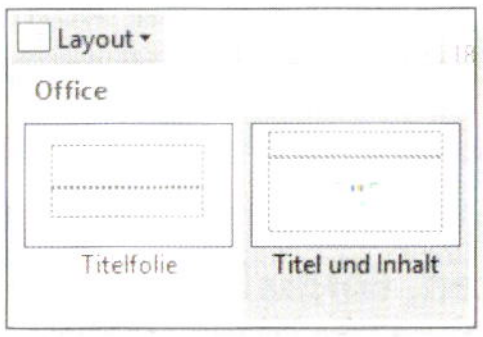

Das Folienlayout zeigt, in welcher Kombination Titel- und Textplatzhalter auf einer Folie angeordnet werden. Auch Objektplatzhalter z. B. für Bilder können im Folienlayout angezeigt werden.

Stichwortverzeichnis

Stichwortverzeichnis

Stichwortverzeichnis

Stichwortverzeichnis

G

H

Stichwortverzeichnis

Stichwortverzeichnis

Stichwortverzeichnis